"十二五"职业教育国家规划教材
经全国职业教育教材审定委员会审定

高职高专经济管理类精品教材

第2版

客户关系管理实务

李文龙　徐湘江　编著

Customer Relationship Management Practice

清华大学出版社
北　京

内 容 简 介

本书按照“工学结合”人才培养模式的要求，采用“基于工作过程导向—工作过程系统化课程”的设计方法，以工作过程为导向，以项目和工作任务为载体，进行工作过程系统化课程设计，将教材所涉及的内容分成若干个具体的技能和任务，组成完整的客户关系管理课程体系，既贯彻了先进的高职理念，又注重教材的理论完整性，以使学生具备一定的可持续发展能力，较好地实现了高职教材“理论必需、够用”的要求。

本书在分析客户关系管理“岗位群”的典型工作任务的基础上，采用工作过程描述的方法，将客户关系管理所涉及的工作任务分为项目简介与资源配置、客户关系管理战略规划、寻找潜在客户、客户信息管理、客户体验与沟通、销售机会管理、客户服务、客户关系管理总结与发展八个学习情境，旨在帮助读者掌握客户关系管理的技术应用。

本书可作为高职高专院校经济管理类相关专业学生的教材，也可作为高职高专院校工科类相关专业学生和在职人员的培训教材。

图书在版编目（CIP）数据

客户关系管理实务/李文龙，徐湘江编著．—2 版．—北京：清华大学出版社，2013(2023.8重印)
高职高专经济管理类精品教材

ISBN 978-7-302-33454-5

I. ①客… II. ①李… ②徐… III. ①企业管理-供销管理-高等职业教育-教材 IV. ①F274

中国版本图书馆 CIP 数据核字（2013）第 188399 号

责任编辑：陈仕云
封面设计：康飞龙
版式设计：文森时代
责任校对：赵丽杰
责任印制：杨 艳
出版发行：清华大学出版社
网 址：http://www.tup.com.cn，http://www.wqbook.com
地 址：北京清华大学学研大厦 A 座 邮 编：100084
社 总 机：010- 83470000 邮 购：010-62786544
投稿与读者服务：010-62776969，c-service@tup.tsinghua.edu.cn
质量反馈：010-62772015，zhiliang@tup.tsinghua.edu.cn
课件下载：http://www.tup.com.cn，010-62788951-223
印 装 者：三河市君旺印务有限公司
经 销：全国新华书店
开 本：185mm×230mm **印 张**：17 **字 数**：318 千字
版 次：2010 年 2 月第 1 版 2013 年 12 月第 2 版 **印 次**：2023 年 8 月第 11次印刷
定 价：48.00 元

产品编号：051624-02

序

《客户关系管理实务》是现有的、为数不多的真正以岗位需求和工作过程为基础的教材之一。作者团队中，既有作为教学工具软件之一的源海客户关系管理软件的开发者，也有教学工具软件 SAP Business One 的培训师，同时他们又是客户关系管理课程的设计者和授课教师。

本书充分体现了课程以学生为主体、工学结合的教学设计与组织和学生主动实践操作的教学模式，将工作过程转移到学习情境中，对当今高等职业课程体系改革有很好的促进及引导作用。

本书作为对高等职业教育改革的思考与探索的成果之一，是广东省职业技术教育综合改革推进计划项目“基于 SAP 的课程体系与实践教学模式研讨”的一部分，希望能给中国高等职业教育的探索者们带来一定的启示，也希望更多的企业和企业管理者加入到中国高等职业教育探索者的行列。

成　侃
南海东软信息技术职业学院教学副院长
英国牛津大学博士
2009 年 12 月

第2版前言

本书第 1 版在教学实践过程中得到了全国多所高职院校师生及清华大学出版社编辑的关注，他们用邮件、QQ、电话、面谈交流等多种形式给予了指点与建议。我们教材编写组对此也进行了多次交流与讨论，同时主编还赴台湾地区进行了为期一个月的包括客户关系管理课程的教学在内的课程考察与交流，然后结合所在院校电子商务、市场营销等专业及公选客户关系管理教学的实践，重点进行了以下修订。修订后的第 2 版，相信可以更好地满足教学与实践的要求。

一、情境设计方面

情境设计方面将保持第1版的以客户关系管理工作过程为导向的工学结合设计模式，全书还是分为八个主要学习情境，但对任务（子情境）进行了适当修改，主要修改点如下：

（1）情境二“客户关系管理战略规划”中，由于目前企业对客户为导向的企业管理要求不断提升，企业对客户的竞争也提到企业文化的新高度，所以第 2 版中增加了一个子任务——“客户关系管理规划设计”，其中包括以客户为导向的企业文化建设、客户关系管理架构及管理流程等主要内容，同时将原任务二“产品（服务）市场需求调查表设计”简化后放在情境三的知识链接与实训中完成。

（2）情境七“客户服务”中，原任务一为“客户服务体系”，理论性显得较强，对高职学生来说，也不易全面掌握，因此将其修订为“客户服务管理”，主要介绍服务合同和用户服务跟踪卡处理，这样操作性与实用性都有所加强。

（3）情境八“项目总结”改为“客户关系管理总结与发展”，减少了原任务二“CRM项目总结”，增加了任务“移动客户关系管理”，以探讨客户关系管理的发展与展望。

全书原有 21 个任务（子情境），本次修订中更改其中 3 个，总量不变，修改量约为15%。

二、知识点方面

在知识点方面，为适应近三年来的知识更新与我国企业对客户关系管理特别是在线客户关系管理方面的需求，本书进行了适量修订，主要修改点如下：

（1）新增知识点。根据教学实践及全国师生的反馈建议，考虑到知识的更新情况，增加顾客导向型企业文化、一对一营销、顾问营销、移动客户关系管理等方面的知识点，全书仍保持以客户满意及客户忠诚为重点的主要知识点，修改量为15%左右。

（2）更新案例。全书原有案例 31 个，考虑到知识的更新及案例的发展变化情况，更新了其中 3 个案例，新增 5 个案例，减少 3 个案例，修改量为 30%左右。

三、实践环境方面

实践环境方面，由于原书编写时计算机主要使用 Windows XP 系统，而当前计算机主要的平台为 64 位的 Windows 7 或 Windows 8 系统，且软件公司也在不断进行软件升级，因此将原书中所使用的软件 SAP Business One 2005B 版升级为 SAP Business One 2007B 版，并将数据库由 SQL Server 2000 升级为 SQL Server 2005（可适应 SQL Server 2008）。而适用于个体户及中小企业的源海客户关系管理软件变化不大，仍保持不变，这样也可适用于不少 Windows XP 系统的读者。源海客户关系管理软件可从 QQ 群 160195300（源海软件下载）免费下载，并免费使用一个学期。

在可上机操作的实训内容中，对原实训内容特别是 SAP Business One 实训内容进行了全面更新与增补，更新增补工作量占原实践工作量的 60%以上。

客户关系管理实务教学与实训的相关资料及更新信息可参考南海东软信息技术职业学院《客户关系管理实务》精品资源共享课网站，网址为 http://202.104.17.221:88/2013/crmkc/。

本书具体编写分工为：李文龙，负责整体策划统稿，并修订情境二、情境七及实训部分；徐湘江，负责修订情境、修订与增补案例及第 1 版的个别文字修改。本书在修订过程中得到了“基于 SAP 的课程体系与实践教学模式研讨”项目组、南海东软信息技术职业学院《客户关系管理实务》精品资源共享课课程组、南海东软信息技术职业学院管理咨询工作室、清华大学出版社、广东省企业界的朋友、广大源海客户关系管理软件的客户及 SAP Business One 用户与同仁的大力支持和帮助，在此一并表示感谢。

由于作者水平有限，书中难免有不当之处，期待读者批评指正。

编 者

2013 年 11 月

第1版前言

本书定位于客户关系管理的技术应用，在分析客户关系管理“岗位群”的典型工作任务的基础上，采用工作过程描述的方式，确定了构成职业能力的工作任务的总和，形成综合能力的行动领域，用职业能力描述学习目标，用工作任务陈述学习内容，确定了本书的学习领域：个体户客户关系管理、小企业客户关系管理、中型企业客户关系管理。每一个学习领域都是完整的工作过程，遵循职业成长规律和认知学习规律。为便于学习，本书设计了八个学习情境，这些学习情境呈递进关系，每个学习情境包含了若干任务，每个任务都反映了一个完整的“资讯—计划—决策—实施—评价—检查”过程。

在本书的所有教学实践中采用了源海客户关系管理软件及 SAP Business One 两个软件工具，其中源海客户关系管理软件可从 http://www.yuanhi.net 下载（注：本网站不再提供，可从 QQ 群 160195300 免费下载），并免费使用一个学期。

本书按照“三个学习领域，两个工具”的思路进行教学设计，以中小型企业的客户关系管理的工作过程作为本课程设计的主线索，贯穿本课程的全程教学环节。图 0-1 基于工作过程导向的情境设计就是本书的主题结构设计图。

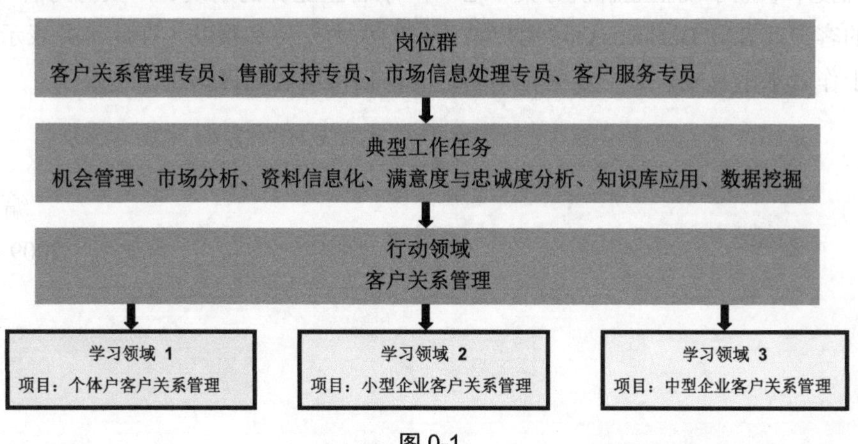

图 0-1

情境	左栏	中栏	右栏
情境一	项目简介与资源配置	团队组建	团队组建
情境二	客户关系管理战略规划	客户关系管理战略规划	客户关系管理战略规划
情境三	寻找潜在客户	寻找潜在客户	寻找潜在客户
情境四	客户信息管理	客户信息管理	客户信息管理
情境五	客户体验与沟通	客户体验与沟通	客户体验与沟通
情境六	销售机会管理	销售机会管理	销售机会管理
情境七	客户服务	客户服务	客户服务
情境八	项目总结	项目总结	项目总结

图 0-1（续）

本书由李文龙主持编写，负责整体策划统稿，并撰写学习情境一、二、八；副主编李玲撰写学习情境三、四、七；副主编徐湘江撰写学习情境五、六。作为广东省职业技术教育综合改革推进计划项目“基于 SAP 的课程体系与实践教学模式研讨”项目组的重要组成部分，本书在编写过程中得到了“基于 SAP 的课程体系与实践教学模式研讨”项目组、南海东软信息技术职业学院《客户关系管理实务》精品课课程组全体成员、南海东软信息技术职业学院企业解决方案中心、广东省企业界的朋友、广大源海客户关系管理软件的客户及 SAP Business One 用户与同仁的大力支持和帮助，在此一并表示感谢。

由于作者水平有限，书中难免有不当之处，期待读者批评指正。

编　者
2009 年 11 月

目　录

学习情境一 项目简介与资源配置

学习目标

❖ 了解客户关系管理项目背景与能力要求；
❖ 了解客户关系管理项目的操作流程；
❖ 熟悉客户关系管理软件的安装方法和步骤。

技能目标

❖ 能够完成客户关系管理岗位及能力调查与分析；
❖ 能够成功地安装客户关系管理软件；
❖ 能够进行客户关系管理软件的基础配置。

任务一 项目背景描述与能力要求

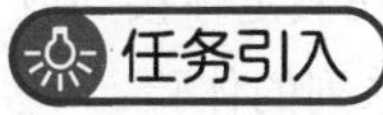

任务引入

某画框企业客户关系管理解决方案

2001 年，正值我国画框业蓬勃发展初期，我曾有机会参与了某画框企业客户关系管理解决方案的工作。当时该画框企业外贸订单供不应求，但内部管理却相对滞后，如对新品开发样品/多规格型号产品管理无序、交付不及时、内部员工职责范围不清、顾客不满意、市场开发成本高等问题一直妨碍企业的进一步发展。方案解决小组经过多方深入了解、多次讨论，将方案的解决重点集中在如下几方面：

（1）客户资料零散问题。客户资料，尤其是潜在客户资料，主要来源于展览会、网站搜集、邮件、电话、传真等多种渠道。通常情况下，所获得的潜在客户资料由每个业务人员自行保管，客户资料没有集中归类查询统计，主管难以及时获得客户资源的最新信息，客户资料容易遗失。

（2）业务员变动问题。人事变动是企业发展中的正常现象，但如果业务员变动导致客户资料遗失、历史记录遗失、恶意离职等情况发生，则业务跟进难以继续进行，使业务断层或降低服务效果。

（3）客户归属问题。公司业务人员之间在销售过程中会出现有意或无意争抢同一个客户的现象，使主管很难调解，也无从考证客户归属，从而产生内部矛盾并对公司业务造成严重损害。

（4）产品品种及规格型号多。产品品种或型号较多且新产品不断增加，很多业务员将主要精力放在产品规格型号的记忆上，即使这样，仍有报错产品型号及价格的情况，使业务员十分被动，企业效益也受影响。

（5）客户曾经沟通过什么的问题。该企业业务员或客服业务十分繁忙，业务经理的工作更加繁重，某客户曾经提出过什么需求，有过什么建议及投诉，上次同客户谈过什么等，业务员们可能已记不清楚或记忆混乱了，再加上还需记忆企业不断增加的产品品种和型号，使得业务员、客服人员及经理们可能会忙中出错，比如忘了回复客户、下错单、报错价、送错样品、忘了向上级汇报等情况都时常出现。

后来我也到过其他企业工作或咨询，发现这些问题不是一个企业的个别问题，很多企业都遇到过这些问题，也为此头痛。相信大多数读者也会有同感，特别是有销售等业务相关经历的人员更会有同感。当然，这些读者可能还包括你在内，现在假定你接到或主动找到一个类似的项目任务，处于一个实际情境中，为此你将获得一系列的体验。

假设你作为一家小公司的业务经理，正负责公司的某产品（如软件产品）推广应用。因公司规模较小，推广费用有限，你在经过体验 CRM 软件的安装与使用后，将开展以某件产品营销活动为主线索，积极为本公司的客户关系管理活动进行实务操作。在操作过程中你将逐渐学习到一些以前未学到的知识与技巧，包括客户价值、客户满意度、客户

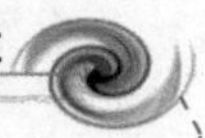

忠诚度、机会管理、数据挖掘、知识管理等知识，以及软件安装、数据库安装、客户沟通、CRM 软件操作与应用、数据库营销、关系营销、客户服务等技术。在本项目中，通过对业务需求的了解和对客户关系管理的职业岗位进行分析，在深入理解了职业能力需求的基础上，你将完成以下三个子任务（如开展其他情境项目，可以依照上述描述自行设计）。

任务 1：确定客户关系管理项目背景及解决方案。请你确定中小企业的营销特点、可能出现的问题描述。其项目背景是什么？解决方案是什么？

任务 2：职业岗位分析。对应企业客户关系管理的职业岗位到底有哪些？请根据企业实际需求了解与分析。

任务 3：职业能力需求。根据现有企业的实际了解，本书定位于客户关系管理的技术应用，而对应的客户关系管理岗位及能力需求是什么？请你将所调查的客户关系管理岗位所对应的能力进行列表分析。

任务分析

从案例中可以发现一个全球化贸易的企业在成长过程中所碰到的常见问题，虽然在短时间内它不影响企业生存，却给企业带来客户流失、业绩瓶颈、效率低下等问题，不但严重制约企业发展，最终也会因竞争力下降而带来生存风险。该企业在内部管理需求、营销理念更新和 IT 技术推动等几方面因素作用下，引入了客户关系管理系统。

本情境主要是对客户关系管理项目的背景及相关基础知识点作一介绍，学习效果要点在于能否从企业实践出发，找出企业实际需求，找出相关的客户关系管理的工作岗位，并亲自从实际企业处了解相关的能力要求。

对于任务 1，确定客户关系管理项目背景及解决方案，可以借鉴从客户关系管理战略的规划及寻求一款 CRM 软件系统进行解决。

对于任务 2，职业岗位分析，随着市场经济的不断发展，客户关系管理的职业岗位也在变化，现有的客户关系管理典型岗位一般有客户关系管理专员、售前支持专员、市场信息处理专员、客户服务专员、呼叫中心坐席五类。当然，不同企业岗位有所不同，名称也不一定是一致的，可根据调查的你所在的周边企业的情况进行变化解答。

对于任务 3，职业能力需求，有岗位能力对应表（见表 1-1）供参考。

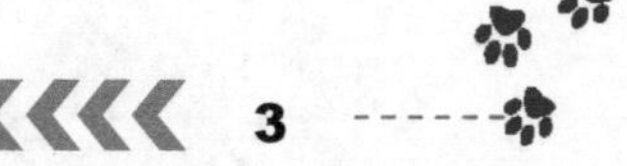

表1-1 岗位能力对应表

岗 位	对 应 能 力
客户关系管理专员	能应用CRM技术进行客户关系管理、机会管理、客户价值分析与管理
售前支持专员	能应用CRM技术进行市场分析、有效沟通处理及销售业务支持
客户服务专员	能应用CRM技术进行客户的服务管理与投诉管理，维持客户的正常关系
信息处理专员	能应用CRM技术进行客户信息录入、查询、报表管理，能进行公司样品的信息库维护
呼叫中心坐席	能应用CRM的Call Center技术，加强与客户的有效沟通

同时我们也提供一个比较快捷的方法，即从人才招聘市场进行实地调查。

下面是一份关于客户服务专员的职业要求。

客户服务专员职位要求：

（1）良好的沟通能力，思路清晰，语言文字表达能力强，口齿清晰，声音甜美，普通话流利，能吃苦耐劳。

（2）有一定的组织、协调和危机处理能力。熟悉客户关系管理流程，有“服务营销”理念，善于处理公司与客户间的关系。

（3）有良好的团队意识，勤奋、敬业。

（4）有电子商务的基本知识，对现代物流及物流信息化有所了解。

（5）有大型软件客户服务经验或物流客户服务经验者优先；有中国移动、中国电信等大型公司呼叫中心客户服务经验者优先。

（6）具有物流专业理论知识，持物流师职业资格证书者优先；有保险从业经验者优先。

（7）此岗位包含客户服务、调度、投诉理赔及物流专员。

客户服务岗位职责：

（1）通过电话、网络等渠道为客户提供产品售前咨询与售后服务。

（2）负责平台后台整体运营客户服务支持。

（3）负责客户数据统计、录入、分析及维护，协助各部门完成各项市场营销活动。

资料来源：http://www.56job.net/jobview_148678.htm

知识链接

一、客户关系管理的产生

最早发展客户关系管理的国家是美国，在 1980 年年初便有所谓的“接触管理”（Contact Management），即专门收集客户与公司联系的所有信息；1985 年，巴巴拉·本德·杰克逊提出了关系营销的概念，使人们对市场营销理论的研究又迈上了一个新台阶；到 1990 年则演变成包括电话服务中心支持资料分析的客户关怀（Customer Care）。

1999 年，Gartner Group 公司提出了 CRM 概念（Customer Relationship Management，客户关系管理）。Gartner Group 公司在早期提出的 ERP 概念中，强调对供应链进行整体管理。客户作为供应链中的一环，为什么要针对它单独提出一个 CRM 概念呢？

原因在于，一方面，在 ERP 的实际应用中人们发现，由于 ERP 系统有本身功能方面的局限性，也由于 IT 技术发展阶段的局限性，ERP 系统并没有很好地实现对供应链下游（客户端）的管理，针对 3C 因素中的客户多样性，ERP 并没有给出良好的解决办法。另一方面，20 世纪 90 年代末期，互联网的应用越来越普及，CTI、客户信息处理技术（如数据仓库、商业智能、知识发现等技术）得到了长足的发展。结合新经济的需求和新技术的发展，Gartner Group 公司提出了 CRM 概念。从 20 世纪 90 年代末期开始，CRM 市场一直处于一种爆炸性增长的状态。

因此，可以说客户关系管理产生的原因是市场的需求，具体表现为如下几点。

（1）市场竞争的需要。主要表现：竞争的焦点从以产品为中心到以市场为中心再到以客户为中心。

（2）资源变化的需要。主要表现：工业物质极大丰富，产品相对过剩，客户成为企业最重要的资源。

（3）信息技术的推动。主要表现：竞争加剧后，发现原管理水平落后，满足客户个性化的需求要在信息系统上下工夫。

（4）管理理念的更新。主要表现：企业管理从以“注重成本的控制”向“注重提高客户的满意度”及“客户忠诚度”转化。

二、CRM 的定义与目的

CRM 的提出人 Gartner Group 认为，客户关系管理就是为企业提供全方位的管理视角，赋予企业更完善的客户交流能力，最大化客户的收益率。当前人们对客户关系管理

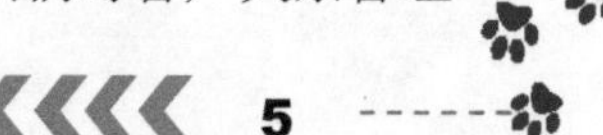

的理解有很多不同，关于它的定义有几十种，有的人提出客户关系管理是一种文化、一种思想、一种主义……现在一般认为客户关系管理是将企业经营以“以客户为中心”作为导向的技术和管理方法，其实质是实行一套以IT信息系统为基础、以客户为中心的、新的业务流程和快速决策支持系统。

当今社会，为了赢得竞争优势，越来越多的企业已经或正在实施客户关系管理（CRM），它与企业资源规划（ERP）、供应链管理（SCM）一起成为企业提高竞争力的三大重要法宝。

客户关系管理的主要目的可从两个方面来体现：一方面是为防止那些同样试图与这些客户建立业务联系的竞争对手接近他们而设置障碍，同时也为防止那些试图从你的竞争对手处购买产品和服务的客户的流失设置一些障碍；另一方面就是为了提高客户的满意度进而提高客户忠诚度，从而取得客户终生价值的最大化。这两个方面是从两个不同角度阐述一个问题，以后面这个目的为主，但它们都是客户关系管理的目的。

三、客户关系管理系统分类

美国调研机构Meta Group把CRM按系统功能分成如下三类，这一分类已得到业界的公认，在网络营销模式下，此分类也同样适用。

1．运营型CRM

运营型CRM又称做操作型CRM，主要包括客户服务、订购管理、销售自动化（SFA）、办公自动化（OA）管理等。运营型CRM可以帮助运营商实现经营、销售、服务等业务环节的流程自动化，达到利用IT技术来提高运营商的运作效率、降低运作成本的目的。通过实施运营型CRM，运营商最终将建立起一套以客户为中心的运作流程及管理制度，同时有助于培养员工的服务意识，销售、服务、营销部门的业绩将明显提升。在现代网络营销市场中，运营型CRM成为大部分企业的首选功能。

2．分析型CRM

分析型CRM可对客户数据进行捕捉、存储、提取、处理、解释并产生相应报告，它使用了数据挖掘技术。因为客户信息的绝对容量增加和与客户的相互作用日益复杂，数据挖掘迎合了该趋势，它能促使客户关系更有意义。分析型CRM通过使用数据分析和数据建模技术来发现数据之间的趋势和关系的过程，可以用来了解客户希望获得什么，还可以预测客户将要做什么，可以帮助你选择恰当的客户并将注意力集中在他们身上，以便为他们提供恰当的附加产品，也可以帮助你辨别哪些客户打算与你“分手”。由于分析

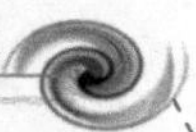

型 CRM 可以提高以最好的方式响应个性化需求的能力，并且可以通过恰当的资源分配来降低成本，因此可以增加收入。比如，网络营销的电子商务网站对购物车分析，就是应用分析型 CRM 的数据挖掘功能。

从某种意义上说，分析型 CRM 系统的特点是：将企业原有的客户信息管理系统提升到客户知识管理系统的高度。通过建立数据仓库，运用数据挖掘、商业智能等技术手段，对大量的客户信息进行分析，可以让运营商更好地了解客户的消费模式，并对客户进行分类（如根据客户的当前贡献与潜在贡献，寻找对网络运营商最为重要的大客户等），从而能针对客户的实际需求，制订相应的营销战略，开发出相应的产品或服务，更好地满足客户需求。这也是我们经常谈的“大规模定制”及“一对一营销”模式的核心思想。

3. 协作型 CRM

协作型 CRM 又称为互动型 CRM，目前各个运营商与客户的接触渠道日益多样化，除了传统的营业窗口、面对面的现场服务外，E-mail、传真、呼叫中心、互联网等其他沟通渠道同样成为运营商与客户之间交互的重要途径。如何将客户与运营商的各种接触渠道进行整合呢？通过统一的标准化接口与后台的支撑系统、业务网中的业务平台（如音信互动的业务平台）和业务管理平台以及其他的外部系统实现互联，客户的同一个服务请求可以在各个相关系统平台上得到统一的展示，构建“多渠道接入，全业务服务”的统一的客户接触门户是协作型 CRM 所要完成的任务。

当然，并非所有的企业都能够执行相似的 CRM 策略，这也意味着，当同一公司的不同部门或地区机构在考虑 CRM 实施时，可能事实上有着不同的商务需要，同时另一个经常出现的因素是不同的技术基础设施。因此，根据客户的行业特征和企业规模来划分目标客户群，也是大多数 CRM 的基本分类方式。在企业应用中，越是高端应用，行业差异越大，客户对行业化的要求也越高，因而，有一些专门的行业解决方案，如银行、电信、大型零售等 CRM 应用解决方案。而对中低端应用，一般采用基于不同应用模型的标准产品来满足不同客户群的需求。一般将 CRM 分为三类：以全球企业或者大型企业为目标客户的企业级 CRM；以 200 人以上、跨地区经营的企业为目标客户的中端 CRM；以 200 人以下企业为目标客户的中小企业 CRM。

在 CRM 应用方面，大型企业与中小企业相比有很大的区别。首先，大型企业在业务方面有明确的分工，各业务系统有自己跨地区的垂直机构，形成了纵横交错的庞大而复杂的组织体系，不同业务、不同部门、不同地区间实现信息的交流与共享极其困难；同时，大型企业的业务规模远大于中小企业，致使其信息量巨大。其次，大型企业在业务运作上很强调严格的流程管理；而中小企业在组织机构方面要轻型简洁很多，业务分工不一定明确，运作上更具有弹性。因此，大型企业所用的 CRM 软件比中小企业的 CRM

软件要复杂、庞大得多。一直以来，国内许多介绍CRM的报道和资料往往是以大型企业的CRM解决方案为依据的。这就导致一种错觉：好像CRM都很复杂、庞大。其实，价值几万元的面向中小企业的CRM软件也不少，其中不乏简洁易用的。

不过，有关公司规模方面的要求现在越来越随意，因为越来越多的CRM供应商是依据不同情况来提供不同产品。主要的CRM提供商一直以企业级客户为目标，并逐渐向中型市场转移，因为后者的成长潜力更大。以企业级客户为目标的公司包括Siebel、Oracle等。另外一些公司，如Onyx、Pivotal、用友iCRM等则与中型市场相联系，并试图夺取部分企业级市场。MyCRM、Goldmine、Multiactive、Yuanhi CRM和SalesLogix等公司瞄准的是中小企业，它们提供的综合软件包虽不具有大型软件包的深度功能，但功能实用，安装及操作简单。

四、客户关系管理软件的发展前景

客户关系管理软件应用的发展前景可从市场潜力与综合发展趋势两个方面来分析。

首先从市场发展潜力方面考虑。

近年来，中国软件行业发展十分迅速，众多软件企业的成长也十分显著，可以说，中国的软件市场异常活跃。作为软件领域之一的CRM市场，随着整体软件行业的发展，持续升温，CRM软件销售迅速增长，成为中国软件行业比较重要的软件产品之一。

中国的CRM软件是面向企业用户的消费，因此软件是否适合企业显得十分重要。以企业为中心，进行长期有效的运营，是CRM提供商的经营特点。同时，中国的企业数量极多，但是软件建设水平还相当有限，因而市场具有非常大的潜力。预计未来几年中国将成为世界上最大的软件市场之一，CRM销售额迅速攀升，2020年将成为世界最大的软件消费市场。面对巨大的市场蛋糕，国际著名的软件公司已做好抢占中国CRM市场的准备，纷纷加大研发力度，加速其在华布局。中国本土软件企业也十分希望能够在市场上占领一席之地。

其次，从CRM的综合发展趋势方面来分析，CRM将呈现以下发展趋势。

趋势一：成为电子商务核心。CRM虽然仅仅是“电子商务”的一个子集，但是它把客户放在了核心位置，通过实施CRM，企业必须补上过去落下的“功课”，它要求企业更了解现存和潜在客户，要求企业能够准确、及时地判断竞争对手的行为，要求企业能够追赶得上日新月异的信息技术，尤其要求企业的内部管理能够适应这些变化。如果一个企业可以很好地吸收CRM理念，就会看到在利润、客户忠诚度和客户满意度等多方面上的提高，对未来的整体性的“电子商务时代”的来临也就更有准备。

Shopex是国内比较成熟的网店系统，目前仅提供了比较简单的会员管理，但是它提

供与 CRM 的接口，让 CRM 很容易集成成为网店的客户管理后台系统。阿里软件的贸易通已经集成了外贸版的客户管理系统，如果阿里巴巴坚持让阿里软件继续发展下去的话，阿里的 CRM 将是和电子商务结合最强且最紧密的 CRM。

趋势二：在线 CRM。在线 CRM 是一个获取、保持和增加可获利客户的过程。它通过将人力资源、业务流程与专业技术进行有效的整合，最终为企业涉及客户或消费者的各个领域提供了完美的集成，使得企业可以更低成本、更高效率地满足客户的需求，并与客户建立起基于学习型关系基础上的一对一营销模式，从而让企业可以最大程度地提高客户满意度及忠诚度，挽回失去的客户，保留现有的客户，不断发展新的客户，发掘并牢牢地把握住能给企业带来最大价值的客户群。在线 CRM 还将多种与客户交流的渠道，如面对面、电话接洽以及 Web 访问等方式融为一体，这样，企业就可以按照客户的喜好使用适当的渠道及沟通方式与之进行交流，并能从根本上提高员工与客户或潜在客户进行交流的有效性。在线 CRM 的核心内容主要是通过不断的改善与管理企业销售、营销、客户服务和支持等与客户关系有关的业务流程并提高各个环节的自动化程度，从而缩短销售周期、降低销售成本、扩大销售量、增加收入与盈利、抢占更多市场份额、寻求新的市场机会和销售渠道，最终从根本上提升企业的核心竞争力，使得企业在当前激烈的竞争环境中立于不败之地。

趋势三：平台趋势。无论是在线 CRM 还是传统 CRM，目前都在延展自己的势力范围。作为企业信息化的核心，CRM 扮演的是信息化发动机的作用，CRM 和财务软件结合，CRM 和 ERP 结合，CRM 和进销存结合，CRM 与网站结合，CRM 与呼叫中心结合，不断打造以 CRM 为中心的企业信息化平台。

趋势四：“云”的趋势。“云”对于客户来说比较陌生，但大型企业可能比较关注你到底采用什么样的技术实施 CRM，当你提到采用“云”技术的时候，往往 CIO 们会眼前一亮。大型企业在搭建自己的 CRM 系统的时候也逐步考虑结合自己的“企业云”的应用。而对于中小企业，它们关注的是产品的易用和实用，至于服务商是否应用“云”并不太关注，虽然如此，像国内 XTools、用友伟库网这种 SaaS 公司已经开始为它们的付费用户部署“云”。

趋势五：CRM 移动趋势。中国的 3G 的发展让 CRM 移动起来成为可能，目前中国移动也在寻找能移动的 CRM 补充成为企业信息化解决方案。

随着智能手机的应用，实现企业移动业务运作成为一项业务的必要条件，SAP 与 RIM 正努力通过一个支持安全实时访问 SAP CRM 的集成解决方案，来满足商业用户的需求和期望值。这个集成解决方案不仅能够帮助企业提高员工生产效率和改进服务，同时还能让移动用户在路上访问关键的客户信息。而且，它还利用了 BlackBerry 企业解决方案的内在安全性、管理功能和效率，并引入了众多关键的移动 CRM 新功能。

趋势六：行业化趋势。行业化一定是CRM趋势，一种细分市场的竞争让CRM理念能够迅速规模化地拓展。比如，明源CRM系统融合了多家地产领先企业的最佳业务实践，是地产行业内得到广泛应用的成熟产品。CRM系统涵盖地产企业市场营销、销售租赁、客户服务及客户互动门户等一系列与客户相关的业务流程，有效管理客户整个生命周期，实现客户价值最大化。

因此，未来的CRM将出现多种态势，在我国的市场发展的潜力十分巨大，值得我们努力学习与探索。

任务二 CRM软件安装及配置

任务引入

现在你作为一位从事客户关系管理事务相关的工作人员，正准备为你所在的公司开展客户关系管理的业务，作为客户关系管理人员，你必须具备熟练掌握一款CRM软件的操作能力。现在请你以一款小型CRM软件为工具，通过学习体验CRM软件的安装与使用，掌握完成客户关系管理工作所需的基本技能。

为此，你需要完成以下三个子任务。

任务1：数据库软件安装。

任务2：CRM软件安装。

任务3：CRM软件的基本配置与操作。

任务分析

本情境主要考虑对客户关系管理的工具的熟练操作能力，学习效果的要点在于对软件的安装操作，在于对计算机基础知识包括操作系统的运用。

CRM软件可从QQ群160195300免费下载。

情境操作建议根据学习情境的不同分步骤进行软件安装与运用。

第一步，学习针对个体户的源海客户关系管理软件的单机版的安装与操作。

单机版软件：下载并安装yhcrm0500c.exe。

第二步，学习针对小型企业的源海客户关系管理软件的局网版的安装与操作。

服务器端软件下载安装：yhcrm0500c_s.exe。

客户端软件下载安装：yhcrm0500c_c.exe。

第三步，学习针对中型企业的 SAP Business One 的安装与相关客户关系管理部分的操作[①]，本软件在第 1 版的基础上升级为 Windows 7 操作系统下的 SAP Business One 2007B，如果要安装运行以前的 SAP Business One 2005B，建议参考本书的第 1 版。

源海软件具体安装步骤可参照本任务的“知识链接”进行。

知识链接

一、源海客户关系管理软件的安装

1. 源海软件资料来源

源海客户关系管理软件（Yuanhi CRM）是将客户信息处理、客户服务、沟通管理、产品图像显示及客户关系管理理念结合在一起的企业客户关系管理类软件，它能帮助企业建立完善的产品、客户资料信息库，具有清晰、逼真的图形展示技术，快速、强大的信息查询功能，高效、价优、实用的特点，为相关企业的销售模式及业务关系经济地引入现代先进管理技术及崭新的客户关系管理理念。软件采用共享软件营销模式经营，主要适合中小企业业务员、业务管理人员及个体户企业业主使用。

2. 软件安装步骤

以 yhcrm5.0 局网版为例（单机版参照局网版），详细安装及配置步骤说明如下。

提示步骤：

（1）安装 yhcrm0500c_s.exe 服务器端。

① 先安装源海客户关系管理的服务器 yhcrm0500c_s.exe，双击该文件，单击“Next”按钮然后会看见如图 1-1 所示的对话框。

② 直接单击“Yes”按钮，进入下一步，会出现如图 1-2 所示的对话框。

③ 单击“Next”按钮，出现如图 1-3 所示的对话框。

[①] SAP Business One 软件安装见附录。

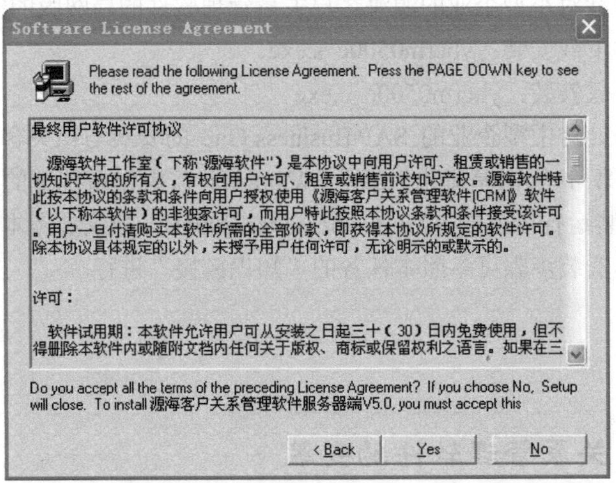

图 1-1

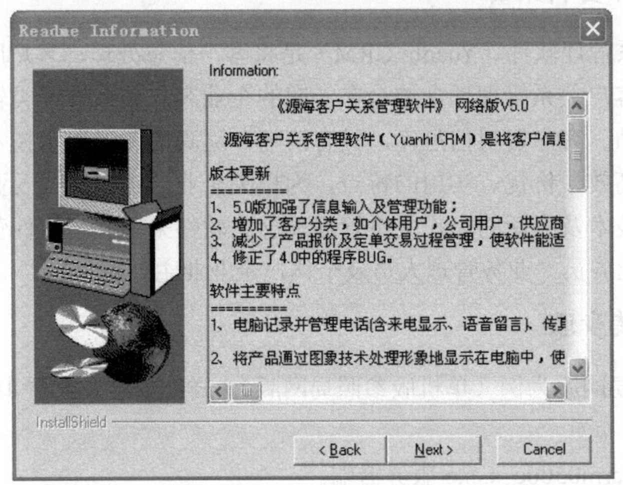

图 1-2

④ 单击“Next”按钮，出现如图 1-4 所示的对话框，单击“Browse”按钮选定安装的系统盘，出现如图 1-5 所示的对话框。

⑤ 单击“Next”按钮，出现如图 1-6 所示的对话框。

⑥ 单击两次“Next”按钮，就完成服务端的安装出现如图 1-7 所示的对话框。

提示：安装服务器端一般都没什么问题，直接单击“Next”按钮就可以了。另外，还要找到数据库安装程序进行安装，不然客户端会无法启动。

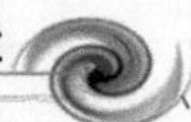

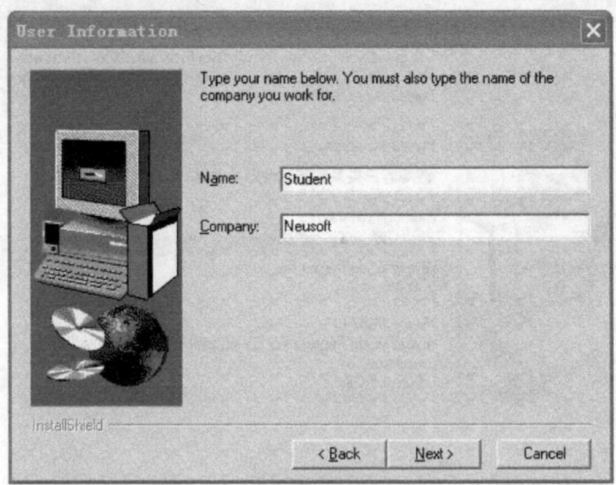
User Information
Type your name below. You must also type the name of the company you work for.
Name: Student
Company: Neusoft
InstallShield
< Back
Next >
Cancel

图 1-3

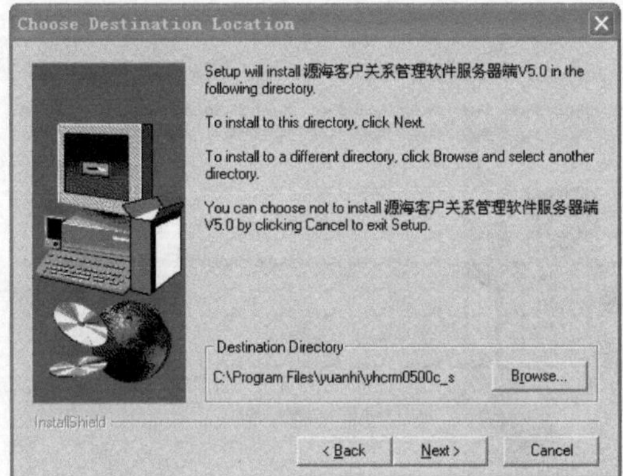
Choose Destination Location
Setup will install 源海客户关系管理软件服务器端V5.0 in the following directory.
To install to this directory, click Next.
To install to a different directory, click Browse and select another directory.
You can choose not to install 源海客户关系管理软件服务器端V5.0 by clicking Cancel to exit Setup.
Destination Directory
C:\Program Files\yuanhi\yhcrm0500c_s
Browse...
InstallShield
< Back
Next >
Cancel

图 1-4

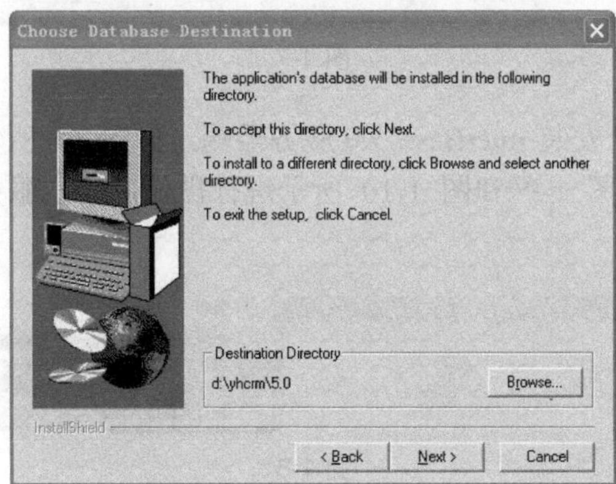
Choose Database Destination
The application's database will be installed in the following directory.
To accept this directory, click Next.
To install to a different directory, click Browse and select another directory.
To exit the setup, click Cancel.
Destination Directory
d:\yhcrm\5.0
Browse...
InstallShield
< Back
Next >
Cancel

图 1-5

图 1-6

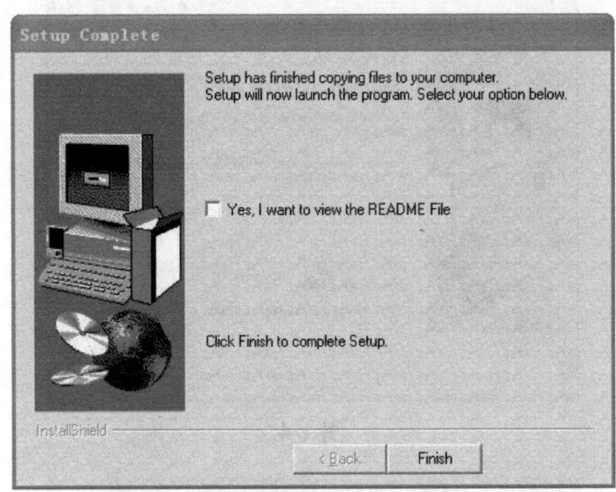

图 1-7

（2）在服务器机上安装 InterBase 7.0 服务器端。如图 1-8 所示，在启动程序组中选择数据库安装程序，按图 1-9 和图 1-10 所示进行操作，完成服务器端的安装，出现如图 1-11 所示的对话框。

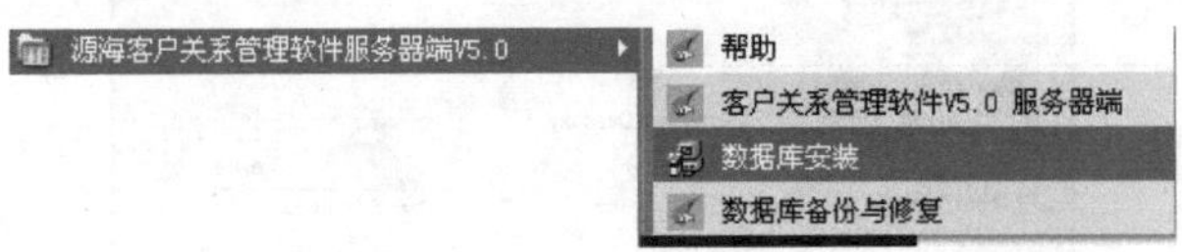

图 1-8

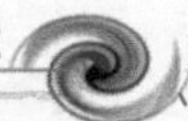

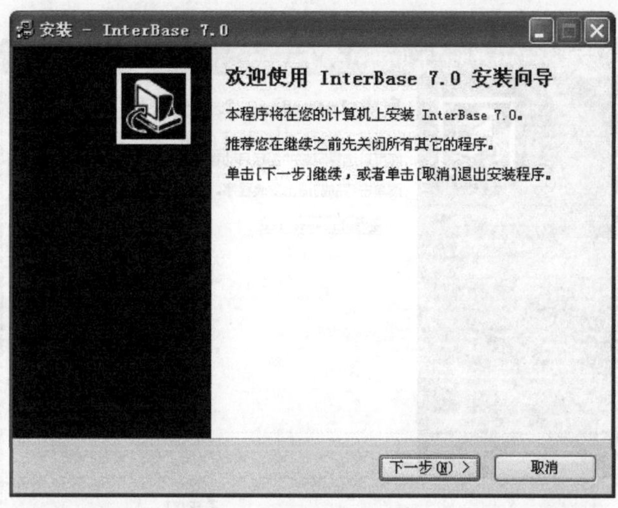

图 1-9

图 1-10

提示：在安装服务器端或单机版时，选择数据库组件时一定要选择安装服务器端（见图 1-10），否则软件会提示“数据库是否安装”，软件不能正常启动。

（3）在客户机上安装 yhcrm0500c_c.exe 客户端。

① 找出客户端的安装程序 yhcrm0500c_c.exe，双击出现如图 1-12 所示的对话框。

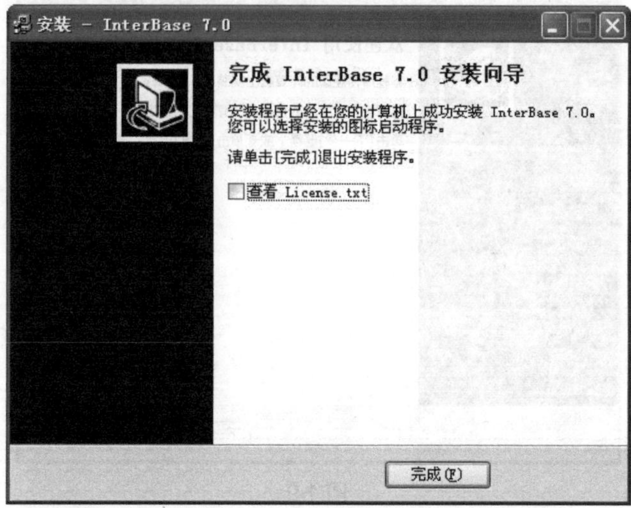

图 1-11

图 1-12

② 单击“Next”按钮，出现如图 1-13 所示的对话框，单击“Yes”按钮，下面每一步都单击“Next”按钮，如图 1-14～图 1-16 所示，最后出现如图 1-17 所示的对话框，单击“Finish”按钮完成安装。

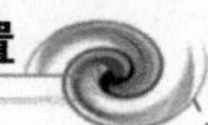

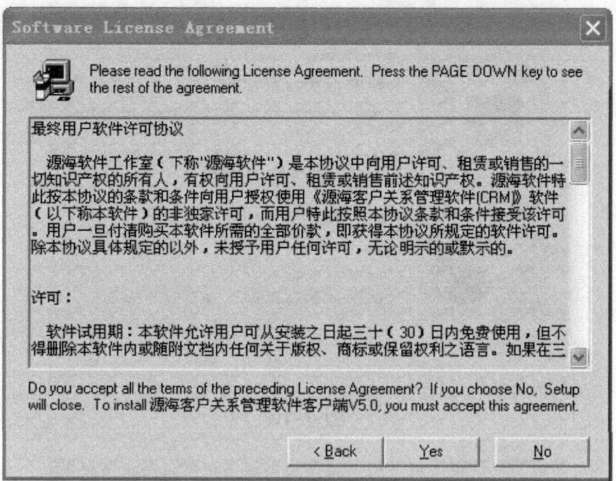

图 1-13

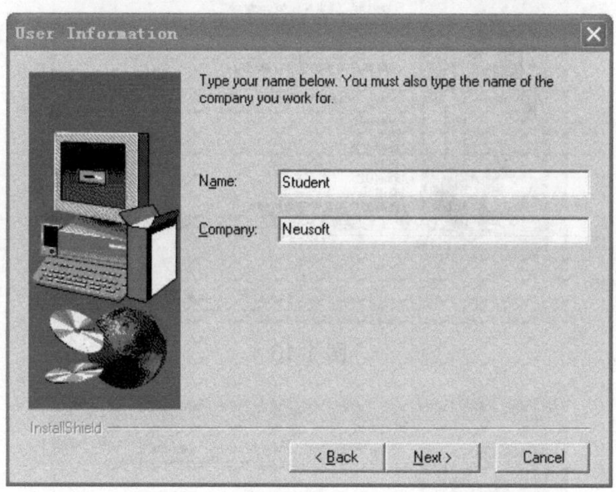

图 1-14

（4）在客户机上安装 InterBase 7.0 客户端。安装方法类似于安装 InterBase 7.0 服务器端，只是在选择安装组件时须选择安装客户端，如图 1-18 所示。

（5）配置并启动客户端。

① 如图 1-19 所示，首先启动服务器端，单击即完成配置。

② 启动客户端，用户名选择“admin”，首次密码为空，如图 1-20 所示。

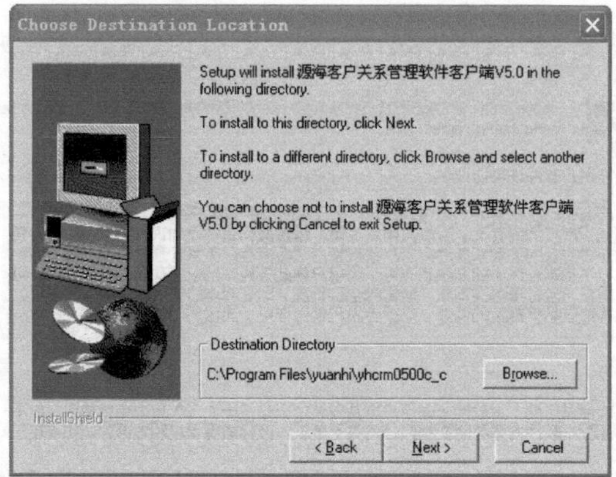

图 1-15

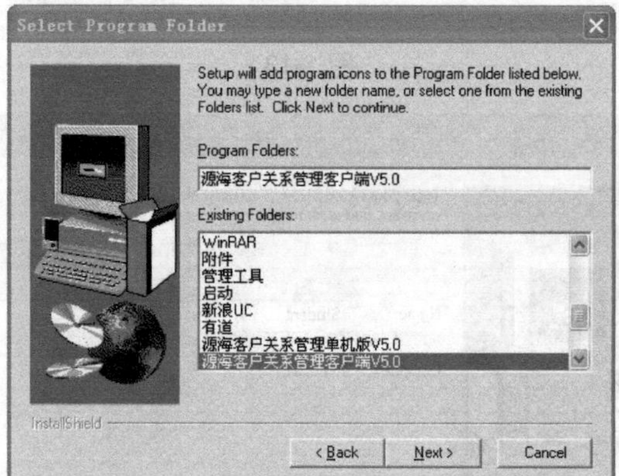

图 1-16

图 1-17

图 1-18

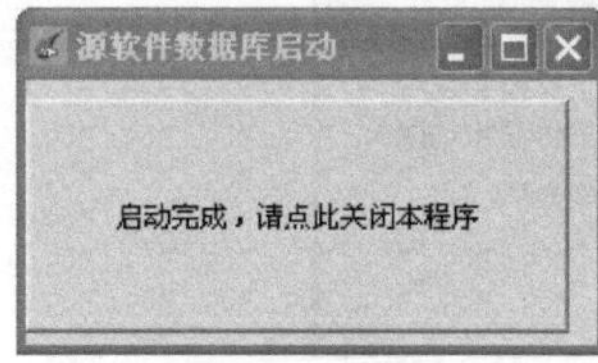

图 1-19

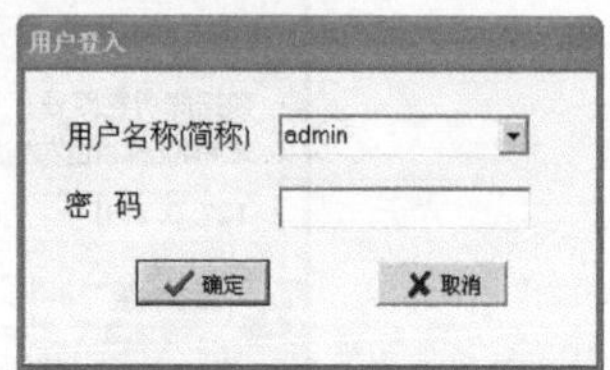

图 1-20

③ 单击“确定”按钮，弹出如图 1-21 所示的操作界面。

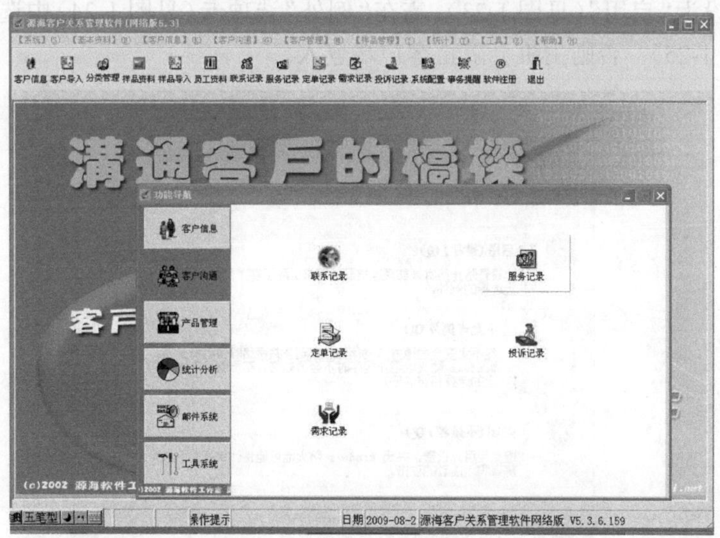

图 1-21

网络版联机说明：在进行客户端登入服务器的配置时，启动客户端，执行软件的“系统/系统选项配置”命令，出现如图 1-22 所示的对话框，在其空白窗口中输入你需登入的服务器的 IP 地址，如果服务器与客户端为同一计算机，则可如图 1-22 所示输入“127.0.0.1”，单击“确定”按钮就可以了。

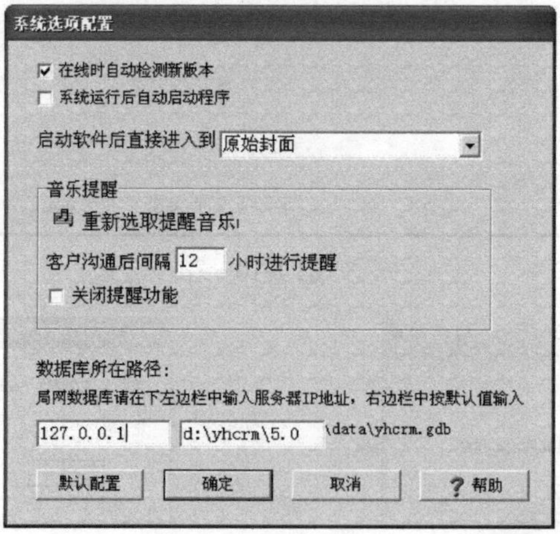

图 1-22

作为服务端的主机，如果将“Windows 防火墙”设为“关闭”状态，则客户端可正常联结；如果设为“启用”（见图 1-23），需在“例外”选项卡（见图 1-24）中选中“IBServer”复选框（见图 1-25），否则主机会阻止客户端登入。

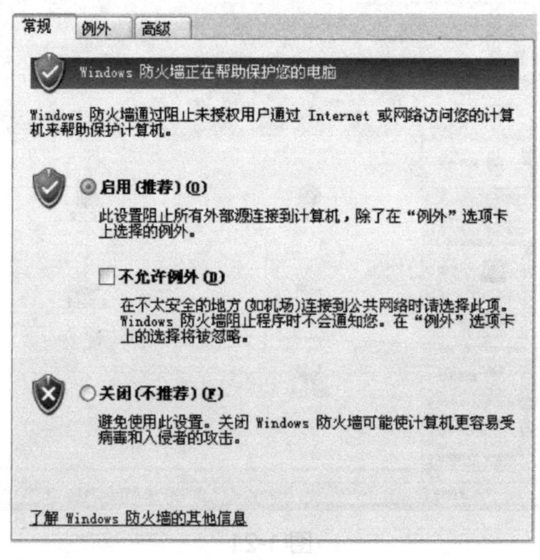

图 1-23

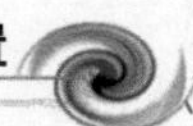

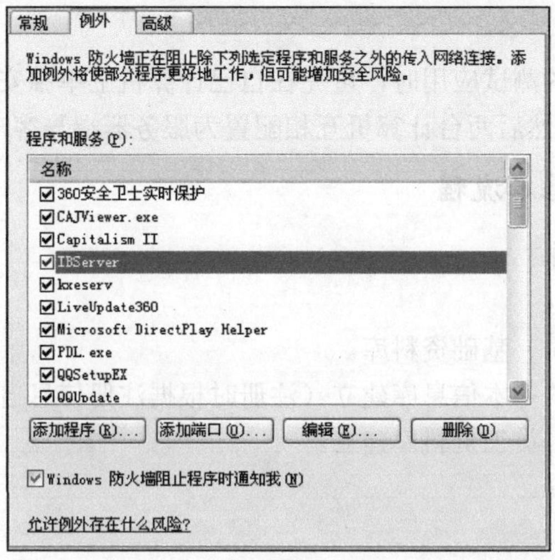

图 1-24

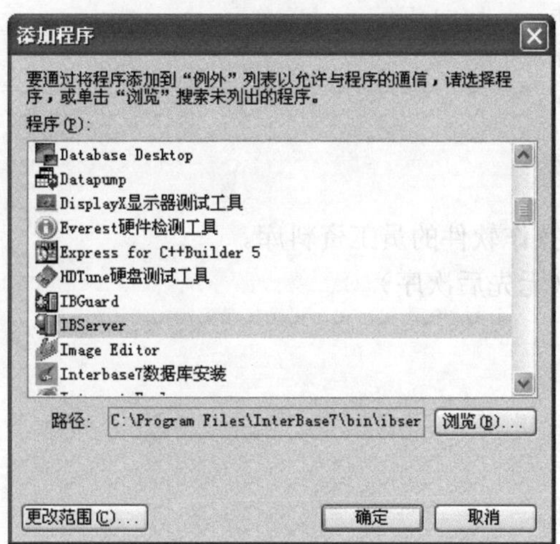

图 1-25

单机版的软件安装方法类似于局网版的，需注意的是在数据库安装时务必安装 InterBase 7.0 的服务器端（见图 1-10），否则程序不能正常运行。

3．软件配置说明

（1）显示器分辨率最好设置为 1024×768 或 800×600。

（2）建议软件安装时采用默认安装路径进行安装，数据库安装在 D 盘，如果没有 D

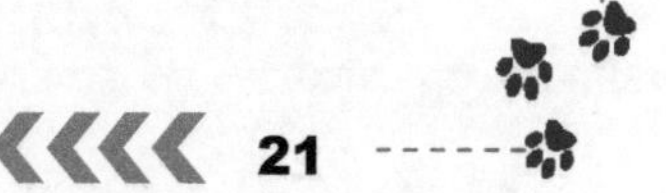

盘可安装在C盘。

（3）软件安装后的测试应用时，可先在自己计算机上单独安装服务器端与客户端，启动软件，完成安装，然后两台计算机互相配置为服务器端与客户端进行测试安装。

4. 软件使用的基本流程

1）数据初始化操作

2）基本资料库建立

（1）本企业（公司）基础资料库。

① 企业（公司）的基本信息库建立（注册时根据注册信息自动建立）。

② 本企业（公司）员工资料库建立。

③ 产品种类库建立。

（2）客户资料库。

① 公司性质资料库。

② 信用等级资料库。

③ 重要程度资料库。

④ 客户接触方式库。

⑤ 客户资料库。

3）权限管理设置

要求先完成本公司操作软件的员工资料库。

4）软件功能使用（无先后次序）

（1）业务过程。

① 客户接触。

② 邮件沟通。

③ 音乐提醒。

④ 样品资料库操作。

⑤ 产品展示。

（2）统计分析。

① 客户需求统计。

② 联系记录统计。

③ 服务记录统计。

④ 订单统计。

⑤ 客户投诉统计。

（3）数据查询。

（4）数据输出。

① 报表输出。

② 打印输出。

③ Excel 输出。

二、SAP 及 SAP Business One 介绍

1. 关于 SAP

SAP 公司成立于 1972 年，总部位于德国沃尔多夫市，是全球最大的企业管理和协同化商务解决方案供应商。目前，在全球有 120 多个国家超过 172 000 家用户正在运行 SAP 软件。“财富 500 强”80% 以上的企业都正在从 SAP 的管理方案中获益。SAP 在全球 70 多个国家拥有分支机构，并在多家证券交易所上市，包括法兰克福和纽约证交所。

1995 年，SAP 公司在北京正式成立 SAP 中国公司，并陆续建立了上海、广州、大连分公司。作为中国 ERP 市场的绝对领导者，SAP 的市场份额和年度业绩近年来高速增长。SAP 在中国拥有包括 IBM、埃森哲、凯捷、HP、毕博、德勤、石化盈科、中电普华、东软、神州数码等多家合作伙伴。SAP 在众多的项目中与这些合作伙伴密切合作，将先进的管理理念和方法转变为切实助力中国企业“蕴韬略，更卓越”的现实。[①]

2. SAP Business One 介绍[②]

SAP 中小企业解决方案 SAP Business One（SBO）是 SAP 公司专门针对成长型企业设计的产品，它提供直观并能快速实施的解决方案，满足企业标准的业务需求以及持续发展的要求，帮助此类企业解决管理问题。SBO 的安装使用见本书附录部分。

使用 SAP® Business One 应用程序中的客户关系管理（CRM）能更迅速地达成交易，为客户提供更出色的服务。这些工具支持企业实现销售流程的自动化并有效管理销售周期内的各项活动，包括首次接触、报价、达成交易以及售后服务和支持。其中密切集成的功能覆盖营销、销售和服务领域，可帮助企业深入全面地了解潜在客户和客户，更好地理解并满足其需求。

利用销售与商机管理工具，企业可以创建报价单，输入订单，实时检查所有仓库，了解可用库存并处理交付事宜，记录新的销售机会及相关信息，如线索来源、潜在竞争、交易规模和销售阶段。企业可以将任务、合同和商机在 SAP Business One 和 Microsoft

---

① 摘自 http://www.sap.com.cn

② 选自 http://www.sap.com.cn

Outlook 之间实现同步，利用电子邮件即时查看客户数据。

通过快速响应服务和支持呼叫来确保持久的客户满意度。SAP Business One 中的服务管理功能支持企业进一步优化服务运营、服务合同管理和客户支持水平。

SAP Business One （包括 Crystal Reports® 软件）中强大的报表功能支持企业按照地域、客户或产品分析各种销售机会，进行销售预测并评估销售和服务部门的表现。

思考与讨论

1．从招聘现场或网上调查可知相关客户关系管理的岗位有哪些？它们的岗位能力需求分别是什么？

2．从身边的人及事物开始，谈谈你对客户关系管理的理解。

实训题

实训 1-1 基本结构

学习情境：项目简介与资源配置

主题：基本结构

完成此练习后，你将能够：

- 解释源海 CRM 是如何针对个体用户市场提出解决方案的；
- 指出源海 CRM 的安装要点；
- 登录到源海 CRM 系统。

你想开始使用源海 CRM。因此，在安装好源海客户关系管理软件后，必须首先登录到软件系统，选择 admin 用户进入。

1.1 源海 CRM 解决方案适合于哪类企业

一般来说，哪种源海 CRM 软件解决方案适合于哪种规模的企业？

1.2 源海 CRM 的安装要点

- 源海 CRM 的安装数据库是什么？
- 安装网络版的源海 CRM 的服务器端需要安装数据库的哪一部分？

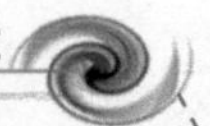

- 安装网络版的源海 CRM 的客户端需要安装数据库的哪一部分？
- 源海 CRM 网络版的服务器端与客户端可以安装在一台计算机上吗？

1.3 如果你想使用源海 CRM 进行实训

1.3.1 启动源海 CRM 软件。

1.3.2 登录到源海 CRM 系统时，如果要进入的服务器为本机，这时在系统选项配置的数据库所在路径中输入服务器 IP 地址。

1.3.3 在首次访问源海 CRM 时，使用用户名为“admin”，密码是什么？你如果想要更换用户密码，应如何进行？

1.4 如果你想使用 SAP Business One 进行实训

1.4.1 启动 SAP Business One。

1.4.2 在欢迎访问 SAP Business One 窗口的用户代码字段中输入任何字母，在密码字段中则不进行输入。

1.4.3 进入到选择公司窗口。使用用户名“manager”和密码“manager”登录。选择“OEC 中国有限公司”相应数据库，SBO2005B 则选择“北京海诚电子公司”相应数据库（以后内容也相同，不再提示）。

1.4.4 你想用你喜欢的语言和其他显示参数（如字体、日期格式）来使用 SAP Business One 系统。转到系统中的显示参数功能，然后根据你的喜好对其进行更改。

实训 1-2 员工管理及权限配置

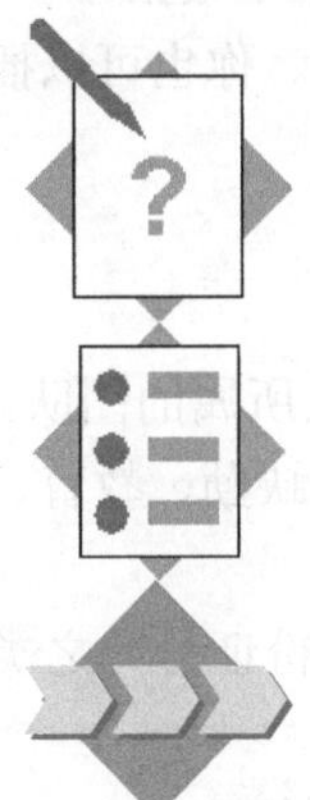

学习情境：项目简介与资源配置

主题：员工管理及权限配置

完成这些练习后，你将能够：

- 进行公司员工信息管理；
- 配置不同员工的权限。

首先选择 admin 用户登录到系统，然后增加员工信息，再配置员工的权限。

2.1 选择 admin 用户登录到系统，进行员工信息增加操作

2.1.1 在主菜单“基本信息”中单击“员工资料”，进入“员工资料”窗口。

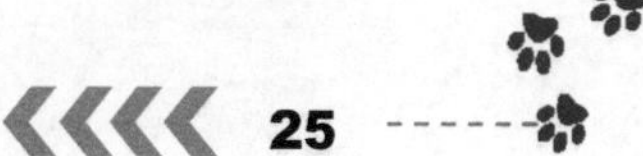

2.1.2　单击“增加”按钮，输入本公司业务员资料信息，简称可用编码代号输入，姓名输入自己的名字，部门输入售前支持或业务员等，保存。

2.1.3　再单击“增加”按钮，输入本公司业务经理或客户关系管理员资料信息，简称可用编码代号输入，姓名输入自己的名字+经理，部门输入客户关系，保存。

2.2　选择 admin 用户登录到系统，根据员工的工作岗位与性质的不同，对员工进行权限管理操作

2.2.1　执行“系统→权限管理→操作员密码及权限设置”命令。

2.2.2　单击“增加”按钮，在弹出的“选择员工”窗口中，单击下拉按钮，选择使用者名称。

2.2.3　在相应栏中，给该员工按本窗口下的“附注”选择权限，并给该用户设置密码，保存。

2.3　选择 admin 用户登录到系统，对员工进行权限修改操作

2.3.1　执行“系统→权限管理→操作员密码及权限设置”命令。

2.3.2　单击“修改”按钮，在相应栏进行修改后，单击“保存”按钮。

2.4　进入主菜单“系统”，当在“超级用户”栏设置“True”时，表示该员工具有什么权限？如需将员工权限设置为“True”时可按哪个字母？设置权限为“False”时可按哪个字母？

2.5　在 SAP Business One 软件中，你作为销售部门的销售人员之一，请创建个人的员工主记录

2.5.1　从 SAP Business One 主菜单中选择 “人力资源”下的“员工主数据”。

单击“添加”按钮，在“一般范围”字段中，指定所需的一般信息。你也可以插入图片。

2.5.2　完成以下选项：

- 在“地址”选项卡中，指定员工的工作地址和家庭地址。
- 在“员工身份”选项卡中，指定员工在公司中的角色以及员工所属的团队。
- 在“行政”选项卡中，指定员工的雇佣期间和状态，以及有关缺勤、教育、考评和工作经历的信息。
- 在“个人信息”选项卡中，指定诸如出生日期、婚姻状态和身份证号码之类的信息。
- 在“财务”选项卡中，指定员工的工资、成本和必要的银行明细。
- 在“备注”选项卡中，可在需要时添加注释。
- 在“附件”选项卡中，请链接有关员工的单据和文件。

2.5.3　单击“添加”按钮。

案例分析

李嘉诚不忘来时路

华人首富李嘉诚曾发家于生产塑胶产品的长江工业总公司，而后转向房地产等产业，成就了财富的神话。然而在塑胶花已经日落西山的时候，李嘉诚还在寸土寸金的长江大厦留有一个小小的车间生产塑胶花，生产者都是些老人，效率很低！这令人颇为费解。

对此，李嘉诚给出了答案：“那些员工在我的企业里干了那么多年，是他们创造了塑胶花的黄金时代，也成就了我的事业。现在他们老了，除了熟悉塑胶花的生产工艺别无所长，我若停止生产，将他们推出门去，他们的境遇将会如何？一家企业就像一个家庭，他们是企业的功臣，理应得到这样的待遇。现在他们老了，作为晚辈，我们就该承担起照顾他们的义务。”

李嘉诚牢记着自己的成就是塑胶花工人所给的，以感恩之心来面对，即使违反生意规律也要让“功臣”安度晚年，这种深深的人文关怀形成了一种企业文化，让员工以主人翁的姿态来营业，让李嘉诚长期雄踞华人首富之位！

资料来源：彭龙富．李嘉诚不忘来时路．中国市场，2009（11）：55

问题：通过阅读本案例，你对客户关系管理有怎样的理解？

学习情境二 客户关系管理战略规划

学习目标

- ❖ 了解客户关系管理战略规划的能力要求;
- ❖ 掌握客户关系管理战略规划的基本知识;
- ❖ 熟悉客户满意度与忠诚度的内容与要求。

技能目标

- ❖ 了解客户关系管理战略规划的基本内容;
- ❖ 学会编制客户关系管理营销计划;
- ❖ 能够进行客户关系管理软件的产品（样品）配置。

任务一 客户关系管理规划设计

任务引入

苹果公司的客户观念

在苹果公司看来，主导市场才是最重要的事。为了实现这一目标，苹果产品的战略核心理念就是用户体验至上。乔布斯的理念是，苹果的产品是个人工具，帮助个人解决

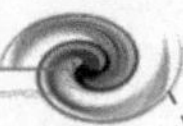

问题，这使得苹果公司专注于个人用户的体验。

用户体验被理解为三部分，首先是产品的性能和实用性。苹果公司在产品设计时就专注于顾客的想法和需求，以及顾客如何与产品互动，例如，iPod、iPhone、iPad 的操作均极为简单，以至于销售的产品中不附带产品说明书。与此同时，苹果遵循“简单即终极复杂”的逻辑，简捷对于苹果而言意味着高度的完美和精细。在产品系统设计、外观设计及工业设计中，乔布斯和他的团队追求每个步骤、每个细节的精准，做事有条不紊、细心谨慎、尽善尽美。人们之所以喜欢苹果产品，这是其中的原因之一。

其次是产品的更新换代，苹果几乎每年都有新的产品问世，即使在产品非常畅销的时候苹果也依然推陈出新，而且每一款产品都能给客户以最新的体验，引领着时代的潮流。

最后是产品带给人的审美体验和心理需求。苹果极力宣扬一种理念，即苹果销售的是梦想，而不仅仅是产品。这一点使得全球的苹果支持者感到与众不同，购买和使用苹果的最新产品的用户购买的不是苹果产品本身，而是产品的象征意义。

任务分析

很多商家通过市场调查的方式获取信息来了解客户需求，而苹果却与众不同，它并不是消极地等待消费者的信息回馈，而是主动告诉消费者他们需要什么，然后将技术转化为普通消费者所渴望的东西，并通过各种市场营销手段刺激消费者成为苹果粉丝。

苹果公司不论是在企业文化建设方面，还是在团队打造以及内部管理流程和经营策略上，无一不是体现用户至上的理念，并将人文精神赋予产品之中。“在苹果公司，我们遇到任何事情都会问：它对用户来讲是不是很方便？它对用户来讲是不是很棒？每个人都在大谈特谈‘噢，用户至上’，但其他人都没有像我们这样真正做到这一点。”乔布斯骄傲地说。

2012 年 8 月 21 日，苹果成为世界上市值第一的上市公司。

假设作为一家公司管理高层的你正负责公司的客户关系管理战略规划，你需要从企业文化、组织架构、管理流程、资源配置等方面进行筹划，将企业打造成顾客导向型的组织，以确保企业在当今的经营环境中保持竞争优势。

本情境需完成以下两个子任务。

任务 1：设置客户关系管理组织架构。

任务 2：规划客户关系管理流程。

知识链接

一、CRM战略的内容

1. CRM的愿景和目标

愿景是人们永远为之奋斗希望达到的图景，它是一种意愿的表达。愿景概括了未来目标、使命及核心价值，是哲学中最核心的内容，是最终希望实现的图景。[①]

例如，亚马逊公司的理念：敏锐把握客户希望、需要什么，并迅速实现；其目标：备齐最多的商品、最佳的商品信息、最迅速的递送等。再如，通用汽车（onstar服务）的理念：提供不论到哪里都有人陪伴、乐意提供援助的安全感；其目标：全体从业员每月和客户通话1小时、和客户交流成为可能、使服务更个性化。

2. 客户战略[②]

所谓客户战略，就是企业对如何建立和管理客户关系的目标及目标实现途径的整体性把握。一般来说，战略是指重大的、带有全局性的或决定全局的谋划。

一项客户战略至少应该包括以下四个核心要素。

（1）客户理解。客户战略的中心在于把客户群分解为可以有效管理的细分客户群体，进而形成合理的客户关系组合结构。对于每一种客户细分，企业都应该考虑客户对产品和服务需求的共性，再细分为对于每一种产品和服务的需求。

（2）客户竞争。在一个竞争激烈的市场环境中，有效的客户战略必须能够服务于竞争。企业竞争力应该体现在：既能保持原有的客户份额，又可以获得一些新客户，并同时能够对客户的结构构成进行优化，淘汰不合格的劣质客户群，赢得和挽留优质客户群。

（3）客户吸引力。培育客户忠诚和建立牢固的情感纽带，形成直接吸引力，同时形成口碑式的间接吸引力也是非常关键的，因为这将是企业能够通过交叉销售和升级销售来保持和提取更大客户价值的重要因素之一，也是尽可能发掘优质客户和吸引有利可图的其他企业的优质客户的重要因素。

（4）客户管理能力。企业的每一位员工都应该积极地为客户提供服务，而不是仅仅将其归为客户服务部门的责任对象。企业作为一个有机的整体，必须构建强大的全面的

① 资料来源：http://baike.baidu.com/view/27619.htm

② 资料来源：http://baike.baidu.com/view/4289277.htm

客户服务和管理体系。

3. CRM 战略实施基础

1）建设顾客导向型企业文化

随着生产技术与信息的高速发展，竞争不断加剧，在目前社会的经营活动中，顾客取得了控制权，顾客关系直接影响着经营业绩，顾客经验在交易活动中显示出至关重要的作用，为适应发展的需要，顾客导向型企业文化也渗透到各企业中。

（1）顾客导向型企业文化的建设重点：

① 企业战略的制订必须以市场为导向；

② 企业内外部管理流程关注于为客户提供价值；

③ 企业产品设计开发、采购制造、销售分销、售后服务必须紧贴市场需要，在产品的全生命周期管理中强调市场的作用；

④ 企业员工主动将市场导向作为工作的基本指导原则之一。

（2）顾客导向型企业文化的建设方法。

① 重申企业所重视的价值观。企业价值观的形成，与经营者个人的价值观或企业的策略有关，实证数据显示，组织的价值观越清晰，越一致，则绩效越好，并让企业所有人知道，什么是企业认为重要的事。表 2-1 列举了三种价值观及其意义。

表 2-1 价值观及其意义

价 值 观	意 义
贴近顾客，接近市场	顾客与我们越亲密，我们会越成功。只要是客户的意见，就值得聆听
有始有终，结果导向	做事与沟通，都必须有确定预期效果已达成才松手的态度
团队合作，勇于负责	愿意与同事合作、为企业多想一步、多承担责任的人，将会得到奖励，即使在过程中犯了错

价值观（1）直接强调客户在企业策略中的中心地位，价值观（2）、（3）则确保客户的需求不会在企业体制的运作中被冷落。

② 列举企业目前需改变的行为。

- 行为背后的错误认知。错误的行为来自对环境错误的认知。在一个尚未建立起客户导向文化的企业，常可见到员工有以下的错误认知。

错误认知一：与客户的互动是业务的工作，客户不会也不应与其他部门直接接触。

真实情况一：客户很多时候评价的不只是既有的产品、服务，而是整体的体验。企业全员都必须有与客户接触的心理准备，并视此为建立企业声誉的机会。

错误认知二：我们比客户更懂产品，更懂技术，更懂生产。

真实情况二：我们的确比客户更懂产品，更懂技术，更懂生产，但客户比我们更懂市场，市场最大。

错误认知三：事情交代完，我的责任就结束了。若最后出了什么错，那是对方的错，主管也不会怪我。

真实情况三：公司会奖励事情做完的员工，而不是只做事的员工。若出了什么错，只有做事的人不能免除责任。

错误认知四：只要尽到本份，公司就会保障工作，给薪水。而所谓的本份，就是明文规定应该做的事。

真实情况四：公司永远期待员工比该做的再多做一点，而这样的行为最终会被奖励。

错误认知五：不能让公司知道犯了错，否则会被处罚。比起那些多做多错的同事，只要不犯错，我会得到更多。

真实情况五：公司允许员工犯错，只要出发点是为了企业，且在错误发生时及时正确地处理，这样的员工最后会比不做不错的员工得到更多奖励。

企业要利用机会，在各种适当的场合，提醒员工真实的情况是什么。

- 价值观与行为改变的对照表。列举基于企业价值观，企业期待员工的具体行为模式，如表2-2所示。

表2-2 需改变的行为

基于价值观“贴近顾客，接近市场”，需改变的行为	
过　去	未　来
顾客意见太多了。我们得有自己的标准流程	谢谢顾客给我们这么多意见。其中一定有些是很宝贵的，可参考的
客户的品质要求不合理。我们的品质就是这样了，没办法更好	客户的品质要求的确很高，让我们再和他们沟通，定出明确可行的标准
做我们可以做的事	做市场期待我们做的事
基于价值观“有始有终，结果导向”，需改变的行为	
过　去	未　来
我都交代了，应该没事了	让我再次确认对方已清楚知道我的想法，并会再和他确认结果无误
客户（或其他部门）没再说什么，问题应该已解决了	除非得到客户（或其他部门）的确认，事情不算完成
我尽快给你答案	我会在某月某日之前给你答案。若发现来不及，会在那之前再通知你

续表

基于价值观“团队合作，勇于负责”，需改变的行为	
过　去	未　来
我已完成按规定该做的事	我已完成客户（或其他部门）需要我做的事
虽然你说得没错，但依据现有公司流程，这事是不可行的	只要这需求是合理的，让我们看看现有程序有无需要修改的
公司规定不能这样做。要我做，请找人签名画押，这样出了事就没我的责任。不画押，自己想办法	对企业现有的规定不太清楚，我们找双方的主管谈一下，应该有更合理的解决方法

2）组织结构

公司组织结构是否合理，对于公司的发展与生存起着至关重要的作用，建立适当的组织结构，可以使公司的各项业务活动顺利进行，可以减少矛盾与摩擦的产生，避免无休止的不必要的协调，才能提高公司的工作效率。有人曾这样说，公司组织结构的重要性仅次于公司最高领导人的挑选。对于各层管理人员来说，在一个结构设计良好的公司中工作，能保持较高的工作效率，并且能够充分显示其才能。

3）客户关系管理流程

在网络营销的环境下，对大多数企业而言，客户关系管理系统的实施的一般流程主要包括客户信息收集、客户细分、客户价值分析与数据挖掘、营销策划与关系管理、客户体验、销售及服务，CRM 实施流程如图 2-1 所示。

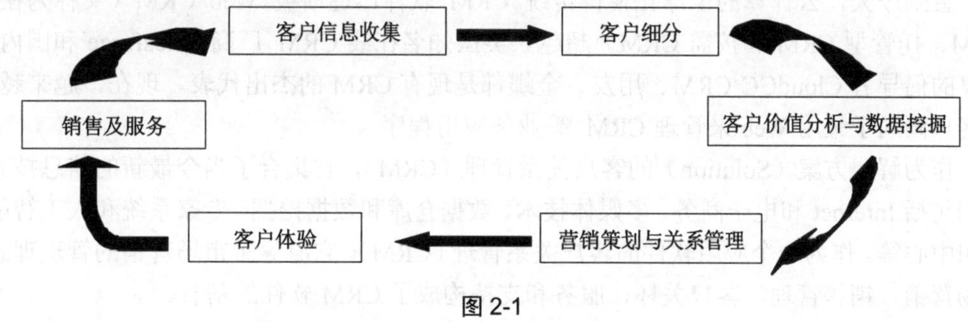

图 2-1

4）人力资源

随着市场经济的不断发展，客户关系管理的职业岗位也在变化，现有的客户关系管理典型岗位一般有客户关系管理专员、售前支持专员、市场信息处理专员、客户服务专员、呼叫中心坐席五类，当然不同企业岗位有所不同。

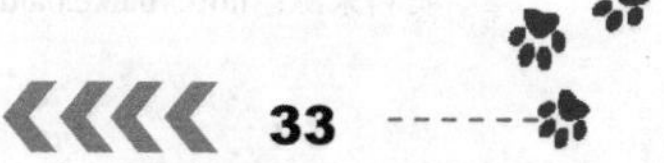

5）信息技术[①]

20 世纪 90 年代末期，互联网的应用越来越普及，CTI、客户信息处理技术（如数据仓库、商业智能、知识发现等技术）得到了长足的发展。结合新经济的需求和新技术的发展，Gartner Group Inc.提出了 CRM 概念。

客户关系管理（Customer Relationship Management，CRM）是一个不断加强与顾客交流，不断了解顾客需求，并不断对产品及服务进行改进和提高以满足顾客的需求的连续的过程。其内涵是企业利用信息技术（IT）和互联网技术实现对客户的整合营销，是以客户为核心的企业营销的技术实现和管理实现。客户关系管理注重的是与客户的交流，企业的经营是以客户为中心，而不是传统的以产品或以市场为中心。

随着 3G 移动网络的部署，CRM 已经进入了移动时代。移动 CRM 系统就是一个集 3G 移动技术、智能移动终端、VPN、身份认证、地理信息系统（GIS）、Webservice、商业智能等技术于一体的移动客户关系管理产品。数码星辰的 CRM 产品就是典型的移动 CRM 产品。移动 CRM 将原有 CRM 系统上的客户资源管理、销售管理、客户服务管理、日常事务管理等功能迁移到手机，它既可以像一般的 CRM 产品一样在公司的局域网里进行操作，也可以在员工外出时，通过手机进行操作。移动 CRM 主要实现了即使经常出差在外也可以随时随地掌握公司内部信息的功能。客户只需下载手机版软件，然后安装在手机上就可以直接使用了，而且用计算机申请的组织名和账户名就能直接使用该系统，这样客户不仅可以随时查看信息，而且可以通过手机给公司内部人员下达工作指示，同时也可以使用平台所提供的所有功能。

直到今天，云计算的全球化使得传统 CRM 软件已逐渐被 Web CRM（又称为在线 CRM、托管型 CRM 和按需 CRM）超越。美国知名在线 CRM 厂商 Salesforce 和国内云计算的倡导者 CloudCC CRM、用友、金蝶都是现有 CRM 的杰出代表。现在，越来越多的客户倾向于采用 Web 来管理 CRM 等业务应用程序。

作为解决方案（Solution）的客户关系管理（CRM），它集合了当今最新的信息技术，它们包括 Internet 和电子商务、多媒体技术、数据仓库和数据挖掘、专家系统和人工智能、呼叫中心等。作为一个应用软件的客户关系管理（CRM），它凝聚了市场营销的管理理念，市场营销、销售管理、客户关怀、服务和支持构成了 CRM 软件的基石。

4. CRM 战略评价

除了需要建设客户导向的企业文化，还要有客户导向的绩效考核制度。企业至少要塑造一种气氛，让员工清楚地了解、真诚地关心客户的感受，最终会有回报。在正式的

---

① 资料来源：http://baike.baidu.com/view/10090.htm

定期绩效考核中，企业必须尽可能将客户的反应与员工奖惩联结，除了第一线直接面对客户的业务部门外，对研发、采购、生产、质量、物流、财务、行政等部门也需纳入绩效考核的范围，让客户悲喜与员工的悲喜同步的理念贯穿于公司的各部门、各流程。

衡量顾客关系管理的绩效至少应包括如下几方面：

- 客户利润贡献度
- 顾客终生价值
- 顾客保留率
- 顾客满意度
- 顾客忠诚度

二、客户关系管理战略的类型[①]

1. 斯托巴卡的CRM战略分类

斯托巴卡（Storbacka）把CRM战略分为三种，如表2-3所示。

表2-3　CRM战略类型

战略类型	战略特点
扣钩战略（Clasp Strategy）	● 企业与客户接触点（时空点或时段）相对分散，所以企业与客户间的合作并不完全同步吻合 ● 采用扣钩战略，企业与客户建立的关系接触程度将主要是行为层面 ● 这种战略，从某种意义上讲需要客户去适应企业的行为
拉链战略（Zipper Strategy）	● 与扣钩战略相比，这一战略要求企业与客户之间互动性更强，接触频率较高，接触点与接触点之间几乎不存在空隙 ● 企业与客户之间需要吻合同步 ● 这是一种双方相互适应的关系战略 ● 该战略重点关注双方所构建的长期合作关系，对相互之间的关系收益有着深刻的认识，并愿意为之持续地付出努力，以便保持双方业务的相互适应
维可牢战略（Velcro Strategy）	● 其核心是企业精心设计与客户间的接触过程，以便尽可能适应不同客户的接触过程 ● 它要求企业有足够高的柔性，以适应不同客户的不同需求

① 资料来源：http://wenku.baidu.com/view/9fa8bdc18bd63186bcebbc77.html

2. CRM 战略分类矩阵及转化（见图 2-2）

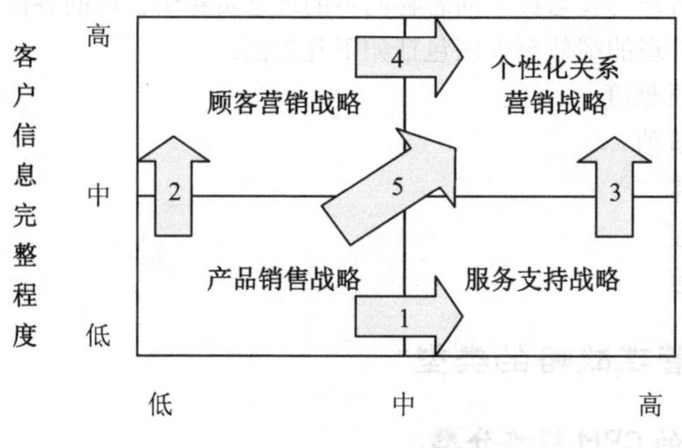

图 2-2

三、CRM 战略成功的关键因素

客户关系管理的实施项目是一个周期长、投资大、涉及企业经营的各个方面的大项目，客户关系管理系统实施项目同样需要完善、有效的项目管理。CRM 项目是一项系统工程，是综合性的企业应用系统。在确定 CRM 系统目标时，必须根据企业目前的实际需求以及实施能力，分阶段确定工作实施目标，做到阶段实施、阶段突破，从而保证 CRM 工作能够长久、顺利地开展。

美国研究机构 Frost & Sulliran 的研究报告表明，客户关系管理的实施缺乏企业级 CRM 战略设计，技术未能很好地与清晰的企业级战略相结合，导致了 CRM 实施的成功率降低。CRM 不仅仅是一种单纯的信息技术或管理技术，它是一种涉及整个企业运作、关乎企业长远利益的战略，是一个综合的战略和流程。因此，CRM 系统的实施不只是管理层面或技术层面的实施，CRM 的战略地位要求企业的高层领导要在战略的高度上去实施 CRM 系统。从国内外大量的文献资料及案例中我们不难发现，CRM 战略成功的关键因素主要包括如下几个方面。

（1）企业文化。实施 CRM 不可避免地要求企业对组织管理进行变革，特别是在观念、习惯、方式等企业文化方面的变革，企业是人的组织，只有企业的价值观和行为方式改变了，企业才能实现真正的变革创新，才能生存并获取竞争优势。客户是企业的一

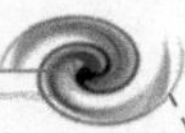

项重要资产，客户关怀是CRM的中心，客户关怀的目的是与所选客户建立长期的、有效的业务关系，在与客户的每一个“接触点”上都更加接近客户、了解客户，最大限度地增加利润和利润占有率。可以说，“以客户为中心”的企业文化是CRM成功实施的前提条件。

（2）业务流程。CRM要求企业将市场营销、研发、采购、生产、物流、财务、内部管理等方面的工作全部围绕着客户资源来展开。企业主要的流程必须从客户战略的角度来重新定位和再造，流程要确定是否能够及如何满足客户需求的基本问题。

（3）组织架构。业务流程的重新定位与再造必定需要重新设计合理的组织架构。组织架构设计的焦点集中在企业与客户的关系上，以知识信息资源的共享和技术优势为依托，具有开放性、实时性、主动性的特点，强调分权与扁平式组织，所构建的层级组织具有扩展性。

（4）资源技术。在一个CRM项目中，新的硬件设备、操作系统和操作人员是决定物质资源和人力资源投入的重要因素。因此，在具体制定CRM战略时，企业一定要仔细考虑技术设计，包括硬件、软件和人员。

（5）数据仓库。对于CRM战略，需要收集大量的数据，然后对数据进行加工与处理，数据仓库是CRM的核心，它把CRM流程的所有相关数据都集中于此，可以使市场分析人员从库中的数据分析细化目标市场、决定促销活动；呼叫中心可以得到呼叫客户的相关信息、购买意图、交易记录、投诉记录；销售人员可以及时了解客户的详细信息以作为销售力量自动化系统的一部分，使决策者能够基于客户细分作出正确的决定，把正确的产品提供给正确的人。

（6）硬件设备。客户所访问部门的位置对客户感知有着深远的影响，客户接触中心的设施和网站也会对客户产生间接影响。

案例2-1

SAP的经营理念

SAP公司之所以能在激烈的竞争中不断取得成功，一个最重要的原因是贯彻了“客户第一”这一经营理念。SAP从建立之初就是一个非常重视市场的公司，这种重视不仅仅体现在销售市场、咨询服务等直接面对客户的部门，甚至研发部门也形成了很好的市场意识。

SAP在进行任何产品或解决方案的研发之前，首先会对未来的市场前景进行分析，同时邀请相关的合作伙伴、潜在客户及学术机构进行详细分析与研究，从而确保研发出

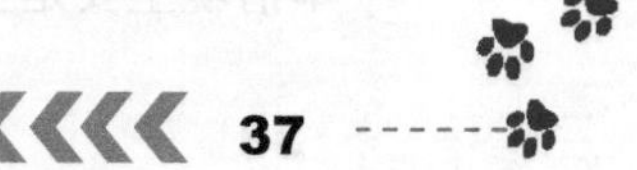

来的产品具有市场先导性，能够很快被市场所接受。产品或解决方案的研发部门常常分为解决方案管理（Solution Management）和开发管理（Development Management）两个团队，其中的解决方案管理团队对外收集需求，进行流程分析、对产品研发进行跟踪、推广开发出来的产品，起到了一种市场部门的作用；而开发管理团队保持和解决方案管理团队的密切交流，开发人员不是仅仅从事单纯的开发工作，他们也不定期地参与到具体客户项目或产品推介活动中，从而培养良好的客户及市场感觉。

SAP 研发团队各级管理层直至董事会，都非常强调对于客户的访问。每到一地，首先访问的就是客户及潜在客户，很多客户甚至可以直接将电话打到董事会成员的办公室。SAP 还制定了完善的产品设计、质量监控及售后服务流程，确保客户及市场的需要能够得到 SAP 不同部门合理、及时的反映。这一切构成了 SAP 重视客户及市场的整体文化。

任务二 客户关系营销方案设计

任务引入

作为一家小软件公司的业务经理，你正负责公司的新产品推广应用。因公司规模较小，推广费用有限，你在较详细了解产品特性的基础上，决定从你附近的个体户等小老板这些潜在客户开始，开展软件产品营销……

由于你个人经验不足，要开展产品营销，需要制订一个简要的营销计划……

本情境需完成以下两个子任务。

任务 1：客户关系营销方案设计。

任务 2：以各种方式努力实现这个方案。

任务分析

本情境任务引入内容或背景，可由学员根据兴趣爱好自己设计，不同学员可模仿以上内容，设计自己感兴趣的产品营销方案，然后以各种方式努力实现这个方案，就像杰克·韦尔奇在《赢》中曾写道："在真实的生活中，战略其实是非常直截了当的。你选准一个努力的方向，然后不顾一切地实现它罢了。"

本情境主要是引入项目计划需要而产生，对于客户关系管理的营销，它是营销计划

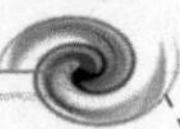

的一种，通用的营销计划模板是可以借鉴与参考的，要点是要找到你所在地区的市场需求信息，在找到市场需求信息的基础上，重点考虑你所推广的产品或服务的优势、劣势及特长，也就是要进行简要的 SWOT 分析（见本任务的“知识链接”），再考虑适合产品或服务的推广应用思路。这就构成了产品或服务的营销方案，当然，如果你没有或不便自己寻找这种产品或服务，本任务也推荐将源海客户关系管理软件产品作为你所推广应用的产品，因为你正在使用、正在了解与学习，能互相促进。

关于客户关系管理营销方案特别突出的方面，主要是看在客户关系管理营销方案中能否体现这个方案是如何通过服务或客户体验过程让客户满意，进而实现客户的长期价值及提升客户的忠诚度的，这也是客户关系管理的核心知识内容与操作技能。因此，本任务的知识点主要体现在客户满意、客户忠诚及 SWOT 分析三个方面。

知识链接

一、客户满意与满意度

1. 客户满意的理解

目前，随着国际市场经济一体化的进展，许多著名的跨国公司纷纷意识到，谁能在 21 世纪抢占市场制高点，谁就能首先在中国驻足。在国内医药市场上，国外独资与合资企业产品所占份额连年上升，对旧的市场格局形成了强烈冲击，使相当一批医药企业面临着“内忧外患”及生死存亡的考验。市场不同情弱者，也不相信眼泪。有人说现在市场如战场，实际上确实是这样，而且在某些方面有过之而无不及，两军在战场上拼杀时还允许投降、起义，而在市场竞争中失败则意味着员工下岗、企业倒闭。正如我们所知，客户满意度是 CRM 中的一个核心概念，什么是客户满意、如何度量客户满意度，是其中两个重要的问题。

（1）什么是客户满意？客户满意又称为顾客满意。在《ISO 9000：2005 基础和术语》中，“顾客满意”被定义为：“顾客对其要求已被满足的程度的感受。[①]”可见，所谓客户满意，是指客户的感觉状况水平，这种水平是客户对企业的产品或服务所预期的绩效和客户的期望进行比较的结果。

（2）什么是客户满意度？客户满意度就是对客户满意的一种度量或评价指标。

[①] 顾客抱怨是一种满意程度低的最常见的表达方式，但没有抱怨并不一定表明顾客很满意；即使规定的顾客要求符合顾客的愿望并得到满足，也不一定确保顾客很满意。

案例2-2

上海电力公司从满足客户到让客户满意

据华东新闻报道：上海市电力公司自我加压，自我挑战，在连续四年蝉联全市政风行风测评第一的基础上，优质服务再上新台阶，并承诺在用电高峰期间，优先确保居民生活用电及受理故障报修后到达现场的时限分别由原来内环线内、外的45分钟和90分钟缩短到40分钟和80分钟，以及对特殊困难户申请用电实行上门服务、上门推广各种节电措施等。

沈丹忱在供电部门已经服务了三十多年，现在是上海电力公司市区供电公司沪北分公司装接修灯班班长。他说，这些年来，自己和周围同事在服务客户的意识方面有了根本性的改变。以前供电部门“门朝南开”，工作人员“人朝南坐”，垄断行业中常见的毛病，电力系统统统都有，并且还不轻——1998年上海市九大窗口行业测评中，电力行业排名倒数第一。从那时起，上海电力系统开始下狠心抓行风建设，先后建立了“电力故障保修中心”、“首问责任制”、“客户经理制”等制度，推行客户服务标准，公开服务承诺，每年开展优质服务主题活动，有效地提高了服务水平和服务质量。如居民申请新装电表，由过去的3个月缩短至现在的5个工作日。经过几年努力，电力公司的客户满意度达到96.14%，在被测评行业中名列第一。

资料来源：http://www.chinacsbbs.org，2005-04-13

问题：

上海电力公司何以将客户满意作为服务的最高标准？

分析：

近几年来，随着我国市场化进程的逐步加快，企业之间的竞争愈演愈烈，并依照优胜劣汰的自然规律呈现出层递式发展的趋势。买方市场已逐步取代了卖方市场，企业成为市场竞争的主体。现在的市场竞争，早已不是20世纪80年代那种聪明人斗心眼的水平，也不可能只靠一个别出心裁的策划就能出奇制胜，它已经演化成为企业综合实力和企业系统运筹能力的较量。目前市场竞争主要分为两种：一种是“刚性”竞争，主要指产品（包括质量、包装、价格、品牌等）方面的竞争；另一种是“柔性”竞争，主要指企业的素质、信誉、服务等方面的竞争。谁要想在市场取胜，就必须充分利用好这两个方面的竞争。当然，对竞争的态度不同，结果也不同。接受竞争是消极的，往往比市场节奏“慢半拍”，扮演“悲剧”角色；参与竞争是积极的，往往比市场节奏“快半拍”，扮演“英雄”角色，因为消费者是市场的“终审判决”。

2. 客户满意的实例分析

案例 2-3

一份来自公交车的启示

设想一下，烈日炎炎的夏日，当你经过一路狂奔、气喘吁吁地在车门关上的最后一刹那登上一辆早已拥挤不堪的公交车时，洋溢在你心里的是何等的庆幸和满足！而在秋高气爽的秋日，你悠闲地等了十多分钟，却没有在起始站“争先恐后”的战斗中抢到一个意想之中的座位时，又是何等的失落和沮丧！

资料来源：http://www.163.com

问题：

同样的结果——都是搭上没有座位的公交车，却因为过程不同，在你心里的满意度大不一样，这到底是为什么？

分析：

问题的答案在于你的期望不一样，炎热的夏天你的期望仅在于能“搭”上车，如果有座位那是意外之喜，而在凉爽的秋天你的期望却是要“坐”上车，而且最好是比较好的座位。同样的结果，不同的期望值，满意度自然不同。

由上述例子，至少可以得到以下三点结论：

（1）客户满意度是一个相对的概念，是客户期望值与最终获得值之间的匹配程度。

（2）客户的期望值与其付出的成本相关，付出的成本越高，期望值越高。公交车的例子中付出的主要是时间成本。

（3）客户参与程度越高，付出的努力越多，客户满意度越高。

所谓越难得到的便会越珍惜，因为你一路狂奔，因为你气喘吁吁，所以你知道“搭”上这趟车有多么不容易，而静静地等待却是非常容易做到的。

3. 客户满意的模型

日本管理学家加纳（Noriaki Kano）教授有一个客户感知模型，该模型将可能导致客户产生不满意、满意和高兴几种心理状态的客户感知特性分成以下三类。

（1）必须具备的因素。它指的是顾客期望存在的并认为理所当然的那些特性。例如，顾客购买桶装水，肯定希望水是纯净的、水桶是整洁的、送到家门口等。由于这些都是顾客预期它应该有的，因此当没有时，顾客就会特别注意它，就会感到恼火和不满意。

而即使这些都有了，甚至更好，顾客也只有中性的感觉。

（2）越舒适、越快、越好的因素。顾客对于这种因素有一个较大的感觉范围。如果顾客的需求没有得到满足，就会感到失望；如果得到合理的满足，顾客不会有什么感觉；但如果我们做得更好，顾客会增加满意度。例如，顾客打电话订购桶装水，通常是 6 个小时后送到，如果我们拖延太久，就会遭抱怨；如果我们不快不慢，顾客不会有什么反应；如果我们反应迅速，在很短的时间内送达，顾客就会高兴。

（3）期望之外的因素。它指的是顾客未曾期望，以致会感到喜出望外的那些特性。因为是期待之外，所以缺少了不会引起任何消极影响，但如果具备，就会产生积极效果，提高顾客满意度。例如，为长期订户定期免费清洗饮水机、给饮水机消毒，为行动不便的顾客安装水桶等。

这些因素直接影响到顾客满意与否的情绪，而且这三个方面可以说是层层提高的。底层是必须具备的因素，第二层是越舒适、越快、越好的因素，最顶层是期望之外的因素。

必须具备的因素是顾客最基本的要求，这是会不会令顾客转身就走的一个主要因素，假如连顾客最基本的要求都达不到，很明显，顾客就会考虑是否有继续合作下去的必要了。这个因素里面所包含的条件都是缺一不可的，只要缺少其中一项，顾客就会感觉对方办事不力，没有合作诚意。

第二层是越舒适、越快、越好的因素，这是顾客没有要求的因素，但是假如这些因素没有被满足的话，那么顾客会感觉到失望，下次的合作伙伴就需要另行斟酌了。因为在市场竞争环境下，这些都是留住顾客的主要手段，如果 A 制造商没有提供这项服务，B 制造商有提供，那么下次合作的话，无疑是先考虑 B 制造商。这层因素是越多越好。大部分的顾客都是处于中间位置，即处于满意与不满意之间，但假如提供的这些因素足够多，让顾客感觉到方便，顾客出于方便自己的想法，往往会十分满意。

最顶层是期望之外的因素，这是一项令人特别高兴的因素，或者说这是一项令人兴奋的因素。这层因素对让顾客满意并成为长期顾客有十分重要的影响。当顾客向你购买一种商品时，很多时候他已经对他付出这个价格所能得到的商品或者服务有一个大概的印象，大概会知道自己要什么，而且大概只能达到某种程度。但假如能提供顾客想都没有想过的东西，无疑会为顾客的满意增加砝码，并且很可能会因为你所特别提供的这些服务同行并没有提供，当顾客再需要此类商品的时候首先会联想到你。但这项并不是一成不变的，当 A 制造商的此项技能被 B 制造商学习到的时候，那么大家就又回到同一起跑线上。这种情况往往会发生，或者是从顾客的口中得知对手的竞争手段，或者是对手得到提高而自己想到这些因素，都是有可能的。这项本来有的因素在经过对手掌握以后，就会降低成第二层因素，所以要保持竞争力，就必须在这项因素上不断进步，不断推陈出新。

顾客的满意并不只是对单次服务或者商品的满意，很大一部分还是对制造商的满意，因此，这项因素是企业运作的一个十分重要的因素。

4. 如何提升客户满意度

那么，我们要怎样才能做到客户满意呢？

企业创造顾客的过程一般包括两个方面：一是开发新客户，二是要不断地去维持老客户。“猴子掰玉米”式的创造顾客可谓国内很多企业的一大弊病。怎么讲呢？企业每天都将自己的主要精力放在了新客户的开发上，而疏于对老客户的管理，结果顾客队伍的建设并没有像企业想象的那么景气。辛辛苦苦忙活了一年，销售业绩却有减无增。经验告诉我们，获取一个新客户的成本是保留一个老客户的 5 倍。这当然不是让企业一味地守“江山”，而不去打“江山”，它只是告诫企业管理者们只有开发新顾客的技能是不行的，公司还必须下大力气去留住已有客户。守住自己的客户可以为企业创造更多的财富。

现在很多企业往往连自己都不清楚是什么原因引发了自己客户的不满意，而使其一走了之，这是很可怕的。所以，时刻走到市场的前沿去聆听顾客的声音、进行顾客满意度调查是十分必要的。企业只有不断地去改善自己的顾客满意策略，增加自身的产品价值、形象价值、服务价值和人员价值，减少顾客的货币成本、体力成本、时间成本和精力成本，才能真正实现顾客满意，创造更大的顾客队伍。

但是，一味地通过降低价格和增加服务来制造高度的顾客满意，对企业来说可能是难以忍受的，因为其带来的高成本会降低公司的利润。所以，企业还应遵循这样一种理念，即在资金、规模、人力等资源一定的限度内，企业只需在自己的员工、股东、供应商、客户等利益关系方能接受的前提下，尽力达到高水平的顾客满意度，而不必去追求顾客满意度的最大化。

为了保证“客户满意”工程的顺利实施，还要求干部职工要正确处理好两个方面的关系。一是要正确处理好“客户满意”工程与各种现代化管理方法及企业各项规章制度的关系。现代化管理方法及规章制度是经过长期实践检验的宝贵管理成果，我们应当积极推行并认真遵守，这是对各项工作的基本要求，而实施“客户满意”工程，则是将这些工作与市场需求更好地联结起来，赋予其不同于以往的目的和功能，可以给某些管理方法和制度注入新的内容，是对它们的完善补充，两者是包容与被包容的关系。二是要正确处理好“客户满意”工程与本职工作的关系。由于企业内部各项工作存在着很大差别，部分员工认为该项工作与其无关。为澄清这种模糊认识，我们特别指出，“客户”不是一个凝固不变的概念，有些人的工作虽与厂外客户无直接关系，但与厂内“客户”有关，车间是科室的“客户”，下道工序是上道工序的“客户”，工人是干部的“客户”，实际上既没有无“客户”的工作，也没有无要求的“客户”，只要你按照统一要求做好了本职工作，也就是做好了“客户满意”工作，两者具有本质上的一致性。由于我们在“客户满意”工作中有针对性地加以指导和控制，有效地保证了该项工作的健康发展。

总之，重视顾客满意，有效实施创造顾客满意的营销是企业生存之本。

二、客户忠诚与客户忠诚度

1. 客户忠诚的理解

目前还没有一个统一标准的定义来描述客户忠诚是什么，以及忠诚的客户究竟是谁。简单来说，一般认为“客户忠诚”是某个客户愿意继续购买该企业产品或服务的倾向。客户忠诚往往通过以下行为模式表现出来。

（1）再购买的意向。再购买的意向是指客户对某一产品或服务的未来购买意向，尽管这只是客户将来行为的预示，并不具有确定性，但客户的再购买周期仍可起到反映客户将来行为指示器的作用。企业可以将客户购买意向和客户满意联系起来，作为制定客户战略的依据。

（2）实际再购买行为。实际再购买行为可以分为近期购买、频繁购买、大量购买、固定购买和长期购买五种，其中近期购买、频繁购买和大量购买是衡量客户忠诚度较好的标志。客户实际再购买行为为企业提供了反映整个市场份额的个别信息，可以用来预示企业的长期变化。

（3）从属行为。从属行为是指客户的选择、认可和口碑，即“是否将该产品或服务推荐给别人”和“是否会再次购买该产品或服务”，其中口碑是大多数产品或服务赢取新客户的最重要的因素之一。从属行为将极大地影响单个客户的积极体验。

（4）排他行为。对于竞争对手的吸引视而不见。

（5）超强的信任关系。能够在服务中容忍企业的偶尔失误。

2. 客户忠诚度的实例分析

下面用东京迪斯尼成功案例来说明如何建立客户的忠诚度。

东京迪斯尼引客回头

世界上有 6 个很大的迪斯尼乐园，在美国的佛州和加州这两个迪斯尼营业都有一段历史了，并创造了很好的业绩。不过全世界开得最成功、生意最好的，却是日本东京迪斯尼。美国加州迪斯尼斯营业了 25 年，有 2 亿人参观；东京迪斯尼，最高记录一年可以达到 1 700 万人参观。东京迪斯尼并不是只希望客人只来一次。如果今天一对夫妇带孩子来逛乐园，这孩子长大了以后会再来吗？他会带他的女朋友或其他朋友再来吗？将来这个孩子有了孩子，他的孩子还会来吗？如果回答是肯定的，这才叫做回头客，这才是真正的忠诚的客户。东京迪斯尼使用以下几点去训练员工，因而有了数以千万的忠实的客户。

到东京迪斯尼去游玩，人们不大可能碰到迪斯尼的经理，门口卖票和检票的也许只会碰到一次，碰到最多的还是扫地的清洁工。所以东京迪斯尼对清洁员工非常重视，将更多的训练和教育大多集中在他们的身上。

1. 学扫地

第一天上午要培训如何扫地。扫地有三种扫把：一种是用来扫树叶的；一种是用来刮纸屑的；一种是用来掸灰尘的。这三种扫把的形状都不一样。怎样扫树叶，才不会让树叶飞起来？怎样刮纸屑，才能把纸屑刮得很好？怎样掸灰，才不会让灰尘飘起来？这些看似简单的动作却都要严格培训。而且扫地时还另有规定：开门时、关门时、中午吃饭时、距离客人 15 米以内等情况下都不能扫。这些规范都要认真培训，严格遵守。

2. 学照相

第一天下午学照相。十几台世界上最先进的数码相机摆在一起，各种不同的品牌，每台都要学，因为客人会叫员工帮忙照相，可能会带世界上最新的照相机来这里度蜜月、旅行。如果员工不会照相，不知道这是什么东西，就不能照顾好顾客，所以学照相要学一个下午。

3. 学包尿布

第二天上午学怎么给小孩子包尿布。孩子的妈妈可能会让员工帮忙抱一下小孩，但如果员工不会抱小孩，动作不规范，不但不能给顾客帮忙，反而增添顾客的麻烦。抱小孩的正确动作是：右手要扶住臀部，左手要托住背，左手食指要顶住颈椎，以防闪了小孩的腰，或弄伤颈椎。不但要会抱小孩，还要会替小孩换尿布。给小孩换尿布时要注意方向和姿势，应该把手摆在底下，尿布折成十字形，然后包好，这些都要认真培训，严格规范。

4. 学辨识方向

第二天下午学辨识方向。有人要上洗手间，“右前方，约 50 米，第三号景点东，那个红色的房子”；有人要喝可乐，“左前方，约 150 米，第七号景点东，那个灰色的房子”；有人要买邮票，“前面约 20 米，第十一号景点，那个蓝条相间的房子”……顾客会问各种各样的问题，所以每一名员工要把整个迪斯尼的地图都熟记在脑子里，对迪斯尼的每一个方向和位置都要非常明确。

5. 会计人员也要直接面对顾客

有一种员工是不太接触客户的，就是会计人员。迪斯尼规定：会计人员在前两三个月中，每天早上上班时，要站在大门口，对所有进来的客人鞠躬、道谢。因为顾客是员工的“衣食父母”，员工的薪水是顾客掏出来的。感受到什么是客户后，再回到会计室中去做会计工作。迪斯尼这样做，就是为了让会计人员充分了解客户。

6. 怎样与小孩讲话

游迪斯尼的很多是小孩，这些小孩要跟大人讲话。迪斯尼的员工碰到小孩在问话，统统都要蹲下，蹲下后员工的眼睛跟小孩的眼睛要保持一个高度，不要让小孩子抬着头去和员工讲话。因为那个是未来的顾客，将来都会再回来的，所以要特别重视。

7. 怎样对待丢失的小孩

从开业到现在的十几年里，在东京迪斯尼曾丢失过两万名小孩，但都找到了。重要的不是找到，而是在小孩子走丢后从来不广播。如果这样广播：“全体妈妈请注意，全体妈妈请注意，这边有一个小孩子，穿着黑裙子、白衬衫，不知道是谁家的小孩子，哭得半死……”所有妈妈都会吓一跳。既然叫做乐园就不能这样广播，一家乐园一天到晚丢小孩子，谁还敢来。所以在迪斯尼里设下了 10 个托儿中心，只要看到小孩走丢了，就用最快的速度把他送到托儿中心。从小孩衣服、背包来判断大概是哪里人，衣服上有没有绣他们家族的姓氏；再问小孩，有没有哥哥、姐姐、弟弟、妹妹，来判断父母的年龄；有的小孩小得连妈妈的样子都描述不出来，都要想办法在网上开始寻找，尽量用最快的方法找到父母。然后用电车把父母立刻接到托儿中心，这时小孩正在喝可乐、吃薯条、啃汉堡，过得挺快乐，这才叫乐园。他们就这样在十几年里找到了两万名小孩，最难得的是从来不广播。

8. 怎样送货

迪斯尼乐园里面有喝不完的可乐，吃不完的汉堡，享受不完的三明治，买不完的糖果，但从来看不到送货的。因为迪斯尼规定在客人游玩的地区是不准送货的，送货统统在围墙外面。迪斯尼的地下像一个隧道网一样，一切食物、饮料统统在围墙的外面下地道，在地道中搬运，然后再从地道里面用电梯送上来，所以客人永远有吃不完的东西。

这样可以看出，迪斯尼多么重视客户，所以客人就不断去迪斯尼。去迪斯尼玩十次，大概也看不到一次经理，但是只要去一次就看得到他的员工在做什么。这就是前面讲的，顾客站在最上面，员工去面对客户，经理人站在员工的底下来支持员工，这个观念人们应该建立起来。

资料来源：http://ysw.bxsoo.com/Article/ysw-1-22871.html

分析：

以客为尊，把客户当作上帝，但今天绝大多数公司都没有十分努力发展与长期客户的关系。他们几乎集中了全部精力和资金用来寻求新的客户，在低价位和介绍费上作出承诺、签订奖励协议，这样自然要花费数百万元用于市场营销和广告宣传，并由于坏账而造成亏损。

如果在保证能发展一个忠实的客户群基础上去发展新的客户绝对是事半功倍。

一个企业拥有大量忠诚的客户，那这个企业一定会有很好的效益，客户忠诚度可以增强企业员工和投资者的自豪感与满意度，进而提高员工和股东的保持率。企业没有稳定的股东，那么这个企业只会是过眼云烟，有了稳定的经济作基础，企业才会更好地发展下去，但如果这个企业客户的忠诚度不够高或者是没有忠诚的客户，那么股东们很难心甘情愿地把资金投入这样的企业。一个不稳定的企业，他们的员工必然对这个企业没有什么信心，对自己的前途感到渺茫，在这样的企业里，员工很难百分之百地发挥出自己的热情，更有可能消极地对待工作。反之，忠诚的员工可以更好地为客户提供产品和服务，而忠诚的股东也不会为了短期利益而做出损害长远价值的行为，从而进一步加强客户忠诚，如此形成一个良性循环，最终可以实现企业总成本收缩和生产力的提高。

忠诚的客户对企业为自己提供的服务感到满意时，会再次选择这个企业，并且会有意无意地向其他的客户推荐，这种行为就相当于免费为企业做广告，其效果要远远好于那些电视或街头的广告。随着客户频繁选择这个企业，忠诚的客户与企业内部的忠诚员工逐渐建立良好的工作关系，双方的信任和亲密大大降低了合作的成本。

忠诚的客户给企业带来了稳定的业绩增长，除了给企业带来更大的利润，更重要的是使员工产生了自豪感和满足感，员工会对自己在企业的前途产生美好的憧憬，愿意并自觉地待在企业为企业贡献一份力量，流动率也开始下降。忠诚的员工在长时间创造价值的过程中不断学习，积累了大量经验，其客户的知识越来越丰富，为客户提供的服务质量也越来越高。

随着企业成本的降低和收入的增加，利益不断增长，这样就为提高员工报酬提供了有利的资金保障。员工对企业产生了热情，会更好地为企业作出贡献，同时企业还可以进一步投资于各项提升客户价值的活动，而利润的增长也会使股东投入大量的资金到这个企业，从而可以进一步扩大企业交付价值的能力。

3. 客户满意度、忠诚度关系分析

客户满意与客户忠诚是紧密相关的。一方面，客户满意是实现客户忠诚的有效途径，从理论上讲，只有满意的客户才会“忠诚”于企业；另一方面，客户满意是以“客户忠诚”为支点的。忠诚的客户是企业最宝贵的资源。并且，相对于企业而言，保留一个老客户比赢得一个新客户所需成本要低得多。

要想提高客户忠诚度，必须提高客户满意度；然而客户满意度的提高不一定能提高客户忠诚度，客户的满意度只是保持较高忠诚度的必要条件。

客户满意并不完全等同于客户忠诚。客户满意与客户忠诚二者的关键性区别可用这样一个事实来说明：没有一个被调查的通信行业企业敢说自己的客户哪怕只有一半是忠诚的，但几乎所有通信行业的企业都声称自己的客户满意度至少达到75%。

对企业来说，客户满意只是一个较低的门槛，它为忠诚度营销提供起码的支持。但客户满意离客户忠诚还有一个巨大的差距，企业如果仅仅以客户满意为营销目标，就不会了解到更多客户深层次的需求（如他们的意图和将来的行为等），而这些因素无疑会影响客户的忠诚度。营销学的一个公认原理是忠诚的客户才能为企业带来更大价值，这就要求企业要在客户满意的基础上建立客户忠诚度。

1）客户满意度与客户忠诚度的关系

（1）客户满意度与客户忠诚度的关系比较密切，一般来说，只有客户对企业的满意程度达到一定水平时，客户才会有忠诚于企业的意愿；当这种满意程度得到进一步提升时，客户才会产生忠诚于企业的行为。另一方面，如果一个企业提升了客户满意度，却没有改变客户的忠诚度，那么这种客户满意度的提高是没有意义的。

（2）不同的客户对企业的产品和服务的感觉不同，行动也不同，其忠诚度也不同。例如，一个客户对某个企业的产品和服务很满意，愿意再次购买，因为到目前为止这个企业满足了这个客户不断增进的期望。这个客户的忠诚度是忠诚。另外一个客户对这个企业的产品和服务觉得很一般，是否再次购买还不太确定，要看看有没有更好的。该客户的忠诚度是一般忠诚。还有一个客户对这个企业的产品和服务觉得很不满意，不会再次购买，因为这个企业还没能满足这个客户的需要。该客户的忠诚度是不忠诚。

（3）客户满意度与忠诚度两者紧密相关、相互联系。保持客户忠诚的关键在于客户满意，客户的忠诚源于客户满意度，要想提高客户忠诚度，必须提高客户满意度。如果客户对企业的产品和服务很满意，他将会再次购买这个产品，并愿意跟别人讲这个企业的产品及服务质量，较少跟别的品牌产品作比较，而且还会购买该企业的其他商品。相反，客户对企业的产品和服务不满意，他可能购买别的企业品牌产品，或许告诉其他人

不购买企业的劣质商品，或许对劣质服务进行投诉，责备提供劣质服务的售货人员。如果因提供劣质服务和提供劣质商品而造成客户不满，那么该企业将会失去客户忠诚度，所以客户满意度与忠诚度紧密相关、相互联系。

（4）客户满意度的提高不一定能提高客户忠诚度，客户满意度是保持较高忠诚度的必要条件。例如，美国汽车制造业的客户满意率高达85%～95%，而其再购买率仅有40%。这些离开的客户中有 65%～85%对目前的供应商都很满意甚至非常满意。这表明客户满意度并不等于客户忠诚度。

2）客户满意度和忠诚度曲线

我们可以通过客户调查、客户的反馈、市场调查等方面来测量客户的满意度和忠诚度。将测量的数据按指标进行归类划分，得出客户满意度和忠诚度曲线。

一些企业的产品是几乎垄断了整个市场，具有优势的品牌价值、高昂的转换成本、强有力的顾客忠诚计划和特殊专有的技术，它们的客户满意度和忠诚度的曲线与图 2-3 中曲线 *a* 相近，而在高度竞争领域中的企业，由于商品化或差别化、消费者的不在意、其他竞争对手的大量的替代品和低廉的转换成本等原因，造成客户满意度和忠诚度停留在图 2-3 客户满意度中的曲线 *b* 和 *c*。

因此可以看出，只有真正满意的客户才会保持对企业的忠诚。

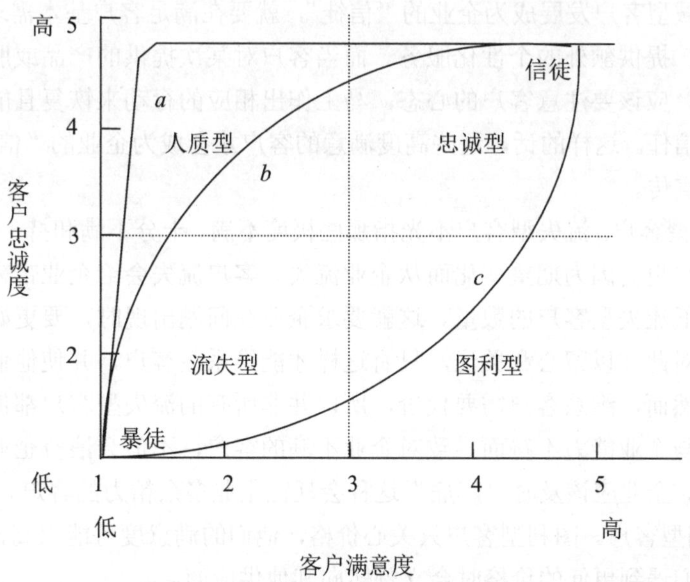

图 2-3

根据单个客户的行为特征、满意或不满意的程度以及他们对自身满意或不满意所作的反应能力，可分为忠诚型客户、流失型客户、图利型客户和人质型客户，如表2-4所示。

表2-4 单个客户的满意度、忠诚度和行为特点

客户类型	满意度	忠诚度	行为
忠诚型	高	高	长期停留并积极支持
流失型	低于中等水平	低于中等水平	即将离开或已经离开且不高兴
图利型	高	低于中等水平	会为谋求低价格而转换服务提供商
人质型	低于中等水平	高	对产品或服务不满意，却没有或很少有其他选择

（1）忠诚型客户。大多数情况下，忠诚型客户就是指对企业完全满意并不断重复购买的那些客户。忠诚型的客户对企业的期望和企业提供的产品与服务很满意，忠诚的客户会给企业带来很大的利益。所以企业要把忠诚型客户作为最热切的对象，不断增加能使客户高兴的特色。当客户体会到的价值远远超过预先期望，对企业相当满意并感到高兴时，他们不仅会对企业充满信任和支付可能的最大交易份额，还会自动将企业的产品或服务转告给别人，可以使别人更关注企业的产品和服务。这样的话，忠诚型客户把企业的产品和服务宣传开了，成了企业销售员的延伸，这样的客户叫做企业的"信徒"。

要想将忠诚型客户发展成为企业的"信徒"，就要在满足客户基本需求的基础上，针对客户的特点，提供额外的个性化服务。而当客户对某次提供的产品或服务与期望不符合时发生转变，应该要注意客户的心态，马上作出相应的行动来恢复且能更进一步加深客户对企业的信任。这样的话，这些高度满意的客户才会成为企业的"信徒"，且乐于向其他用户进行宣传。

（2）流失型客户。流失型客户不光指那些极度不满、十分不满和持一般态度的客户，极度满意的客户也会因为期望变化而从企业流失。客户流失会给企业带来巨大的损失，企业要努力降低流失型客户的数量。这就要求企业在问题出现时，要更好地理解这些客户的需求，并对此加以留心和关注，只有这样才能维系住客户，并使他们再次成为高满意度的客户。然而，维系客户需要代价，所以并非所有的流失型客户都值得挽留，挽留那些由于需求与企业能力不符而导致对企业不满的客户，不但会浪费企业资源，而且会挫败员工士气。企业应该及时"解雇"这种会耗蚀企业多余精力的客户。

（3）图利型客户。图利型客户只关心价格，他们的满意度可能很高，但他们的忠诚度很低，当他们遇到更低的价格时会立刻转向其他供应商。

（4）人质型客户。人质型客户指那些对产品或服务极不满意，保持关系仅仅因为他

们没看到更好的选择。

4. 客户忠诚度实现方法

要想做好客户忠诚这个工作，先要从思路下手，在脑海中形成思路，把它理顺之后，再把它应用到实践中。思路的第一步就是要从利益下手，其次倾听客户意见，这是企业不可缺少的重要工作。企业里的所有员工都有责任把客户的需求信息反馈到生产、服务、设计等各个部门中去。最后，企业关注的重点要从一些有形的东西逐步转移到无形的东西上来，如对特殊客户的了解、时间概念、对客户的敏感性、与客户构建融洽关系等。总之，企业要吸引客户、留住客户，就必须重视每个客户的价值，认真对待每个客户，直到客户认为企业是在为拓展和提高他们的生活方式与生活品质的目标而奋斗，这时客户对企业的忠诚才是长期和牢固的。

有了思路之后才有具体的方法，培养客户良好的忠诚度主要有以下 9 种方法。

（1）建立员工忠诚度。客户忠诚度的培养与维持关键在于员工忠诚度的培养，员工如果不满意企业的所作所为，就不会有激情和活力投入到工作中去，甚至不可能对其工作尽职尽责，尤其是其员工直接面对客户提供产品与服务的商业流通企业。只有忠诚的员工才能带来忠诚的客户，一个经常让员工跳槽的公司几乎不可能培养出较高的客户忠诚度，因为客户希望能够从熟悉的销售人员那儿购买产品，与你的员工之间形成一种默契的关系，而不愿意和他打交道的人在经常变化着，这样会给客户带来一种不稳定感和不信任感。所以先让你的员工满意，建立一个强有力的销售和服务团队，这样才能留住你的客户。

（2）实施 80/20 法则。管理大师彼得·德鲁克说：顾客是唯一的利润中心。帕累托的 80/20 法则指企业营业收入的 80%是来自 20%的顾客，而其他 80%的客户只能带来 20%的收入。那么不同的客户对公司的贡献是不一样的，有些客户可以给公司带来长期丰厚的价值，有些客户则只是短期交易，所以，聪明的公司会区别对待不同的客户。众所周知，客户忠诚的培养是需要付出成本的，所以公司必须分析投入产出比，对那些能够与公司长期合作的高价值型的客户应该给予更多的关注和帮助，而对于一般性的客户则适当减少维护成本。这类客户也可分为两类，一类是可以继续挖掘潜力、培养成重点客户，而另一类则视情况而定。这样做可以有效分配公司的资源，避免资源浪费。许多行业中的公司都已开始意识到打造顾客忠诚度的重要性。有研究表明，保持一个消费者的营销费用仅仅是吸引一个新消费者的营销费用的 1/5：

- 向现有客户销售的几率是 50%，而向一个新客户销售产品的几率仅有 15%；

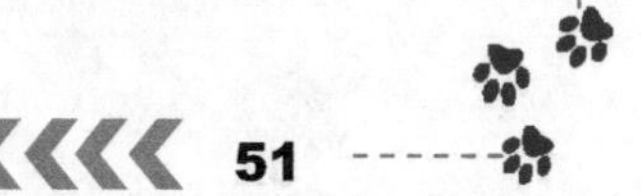

- 客户忠诚度下降 5%，则企业利润下降 25%；
- 如果将每年的客户关系保持率增加 5 个百分点，可能使利润增长 85%；
- 企业 60%的新客户来自现有客户的推荐……

（3）了解你的客户所处的阶段。一个忠诚的客户的形成会经历六个阶段：第一阶段，对公司的产品和服务持怀疑态度，持币待购阶段；第二阶段，对公司产品有一定了解，可能会购买公司产品，处于犹豫不决阶段；第三阶段，公司的产品成为客户的第一选择阶段，客户对产品和公司有了一定的信任度；第四阶段，进入购后体验满意、重复购买阶段；第五阶段，成为公司的客户，与公司形成了相对稳定的合作关系的阶段；第六阶段，成为公司产品的拥护者和宣传者，与公司建立了长期的伙伴关系。要了解你的客户，使之成为忠诚客户，首先就应了解你的客户处在哪一个阶段，针对不同阶段的客户制定出不同的策略来促使客户最终进入六个阶段的最后阶段。

（4）先提供服务，再开始推销产品。大多数客户都很聪明而且见多识广，有时也很挑剔，他们讨厌强迫式的推销方式，所期望的交易是公司能够尽可能让他们感到愉快和满足。如果他们曾经在与其他公司交易中得到了比较好的服务体验，他们会要求你们公司也这么做，如果你们做不到的话，客户可能就会感到不满，甚至离开。客户会想，别人能做到的，你们为什么做不到？

（5）深入了解客户心中的价值定义。忠诚的密码是价值，了解你的客户价值体验并准确地加以定义，然后在你的产品中体现出来就能够建立强有力的客户忠诚。但这并非易事，因为客户对价值的定义在经常变化，所以公司必须投资于客户忠诚调研，从客户那儿发掘出他们所看重的价值。不同的客户对公司的要求是不同的，有的客户认为，节约了交易时间，就是提供了高价值的服务，公司就应该简化交易程序，节省客户的交易成本。比如，招商银行为储蓄卡加磁只需 2 分钟左右，而中国银行提供同样的服务时间却长得多，对于后者而言，就会失去惜时如金的商人客户。

（6）主动寻找客户抱怨。对于大多数公司而言，只有 10%的客户能够明确地向公司宣泄出他们的不满和抱怨，对于这些意见，公司只要能够妥善处理，便能留住客户，毕竟挑货人才是买货人。可对于其他的 90%的抱怨，客户并没有主动地向公司提出，而是以其他方式表达出来了，比如说延迟付款，向其他的客户说公司的坏话，在网上发布不利于公司的消息等。公司应该在这些反面消息泛滥以前加以阻止，最好的方法是设置更多的、更方便的渠道接受客户的抱怨，并对客户的抱怨给予及时有效的反馈。

（7）赢回失去的客户。有数据显示，公司成功地向一个曾经的客户销售商品的可能性是向一个新客户销售的两倍以上。然而对于大多数公司而言，他们忽略了去争取失去

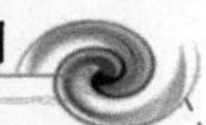

的客户的工作，所以平均每年每个公司都有 20%～40%的客户流失，而这些客户曾为公司作出了很多贡献。因此对于公司来说，重新赢得这些客户，尤其是高价值客户是一项艰巨且重要的任务，可以说赢回失去的客户是培养客户忠诚的保险。

（8）与渠道伙伴合作。要想在非常复杂的市场环境中取得成功，公司需要得到渠道伙伴的支持和合作。通过公司的供应链向最终客户提供更好的产品。比如，欧洲的一家汽车生产厂商将它的所有客户资料与渠道成员共享，而不私藏任何信息，从而得到了渠道成员的广泛支持，也最终建立了更大的客户忠诚度。

（9）建立集中的客户数据库。许多公司建立了客户数据库，但是里面的客户信息却是不完整的和分散的，没有将客户的信息很好地整合，就无法对客户进行全方位的评价，对客户没有一个全面的概念，因而也就无法有效地实施客户忠诚度的培养计划。

此外，还应该使用多种方式，随时随地与客户沟通，及时答复客户各种各样的问题，即使不能马上解决，也要对客户作出合理的解释。

当然，客户忠诚的培养不能只靠这些具体的方法，还要有完整清晰的计划和方方面面的支持，且要与企业的整体营销策略和长远计划相适应。

三、SWOT 分析

1. SWOT 分析模型简介

在现在的战略规划报告里，SWOT 分析应该算是一个众所周知的工具。来自麦肯锡咨询公司的 SWOT 分析，包括分析企业的优势（strength）、劣势（weakness）、机会（opportunity）和威胁（threats）。因此，SWOT 分析实际上是将对企业内外部条件各方面内容进行综合和概括，进而分析组织的优劣势、面临的机会和威胁的一种方法。

通过 SWOT 分析，可以帮助企业把资源和行动聚集在自己的强项和有最多机会的地方。

2. SWOT 模型含义介绍

优劣势分析主要是着眼于企业自身的实力及其与竞争对手的比较，而机会和威胁分析将注意力放在外部环境的变化及对企业的可能影响上。在分析时，应把所有的内部因素（即优劣势）集中在一起，然后用外部力量对这些因素进行评估。

1）机会与威胁分析（OT）

随着经济、社会、科技等诸多方面的迅速发展，特别是经济全球化、一体化过程的加快，全球信息网络的建立和消费需求的多样化，使企业所处的环境更为开放和动荡。

这种变化几乎对所有企业都产生了深刻的影响。正因为如此，环境分析成为一种日益重要的企业职能。

环境发展趋势分为两大类：一类表示环境威胁，另一类表示环境机会。环境威胁指的是环境中一种不利的发展趋势所形成的挑战，如果不采取果断的战略行为，这种不利趋势将导致公司的竞争地位受到削弱。环境机会就是对公司行为富有吸引力的领域，在这一领域中，该公司将拥有竞争优势。

对环境的分析也可以有不同的角度。比如，一种简明扼要的方法就是PEST分析，另外一种比较常见的方法就是波特的五力分析。

2）优势与劣势分析（SW）

识别环境中有吸引力的机会是一回事，具有在机会中成功所必需的竞争能力是另一回事。每个企业都要定期检查自己的优势与劣势，这可通过“企业经营管理检核表”的方式进行。企业或企业外的咨询机构都可利用这一方式检查企业的营销、财务、制造和组织能力。每一要素都要按照特强、稍强、中等、稍弱或特弱划分等级。

当两个企业处在同一市场或者说它们都有能力向同一顾客群体提供产品和服务时，如果其中一个企业有更高的盈利率或盈利潜力，那么，我们就认为这个企业比另外一个企业更具有竞争优势。换句话说，所谓竞争优势是指一个企业超越其竞争对手的能力，这种能力有助于实现企业的主要目标——盈利。但值得注意的是，竞争优势并不一定完全体现在较高的盈利率上，因为有时企业更希望增加市场份额，或者多奖励管理人员或雇员。

竞争优势可以指消费者眼中一个企业或它的产品有别于其竞争对手的任何优越的东西，它可以是产品线的宽度、产品的大小、质量、可靠性、适用性、风格和形象以及服务的及时、态度的热情等。虽然竞争优势实际上指的是一个企业比其竞争对手有较强的综合优势，但是明确企业究竟在哪一个方面具有优势更有意义，因为只有这样，才可以扬长避短，或者以实击虚。

由于企业是一个整体，而且竞争性优势来源十分广泛，所以在做优劣势分析时必须从整个价值链的每个环节上，将企业与竞争对手做详细的对比，如产品是否新颖，制造工艺是否复杂，销售渠道是否畅通，以及价格是否具有竞争力等。如果一个企业在某一方面或几个方面的优势正是该行业中企业应具备的关键成功要素，那么，该企业的综合竞争优势也许就强一些。需要指出的是，衡量一个企业及其产品是否具有竞争优势，只能站在现有潜在用户角度上，而不是站在企业的角度上。

企业在维持竞争优势过程中，必须深刻认识自身的资源和能力，采取适当的措施。

因为一个企业一旦在某一方面具有了竞争优势，势必会引起竞争对手的注意。一般地说，企业经过一段时间的努力，建立起某种竞争优势，然后就处于维持这种竞争优势的态势，竞争对手开始逐渐作出反应，而后，如果竞争对手直接进攻企业的优势所在，或采取其他更为有力的策略，就会使这种优势受到削弱。

影响企业竞争优势的持续时间，主要的是三个关键因素：

（1）建立这种优势要多长时间？

（2）能够获得的优势有多大？

（3）竞争对手作出有力反应需要多长时间？

如果企业分析清楚了这三个因素，就会明确自己在建立和维持竞争优势中的地位了。

显然，公司不应去纠正它的所有劣势，也不是对其优势不加利用。主要的问题是公司应研究它究竟是应只局限在已拥有优势的机会中，还是去获取和发展一些优势以找到更好的机会。有时，企业发展慢并非因为其各部门缺乏优势，而是因为它们不能很好地协调配合。例如，有一家大电子公司，工程师们轻视销售员，视其为“不懂技术的工程师”；而推销人员则瞧不起服务部门的人员，视其为“不会做生意的推销员”。因此，评估内部各部门的工作关系作为一项内部审计工作是非常重要的。

波士顿某咨询公司提出，能获胜的公司是取得公司内部优势的企业，而不仅仅是只抓住公司核心能力。每一个公司必须管好某些基本程序，如新产品开发、原材料采购、对订单的销售引导、对客户订单的现金实现、顾客问题的解决时间等。每个程序都创造价值和需要内部部门协同工作。虽然每个部门都可以拥有一个核心能力，但如何管理这些优势能力开发仍是一个挑战。

3. SWOT 分析步骤

（1）确认当前的战略是什么。

（2）确认企业外部环境的变化（用波特五力分析或者 PEST 分析）。

（3）根据企业资源组合情况，确认企业的关键能力和关键限制，如表 2-5 所示。

（4）按照通用矩阵或类似的方式打分评价。把识别出的所有优势分成两组，分的时候以两个原则为基础：它们是与行业中潜在的机会有关，还是与潜在的威胁有关。用同样的办法把所有的劣势分成两组，一组与机会有关，另一组与威胁有关。

（5）将结果在 SWOT 分析图上定位（见图 2-4）。或者用 SWOT 分析表，将刚才的优势和劣势按机会和威胁分别填入表格，如表 2-6 所示。

（6）战略分析。举一个科尔尼 SWOT 分析得出战略的例子，如表 2-7 所示。

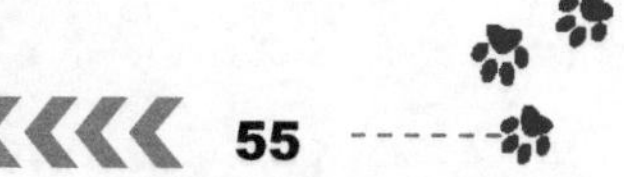

表 2-5　公司关键能力和关键限制分析

潜在资源优势	潜在资源劣势	公司潜在机会	外部潜在威胁
• 有力的战略 • 有力的金融环境 • 有力的品牌形象和美誉 • 被广泛认可的市场领导地位 • 专利技术 • 成本优势 • 强势广告 • 产品创新技能 • 优质客户服务 • 优质产品质量 • 战略联盟与并购	• 没有明确的战略导向 • 陈旧的设备 • 超额负债与恐怖的资产负债表 • 超越竞争对手的高额成本 • 缺少关键技能和资格能力 • 利润的损失部分 • 内在的运作困境 • 落后的R&D能力 • 过分狭窄的产品组合 • 市场规划能力的缺乏	• 服务独特的客户群体 • 新的地理区域扩张 • 产品组合的扩张 • 核心技能向产品组合的转化 • 垂直整合的战略形式 • 分享竞争对手的市场资源 • 竞争对手的支持 • 战略联盟与并购带来的超额覆盖 • 新技术开发通路 • 品牌形象拓展的道路	• 强势竞争者的进入 • 替代品引起的销售下降 • 市场增长的减缓 • 交换率和贸易政策的不利转换 • 由新规则引起的成本增加 • 商业周期的影响 • 客户和供应商的杠杆作用的加强 • 消费者购买需求的下降 • 人口与环境的变化

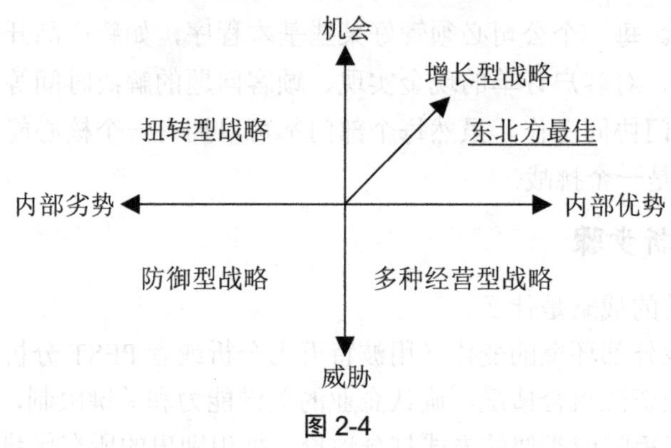

图 2-4

表 2-6　SWOT 分析表

外部因素 \ 内部因素	优势	劣势
机会	利用这些	改进这些
威胁	监视这些	消除这些

表 2-7　科尔尼 SWOT 分析得出的战略

内部因素 / 外部因素	优　势	劣　势
	作为国家机关，拥有公众的信任 顾客对邮政服务的高度信任感与亲近感； 拥有全国范围的物流网（几万家邮政局）； 具有众多的人力资源； 具有创造邮政/金融的可能性	上门取件相关人力及车辆不足 市场及物流专家不足； 组织、预算、费用等方面灵活性不足； 包裹破损的可能性很大； 追踪查询服务不够完善
机　会	优 势 机 会	劣 势 机 会
随着电子商务的普及，对寄件需求增加（年平均增加 38%）； 能够确保应对市场开放的事业自由度	以邮政网络为基础，积极进入宅送市场； 进入 shopping mall 配送市场； ePOST 活性化	构成邮寄包裹专门组织； 将实物与信息的统一化进行实时的追踪及物流控制
物流及 IT 等关键技术的飞跃性的发展	开发灵活运用关键技术的多样化的邮政服务	将增值服务及一般服务差别化的价格体系的制定及服务内容的再整理
通信技术发展后，对邮政的需求可能减少； 现有宅送企业的设备投资及代理增多； WTO 邮政服务市场开放的压力； 国外宅送企业进入国内市场	灵活运用范围宽广的邮政物流网络，树立积极的市场战略； 通过与全球性的物流企业进行战略联盟； 提高国外邮件的收益性及服务； 确保顾客满意，树立积极市场战略	根据服务特性，对包裹详情单与包裹运送网分别运营； 对已经确定的邮政物流运营提高效率，由此提高市场竞争力

4．成功应用 SWOT 分析法的简单规则

（1）进行 SWOT 分析的时候必须对公司的优势与劣势有客观的认识。

（2）进行 SWOT 分析的时候必须区分公司的现状与前景。

（3）进行 SWOT 分析的时候必须考虑全面。

（4）进行 SWOT 分析的时候必须与竞争对手进行比较，比如优于或是劣于你的竞争对手。

（5）保持 SWOT 分析法的简洁化，避免复杂化与过度分析。

（6）SWOT 分析法因人而异。

一旦使用 SWOT 分析法决定了关键问题，也就确定了市场营销的目标。SWOT 分析法可与 PEST analysis（PEST 分析）和 Porter's Five-Forces analysis（波特的五力分析）等工具一起使用。市场营销专业的学生之所以热衷于 SWOT 分析法是因为它的易学性与易用性。运用 SWOT 分析法的时候，只要将不同的要素列入相关的表格当中去就可以了，很容易操作。

5. SWOT 模型的局限性

与很多其他的战略模型一样，SWOT 模型已由麦肯锡提出很久了，带有时代的局限性。以前的企业可能比较关注成本、质量，现在的企业可能更强调组织流程。例如，以前的电动打字机被印表机取代，该怎么转型？是应该做印表机还是其他与机电有关的产品？从 SWOT 分析来看，电动打字机厂商优势在机电，但是发展印表机又显得比较有机会。结果有的朝印表机发展，死得很惨；有的朝剃须刀生产发展，很成功。这就要看，你要的是以机会为主的成长策略，还是要以能力为主的成长策略。SWOT 没有考虑到企业改变现状的主动性，企业可以通过寻找新的资源来创造企业所需要的优势，从而达到过去无法达到的战略目标。

在运用 SWOT 分析法的过程中，你或许会碰到一些问题，这些问题涉及它的适应性。因为有太多的场合可以运用 SWOT 分析法，所以它必须具有适应性。然而这也会导致反常现象的产生。基础的 SWOT 分析法所产生的问题可以由更高级的 POWER SWOT 分析法解决。

任务三 客户资源软件管理

任务引入

在确定公司营销计划后，需明确你的供应商及提供的产品或服务，供应商可能有一家或几家，产品也可能有一种或几种。于是你有以下两个主要任务需要完成。

任务 1：供应商实训。

任务 2：产品（服务）项目实训。

任务分析

为了有效实现本情境的两个子任务，建议以真实的产品（服务）及真实的供应商开展活动，如果没有合适的供应商及产品，可参考将源海软件作为供应商，将源海客户关系管理软件作为营销服务的产品，具体操作时可参考本情境后的实训项目。

知识链接

一、供应商管理

1. 供应商管理概述

供应商管理是指对供应商的了解、选择、开发、使用和控制等综合性管理工作的总称。

一般来说，供应商开发包括的内容有：供应市场竞争分析，寻找合格供应商，潜在供应商的评估，询价和报价，合同条款的谈判，最终供应商的选择。

在大多数的跨国公司中，供应商开发的基本准则是“QCDS”原则，也就是质量、成本、交付与服务并重的原则。综合考虑供应商的业绩、设备管理、人力资源开发、质量控制、成本控制、技术开发、客户满意度、交货协议等可能影响供应链合作关系的方面。

公司的采购部可以建立初步的供应商数据库并作出相应的产品分类。

2. 供应商管理的目标

1）质量水平

（1）物料来件的优良品率；

（2）质量保证体系；

（3）样品质量；

（4）对质量问题的处理。

2）交货能力

（1）交货的及时性；

（2）扩大供货的弹性；

（3）样品的及时性；

（4）增、减订货的供应能力。

3）价格水平

（1）优惠程度；

（2）消化涨价的能力；

（3）成本下降空间。

4）技术能力

（1）工艺技术的先进性；

（2）后续研发能力；

（3）产品设计能力；

（4）技术问题处理的反应能力。

5）后援服务

（1）零星订货保证；

（2）配套售后服务能力。

6）人力资源

（1）经营团队；

（2）员工素质。

7）现有合作状况

（1）合同履约率；

（2）年均供货额外负担和所占比例；

（3）合作年限；

（4）合作融洽关系。

3. 供应商管理流程（见图2–5）

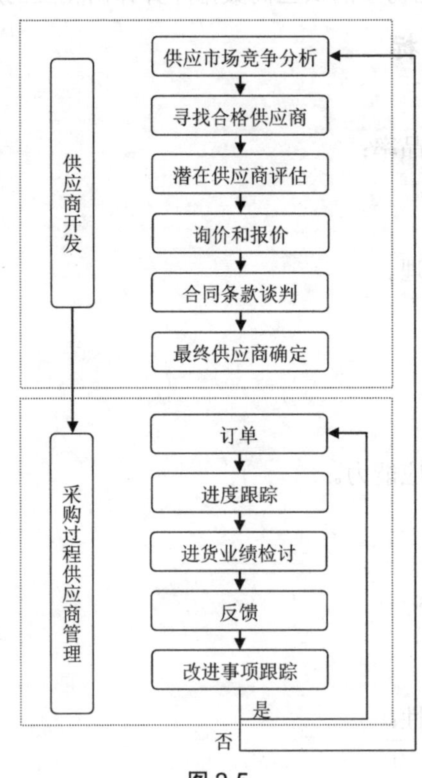

图2-5

二、样品管理

源海客户关系管理中的样品管理，可以详细地记录样品基本信息、图片信息，系统可以将样品的图片关联到样品资料中，并且可以进行放大、缩小、全屏预览，实现直观、一目了然地查看样品。样品管理主要是通过建立样品资料库来体现的，可方便业务员了解企业产品，准确方便地同客户进行业务沟通。主要流程包括样品种类设置，资料库录入及管理，样品导入，样品导入图片处理，样品查询及输出等。下面主要介绍样品资料库的建立及样品图片的更新操作。

1．样品资料库建立步骤

（1）系统操作员对样品资料录入员授权。

（2）单击桌面“样品资料”快捷方式，进入“样品资料库”窗口，如图2-6所示。

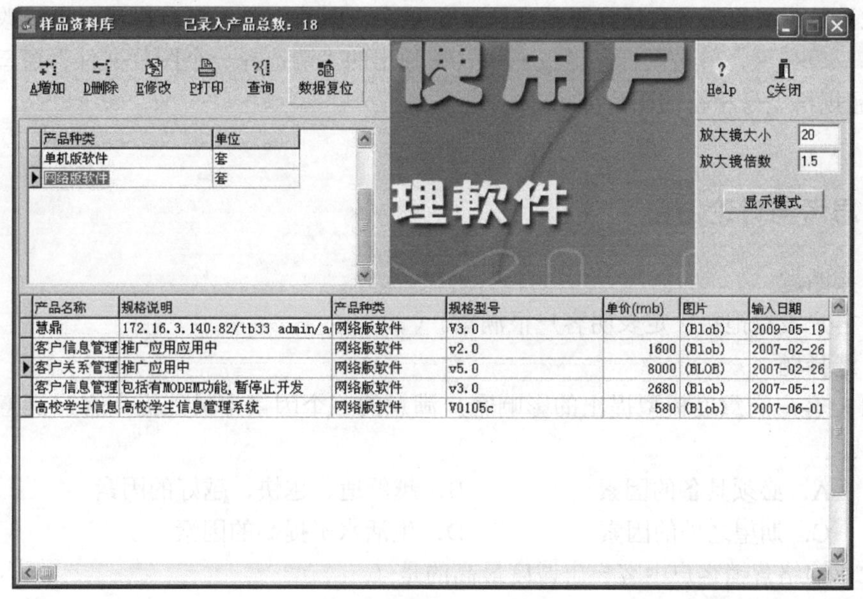

图2-6

（3）单击“增加”按钮，在弹出的“产品增加”窗口（见图2-7）中录入相关资料。

（4）单击“插入图片”按钮，弹出文件选择框，单击相应的样品图片后保存。

2．更新产品图片的操作步骤

（1）在桌面上单击“样品资料”快捷方式，进入“样品资料库”窗口。

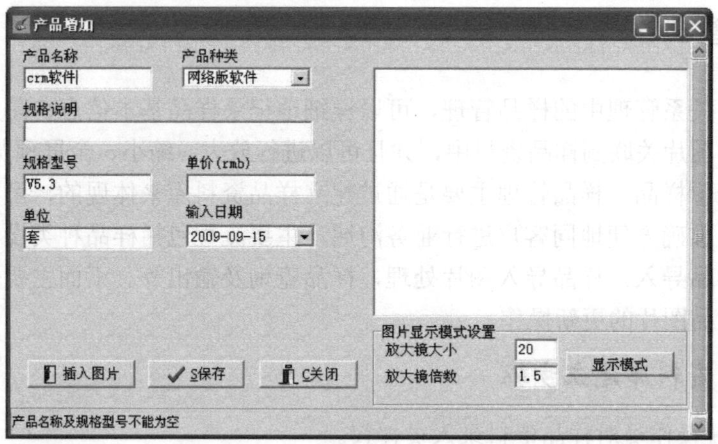

图 2-7

（2）单击“修改”按钮，然后在样品信息中“图片”栏，将光标移至需修改的图片标识(BLOB)位置，单击鼠标左键或右键，在弹出的“请选择一个图片文件”窗口中，选择与产品规格型号相符的图片即可。

思考与讨论

1．判断题

客户没有抱怨一定表明客户很满意。（　　）

2．选择题

（1）客户满意度模型提出的影响客户满意的三个因素中最能提高客户满意度的是（　　）。

A．必须具备的因素　　B．越舒适、越快、越好的因素

C．期望之外的因素　　D．生活水平提高的因素

（2）网络营销客户中客户忠诚度最高的是（　　）。

A．一次购买物品数量最多的客户

B．一次购买物品金额最多的客户

C．已购买一次企业产品，下次还想再购买企业产品的客户

D．多次购买过企业产品而且还想再继续购买本企业产品的客户

3．简述客户忠诚度的概念及表现形式。

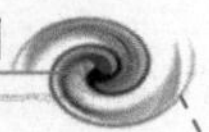

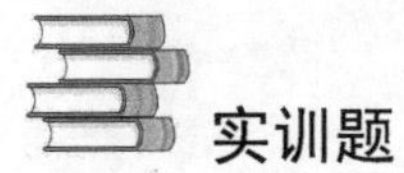
实训题

实训 2-1　供应商管理实训

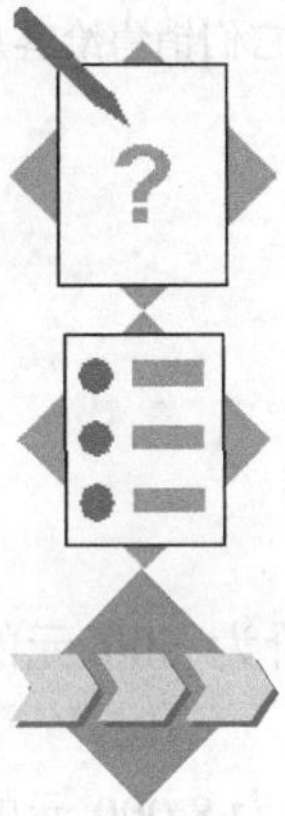

学习情境：客户关系管理战略规划

主题：供应商管理实训

完成这些练习后，你将能够：

- 阐述供应商记录是如何构建的；
- 所提供的产品（服务）的主记录。

你在确定公司营销计划后，需明确你的真实的供应商及提供的真实的产品或服务，供应商可能有一家或几家，产品或服务也可能有一种或多种。

1.1　定义供应商组

1.1.1　创建名称为“常规供应商”的客户分类。

1.1.2　创建名称为“主供应商”的客户分类。

1.2　创建供应商主记录

1.2.1　在客户信息下创建代码为“S00001”的源海软件常规供应商，“NO”号由电脑自动创建，根据自己收集到的信息填写其余字段。

1.2.2　在客户信息下创建代码为“S00002”的其他常规供应商，“NO”号由电脑自动创建，根据自己收集到的信息填写其余字段。

1.3　单页显示供应商的记录

如需单页显示某供应商的记录，需先按“客户信息”下的菜单按键，然后双击所要显示的供应商的任一字段。

实训 2-2　产品（服务）项目实训

学习情境：客户关系管理战略规划

主题：产品（服务）项目实训

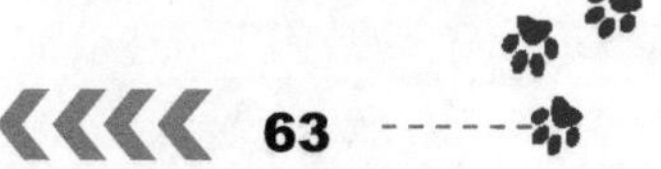

完成这些练习后，你将能够：

- 创建和维护产品或服务项；
- 阐述产品或服务主记录是如何构建的；
- 查找产品或服务主记录。

将供应商的产品或服务添加到它的样品系列中，产品（服务）也可能是组合式的，同时还可能提供图形展示。你采购这些物料，然后把它们销售给客户。

2.1 定义产品种类

2.1.1 在“基本资料”中定义单机版软件的产品种类。

2.1.2 在“基本资料”中定义网络版软件的产品种类，单位为“套”。

2.1.3 在“基本资料”中定义其他种类的产品种类，单位为“套”。

2.2 创建产品（样品）主记录。（在“样品资料”中进行）

2.2.1 创建产品名称为“客户关系管理”，规格型号为“V5.0”，单价为500元的单机版软件，图片可从软件的封面中截取，其他内容自己完善。

2.2.2 创建产品名称为“客户关系管理”，规格型号为“V5.0”，单价为8 000元的网络版软件，图片可从软件的封面中截取，其他内容自己完善。

2.2.3 仿照上面的要求，创建你所需要的其他产品名称。

案例分析

对忠诚客户的营销

假定企业知道张三是一个绝对“忠诚”的客户：他绝不愿意选择另一个企业的产品，那么企业最可能采取的营销决定是什么呢？

（1）什么也不做；

（2）给张三一定的“忠诚”回扣。因为这些年张三的“忠诚”，企业从张三那里得到的利润要远远高于从其他顾客身上得到的利润；

（3）把卖给张三的产品再加价50%。因为企业明确地知道即使加价50%，张三也仍然会购买该企业的产品。

问题：如果是你，你会作出什么样的决定呢？你觉得一般的企业会作出怎样的决定？

学习情境三

寻找潜在客户

学习目标

❖ 通过对市场信息的了解和分析，确定目标市场的潜在客户；
❖ 进行市场调查，了解挖掘潜在客户的方法和渠道；
❖ 接近客户的技巧。

技能目标

❖ 能够分析谁是潜在客户；
❖ 能够灵活运用寻找潜在客户的方法；
❖ 能够巧妙地化解接近客户中的困难。

任务一 谁是你的潜在客户

任务引入

中国老胶鞋在欧美市场走出时尚舞步

中国既“古老”又“大众”的品牌正在欧美市场成为时尚流行品。继回力鞋后，解放鞋、飞跃鞋完完全全 Made in China，保留着 20 世纪“中国味”的鞋子，而今已作为“很中国”元素的时髦商品，不仅售价翻了几十倍，而且登上了欧美时尚界的大雅之堂。

飞跃鞋在国外走红，与欧洲时尚界热衷复古潮流、中国元素有关。住在上海的法国人帕特里斯·巴斯蒂安对“板鞋”的追求异常执着。2005 年，他不经意间发现了中国这个名叫“飞跃”的胶鞋，正中他在 Sneaker ——板鞋方面的复古情怀。于是，他与自己的好友、设计师查尔斯·穆卡一道成立了新的“飞跃”创意小组。法国人为它建立了一个英法双语的国际网站，称其为“Feiyue”，还特别对品牌含义做了解释“Flying forward”（向前飞）。

法国设计师对飞跃鞋重新包装，每款鞋子都拥有个性鲜明的名字，其中一双针对女性消费者的粉红色款型，被命名为“甜蜜的风”。设计者还专门制作了与消费者互动的飞跃网站，网站上别出心裁地记录着飞跃鞋的“个人档案”——出生地：上海；状况：单身；星座：天蝎……现在，飞跃的专柜已经在欧美发散开来，更有日本代理商加入了销售行列。

如果你不知道“飞跃”，那么总该知道军绿色的解放鞋，这款在三十多年前的中国几乎人脚一双的胶鞋，如今在欧美市场上名为“Ospop”。该品牌的创始人是来自美国新泽西州的班·沃特斯，他在上海售货亭买了一双中国人俗称的“解放鞋”，这款鞋子装在纸袋里出售，每双售价不到两美元。他注意到，中国矿工、工厂劳工和农民大多穿这种设计简单，印有一个“工”字的胶底鞋。Ospop 的灵感便是来自中国工人，沃特斯说：“这些人，正是把事情搞定的人。”于是有了 Ospop——“One Small Point of Pride”（一丁点儿骄傲）的缩写。Ospop 牌子的解放鞋目前有两个系列，分别是 Skywolf（天狼）和 Departure（启程）。

就在这些“名牌”、“大众”鞋几乎要在中国销声匿迹的时候，被外国人彻底改变了。经过策划和包装、面向欧美市场的新“飞跃”系列鞋，价格从 50 欧元到 120 欧元不等（折合人民币 500～1 200 元/双），而目前在网络上搜索到的飞跃鞋在国内的售价却仅仅 20～50 元人民币；根据中国劳工穿的解放鞋而设计的、本来每双售价不到两美元的鞋子，改良后变成了每双 75 美元。

回力鞋、解放鞋、飞跃鞋，这些地道的中国货在国内几乎销声匿迹，沦为地摊货，可为什么在外国人手中，变得如此时髦和畅销？创意、包装和运作！创意是品牌的灵魂，包装为品牌增添附加值，品牌的运作则是核心竞争力。

河南焦作市温县生产胶鞋已有 50 年历史，法国飞跃鞋公司规模远不如“飞跃”的原生地——上海大博文鞋业有限公司。可即使这样，如果不是外国人运作，中国这些名牌“大众”鞋还在国内市场不断萎缩，哪里会想到在欧美市场成为时尚流行品！同样的市场，截然相反的结果，最大的问题在于看事物的角度和高度不同。外国人带给我们的启发是：成功的客户开发要依据产品或服务的特征进行准确的客户群定位，并对潜在客户进行分析。

任务 1：客户需求分析报告。在推销之前对客户的消费心理、消费方式、消费习惯、

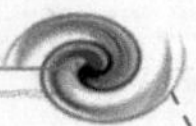

消费需求等进行分析，形成客户需求分析报告。

任务 2：依据产品或服务的特征进行准确的客户群定位。你的安防产品是定位在楼盘、景点，还是奥运场馆、地铁？你的酒店是五星级还是七天连锁？在营销中，产品客户群定位非常关键，只有明确自己产品所适合的消费群体，才能有针对性地推销自己的产品。

任务分析

一、客户需求分析

最初，当一个客户在询问企业的业务、表现出对该业务的兴趣时，他就成了该企业的潜在客户。潜在客户的特征是——询问。

当客户产生对某种产品或服务的需求意识之后（客户需求结构如图 3-1 所示），就会对关于这种产品或服务的各种信息感兴趣，会通过媒体的广告、商品的展示、他人的推荐、本人的经历等多种途径去收集信息，为自己的购买决策提供依据。然后客户将收集到的各种信息进行处理，包括对不同企业生产或提供的同类产品或服务进行相互对比、分析和评估。有时这种对比、分析、评估会反复进行。

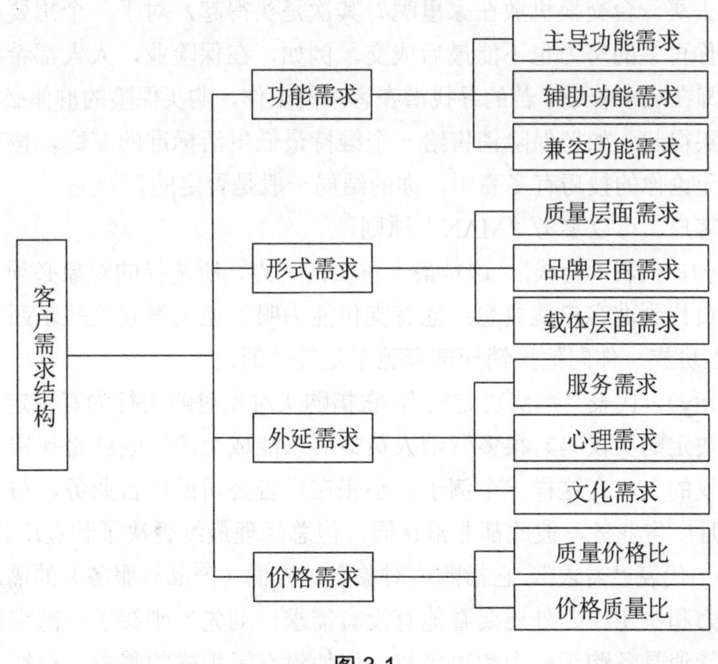

图 3-1

潜在客户最需要的就是建立对企业服务或产品的信心，他对服务或产品的信任程度或认可度决定了他上升为新客户的可能性，但也可能就此丧失信心，从而让企业失去这个客户。以下一些因素对潜在客户提升为客户有影响。

（1）外界评价。对该企业业务评价的高低将会影响客户对企业业务的信心和兴趣。

（2）客户的层次。客户所属的层次越高，对企业业务了解得越多，就越能明白自己的行为，受到外界的影响就越少，更易在询问之后确定使用。

（3）客户所属的行业。客户的行业与企业业务有联系，将有助于他所选的业务，有助于客户作出结论。

二、分析成为潜在客户的条件

潜在客户是营销人员的最大资产，他们是营销人员赖以生存并得以发展的根本。你打算把你的产品或者服务销售给谁，谁有可能购买你的产品，谁就是你的潜在客户。潜在客户必须具备两个要素：用得着和买得起。

首先要用得着，或者说是需要这样的消费。不是所有人都需要你的产品，需要的人一定是一个具有一定特性的群体。例如，大型交换机的用户对象是集团、社团、企业等组织，有谁会去买一台交换机放在家里呢？其次是买得起，对于一个想要、又掏不出钱的潜在客户，你再多的努力也不能最后成交。例如，在保险业，人人都希望买保险，但保险销售人员却在从事着最辛苦的寻找潜在客户的工作，购买保险的群体必定具有一个共同的特征——买得起。如把保险销售给一个维持最低生活标准的家庭，按理说他们太需要保险了，但无论你的技巧有多高明，你的结局一般是否定的。

定位潜在客户，可以参考“MAN”原则。

M（Money），代表“金钱”。这是最为重要的一点，所选择的对象必须有一定的购买能力。营销人员找到准客户就要想：他有支付能力吗？他买得起这些东西吗？一个月收入2 000元的上班族，你向他推销一部奔驰车是徒劳的。

A（Authority），代表“购买决定权”。它指购买对象对购买行为有决定、建议或反对的权利。他有决定购买权吗？很多营销人员最后未能成交的原因就是找错了人，找的是没有购买决定权的人。有这样一个例子，小张在广告公司做广告业务，与一家啤酒公司副总谈了两个月广告业务，彼此都非常认同，但总经理最终否决了刊登广告的提案。

N（Need），代表“需求”。它指购买对象有这方面（产品、服务）的需求，推销的对象除了购买能力和决定权之外还要看他有没有需求。刘先生刚买了一部空调，你再向他推销空调，尽管他具备购买能力和决策权，但他没有了那样的需求，自然不是你要寻找

的人。

潜在客户应该具备以上特征，但在实际操作中，会碰到以下情况，应根据具体状况采取具体对策（字母代表的含义如表 3-1 所示）。

表 3-1 字母含义

购买能力	购买决定权	需 求
M（有）	A（有）	N（有）
m（无）	a（无）	n（无）

（1）M+A+N：有望客户，理想的销售对象；

（2）M+A+n：可以接触，配上熟练的销售技术，有成功的希望；

（3）M+a+N：可以接触，并设法找到具有决定权的人；

（4）m+A+N：可以接触，需调查其业务状况、信用条件等给予融资；

（5）m+a+N：可以接触，应长期观察、培养，使之具备另一条件；

（6）m+A+n：可以接触，应长期观察、培养，使之具备另一条件；

（7）M+a+n：可以接触，应长期观察、培养，使之具备另一条件；

（8）m+a+n：非客户，停止接触。

由此可见，潜在客户有时欠缺了某一条件（如购买能力、需求或购买决定权），仍然可以开发，只要应用适当的策略，便能使其成为企业的新客户。

三、精准定位产品客户群

在营销中，产品客户群定位非常关键，只有明确自己产品所适合的消费群体，才能有针对性地推销自己的产品。作为营销员，首先应该问问自己：是否知道自己的客户群体是哪类人，也就是说，是否合理定位了自己的产品客户群。不知道你是否留意过，在儿童节目频道或者儿童节目播出前后，插播的都是什么广告？是儿童食品、儿童玩具、儿童用品等相关广告。其实，这就是商家对客户群的定位。产品客户群定位不准确是营销中最不该犯的错误，找不对客户群，产品自然不会销售出去，或者说销售效果会很差。那么如何定位客户群，为自己创造有利的营销环境呢？

首先，要了解客户自身的消费属性，即客户性别、年龄、宗教信仰、家庭收入、社会地位、消费价值观等因素。销售人员可以根据产品的特点，结合客户的自身属性，来合理定位自己的客户群。

其次，要了解影响客户消费的外在属性。客户的外在属性是影响其消费的重要组成部分，如客户所在地域、客户所拥有的产品现状和客户的组织归属。对于客户的外在属性，概况性的数据比较容易调查，对于其消费层次可以做一个大概的了解，但是要想掌握较为详细的情况，还需要营销员多做工作，进行大量的资料搜集和调查。

对于处在大众营销阶段的企业，客户定位通常较为简单。但是，随着营销精准化的日趋盛行，客户群定位的方法也变得多样化，要通过长时间的市场营销实践研究和总结才能得出较为准确的具体定位。

案例 3-1

名扬北京城

老字号“北京内联升”鞋业有限公司名扬天下。毛泽东、周恩来、朱德等国家领导人生前也非常喜欢内联升的千层底布鞋。我国著名诗人郭沫若先生还特意写诗赞扬内联升鞋店：

凭谁踏破天险，助尔攀登高峰。
志向务求克己，事成不以为功。
新知虽勤摩挲，旧伴每付消融。
化作纸浆造纸，升华变幻无穷。

“头戴马聚源，身穿瑞蚨祥，脚蹬内联升，腰缠四大恒”的顺口溜也曾风靡老北京的大街小巷。

一个小小的鞋厂为何有着如此大的名气呢？

其实这都源于内联升鞋业的创始人赵廷。赵廷十几岁起就在鞋铺当学徒，学得一手好活计。出师后，在一位官员的帮助下，开办了自己的鞋店，取名“内联升”，“内”指皇宫大内，“联升”指穿上他做的千层底布鞋就会连升三级，准确地把客户群定位为朝廷官员。

有一次，一位在朝做官的人派仆人来鞋店买鞋，因为他的脚型与常人不一样，所以店内没有适合他的鞋子。赵廷便向仆人要了鞋样，用了一天的工夫做了一双鞋，并亲自送到府里。这位有权势的人看到鞋后非常满意。

赵廷想：我为什么不把这些人所需鞋的型号和特点记下来呢？于是便自编了一本叫《履中备载》的书。他把所有来店里做过鞋的官员的鞋号等相关信息都记了下来，这样，就省去了每次到官员家量尺寸、画脚型的麻烦。官员们只要派人告诉内联升要什么材料的鞋、要几双，赵廷就可以根据店里的记录为官员做鞋了。他做的鞋，料好、手工精细、

穿着舒服，深受朝廷大小官员的喜爱。同时，“内联升”恭贺大人高升的吉利寓意也招人喜欢，久而久之，内联升“不见人、不量尺寸，就能做出可心可脚的鞋”的名声便逐渐传开。

清朝灭亡后，内联升的招牌在北京城依然响亮如故。据说，《履中备载》中还有毛泽东、周恩来、朱德等当时国家领导人及演艺界名人的鞋号资料。

仔细品味“内联升”的故事，我们不禁感慨万千，也感悟到了其成功的要诀：定位客户群、掌握客户资料，站在客户的立场帮助客户并满足其实际需求。一个能够周到地为他人着想的鞋店，生意怎能不兴隆呢？

知识链接

一、客户生命周期

客户关系发展的阶段划分是客户生命周期研究的基础。目前这方面已有较多的研究，其中以 Dwyer、Schurr 和 Oh 的研究最具代表性。他们提出了买卖关系发展的五阶段模型，并首次明确强调，买卖关系的发展是一个具有明显阶段特征的过程。这一观点被广泛接受，取代了当时盛行的交易完全看做离散事件的观点。以五阶段模型为基础，将客户关系的发展划分为考察期、形成期、稳定期、退化期四个阶段，称为四阶段模型。其中考察期是客户关系的孕育期，形成期是客户关系快速发展期，稳定期是客户关系的成熟期，退化期是客户关系水平发生逆转的时期。考察期、形成期、稳定期的客户关系水平依次增高，稳定期是供应商期望达到的理想阶段，但客户关系的发展具有不可跳跃性，客户关系必须经过考察期、形成期才能进入稳定期。各阶段特征的简要描述如下。

1. 考察期：客户关系的探索和试验阶段

在这一阶段，双方考察和测试目标的相容性、对方的诚意、对方的绩效，考虑如果建立长期关系双方潜在的职责、权利和义务。双方相互了解不足、不确定性是考察期的基本特征，评估对方的潜在价值和降低不确定性是这一阶段的中心目标。在这一阶段，客户会下一些尝试性的订单。

2. 形成期：客户关系的快速发展阶段

双方关系能进入这一阶段，表明在考察期双方相互满意，并建立了一定的相互信任

和相互依赖。在这一阶段，双方从关系中获得的回报日趋增多，交互依赖的范围和深度也日益增加，逐渐意识到对方有能力提供令自己满意的价值（或利益）和履行其在关系中担负的职责，因此愿意承诺一种长期关系。在这一阶段，随着双方了解和信任的不断加深，关系日趋成熟，双方的风险承受意愿增加，由此双方交易不断增加。

3．稳定期：客户关系发展的最高阶段

在这一阶段，双方或含蓄或明确地对持续长期关系做了保证。这一阶段有以下明显特征：双方对对方提供的价值高度满意；为能长期维持稳定的关系，双方都做了大量有形和无形投入；大量交易。因此，在这一时期，双方的相互依赖水平达到整个关系发展过程中的最高点，双方关系处于一种相对稳定的状态。

4．退化期：客户关系发展过程中关系水平逆转的阶段

关系的退化并不总是发生在稳定期后，实际上，在任何一个阶段关系都可能退化，有些关系可能永远越不过考察期，有些关系可能在形成期退化，有些关系则经过考察期、形成期而进入稳定期，并在稳定期维持较长时间后退化。引起关系退化的原因很多，比如，一方或双方经历了一些不满意，发现了更合适的关系伙伴，需求发生变化等。退化期的主要特征有：交易量下降；一方或双方正在考虑结束关系甚至物色候选关系伙伴（供应商或客户）；开始交流结束关系的意图等。

二、马斯洛需求层次理论

马斯洛需求层次理论（Maslow’s hierarchy of needs），亦称“基本需求层次理论”，是行为科学的理论之一。由美国心理学家、人本主义心理学的创立者亚伯拉罕·马斯洛于 1943 年在《人类激励理论》论文中提出。

该理论将人类的需求分为五种，并将五种需求进行了等级的划分，按层次逐级递升，分别为生理需求、安全需求、社交需求、尊重需求、自我实现的需求，依次由较低层次到较高层次排列（见图 3-2）。马斯洛认为，当人的低层次需求被满足之后，会转而寻求实现更高层次的需求。

（1）五种需求像阶梯一样从低到高，按层次逐级递升，但次序不是完全固定的，可以变化，也有种种例外情况。

（2）需求层次理论有两个基本出发点：一是人人都有需求，某层需求获得满足后，另一层需求才出现；二是在多种需求未获满足前，首先满足迫切需求，迫切需求满足后，

后面的需求才显示出其激励作用。

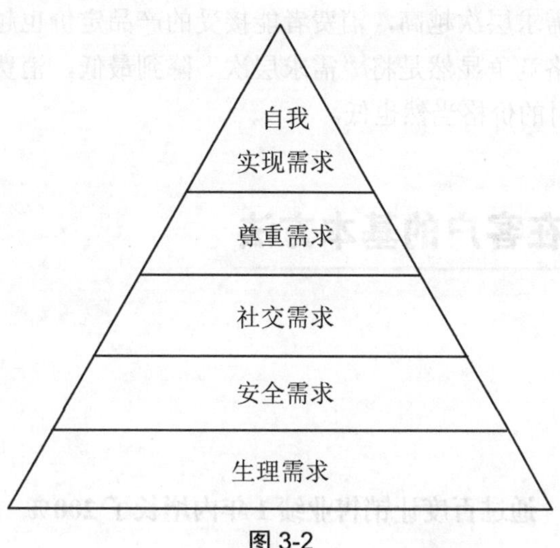

图 3-2

（3）一般来说，某一层次的需求相对满足了，就会向高一层次发展，追求更高层次的需求就成为驱使行为的动力。相应地，获得基本满足的需求就不再是一股激励力量。

（4）五种需求可以分为两级，其中生理上的需求、安全上的需求和感情上的需求都属于低一级的需求，这些需求通过外部条件就可以满足；而尊重的需求和自我实现的需求是高级需求，他们是通过内部因素才能满足的，而且一个人对尊重和自我实现的需求是无止境的。同一时期，一个人可能有几种需求，但每一时期总有一种需求占支配地位，对行为起决定作用。任何一种需求都不会因为更高层次需求的发展而消失。各层次的需求相互依赖和重叠，高层次的需求发展后，低层次的需求仍然存在，只是对行为影响的程度大大减小。

根据五个需求层次，可以划分出五个消费者市场：

- 生理需求→满足最低需求层次的市场，消费者只要求产品具有一般功能即可；
- 安全需求→满足对“安全”有要求的市场，消费者关注产品对身体的影响；
- 社交需求→满足对“交际”有要求的市场，消费者关注产品是否有助提高自己的交际形象；
- 尊重需求→满足对产品有与众不同要求的市场，消费者关注产品的象征意义；
- 自我实现→满足对产品有自己判断标准的市场，消费者拥有自己固定的品牌需求层次越高，消费者就越不容易被满足。

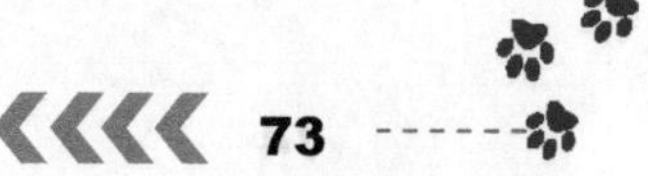

经济学上，“消费者愿意支付的价格≌消费者获得的满意度”，也就是说，同样的洗衣粉，满足消费者需求层次越高，消费者能接受的产品定价也越高。市场的竞争，总是越低端越激烈，价格竞争显然是将“需求层次”降到最低，消费者感觉不到其他层次的“满意”，愿意支付的价格当然也低。

任务二 寻找潜在客户的基本方法

任务引入

通过百度让销售业绩1年内增长了200%

江西本草天工科技有限责任公司在行业内非常知名，在中药及植物提纯、高纯度植物单体等专业领域很有优势。公司的研发和销售负责人王少军说：“这种背景决定了我们的客户多是在大学院校的研发机构、制药厂采购部等单位工作，这部分人群具有相当的专业知识，而且学历较高，研究生、教授比比皆是，他们在信息采集上对网络的依赖性非常强。因此我们决定在网络营销上增加投入、多下工夫。”

2005年4月开始在百度做推广之后，几天之内电话咨询量就多了起来，短短半年内，通过邮件往来、实地考察以及细致的商务谈判，公司成功地发展了中国台湾、美国和韩国等国内外市场的总代理商。王少军说：“以往，我们大多采用直销或是邮寄资料等营销方式。使用百度后，我们的销售额增长了数倍，现在70%的业务来自百度，是百度发掘出了企业的销售潜力。”

相对于谷歌中国、雅虎中国、搜狗搜索、中国搜索、爱问等其他同行，百度是目前全球最大的中文搜索引擎，也许是因为更了解中国人的搜索习惯，更熟悉和更能把握中国市场的趋势。

对于中小企业或是初入新市场的企业，网络推广也许是一种战略上的有效补充和完善。网络营销的优势主要表现在以下几点。

（1）性价比高，在信息化时代网络营销是企业推广的有效手段。

（2）服务及时，全球经济一体化，无论是国内客户还是国外合作伙伴，通过网络能

及时交流。

（3）网络营销符合企业对推广的直达要求。

找到客户并不是一件容易的事，它是一种需要知识、技术和持久耐心的艺术。只有通过知识的不断更新、经验的不断积累，并富有积极、坚定、恒久的信念，才能最终赢得客户的心。这就要求每一位营销人员必须掌握寻找潜在客户的知识和艺术。

任务1：打造电子商务营销网络推广平台，在行业信息发布网站发布企业信息，让客户找到你。

任务2：充分利用搜索引擎，寻找和挖掘客户，整理出某一企业的潜在客户名单。

任务分析

一、搜索引擎优化（SEO）

“搜索引擎优化”即Search Engine Optimization，用英文描述是to use some technics to make your website in the top places in Search Engine when somebody is using Search Engine to find something，一般可简称为“搜索优化”。

“搜索引擎优化”是针对搜索引擎对网页的检索特点，让网站建设各项基本要素适合搜索引擎的检索原则，从而使搜索引擎收录尽可能多的网页，并在搜索引擎自然检索结果中排名靠前，最终达到网站推广的目的。

“搜索引擎优化”的主要工作是通过了解各类搜索引擎如何抓取互联网页面、如何进行索引以及如何确定其对某一特定关键词的搜索结果排名等技术，来对网页内容进行相关的优化，使其符合用户浏览习惯，在不损害用户体验的情况下提高搜索引擎排名，从而提高网站访问量，最终提升网站的销售能力或宣传能力的技术。所谓“针对搜索引擎优化处理”，是为了要让网站更容易被搜索引擎接受。搜索引擎会将网站彼此间的内容做一些相关性的资料比对，然后再由浏览器将这些内容以最快速且接近最完整的方式呈现给搜索者。由于不少研究发现，搜索引擎的用户往往只会留意搜索结果最开始的几项条目，所以不少商业网站都希望通过各种形式来干扰搜索引擎的排序，其中尤以各种依靠广告维生的网站为甚。目前，很多目光短浅的人用一些SEO作弊的不正当的手段，牺牲用户体验、一味利用搜索引擎的缺陷来提高排名，这种SEO方法是不可取的。

在国外，SEO开展较早，那些专门从事SEO的技术人员被Google称为Search Engine Optimizers，简称SEOs。由于Google是目前世界上最大的搜索引擎提供商，所以Google

也成了全世界 SEOs 的主要研究对象，为此 Google 官方网站专门有一页介绍 SEO，并表明 Google 对 SEO 的态度。

对于任何一家网站来说，要想在网站推广中取得成功，“搜索引擎优化”都是至为关键的一项任务。同时，随着搜索引擎不断变换它们的排名算法规则，每次算法上的改变都会让一些排名很好的网站在一夜之间名落孙山，而失去排名的直接后果就是失去了网站固有的可观访问量。所以每次搜索引擎算法的改变都会在网站之中引起不小的骚动和焦虑。我们可以说，搜索引擎优化也成了一个越来越复杂的任务。

搜索离不开搜索引擎，Google 的蜘蛛再厉害也有爬不到的地方，因此多掌握一些搜索引擎就会多一分找到资源的可能。下面是一些国际国内比较知名的搜索引擎，如表 3-2 所示，供大家参考。

表 3-2　知名搜索引擎

国际知名搜索引擎	国内知名搜索引擎
http://www.google.com/	http://www.baidu.com/
http://www.altavista.com/	http://www.yahoo.cn/
http://gigablast.com/	http://www.yodao.com/
http://clusty.com/	http://www.sogou.com/
http://search.msn.com/	http://www.soso.com/
http://search.yahoo.com/	http://www.zhongsou.com/index_jb.htm
http://www.alexa.com/search	

二、充分利用行业信息发布平台吸引客户

为了让客户在网络上找到你，在若干行业信息发布平台发布企业信息的确是行之有效的手段之一。与“搜索引擎优化”类似，这些信息发布平台在搜索引擎中往往排名靠前（且不管它们是搜索引擎的付费会员或者通过其他技术手段），这样也带动你的信息在搜索引擎中出现在靠前的位置。

如图 3-3 所示，搜索“太阳能车位锁”，康利亚、万鼎出现在百度首页第一、第二的位置，按照经验判断，它们只不过是 www.diytrade.com 和 made-in-china.com 的普通会员（甚至免费会员）。

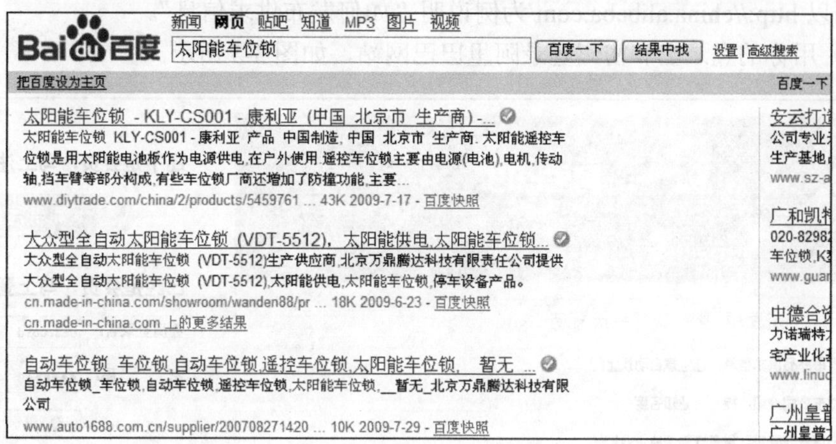

图 3-3

既然这样，我们应该在行业信息网站上尽可能多地发布自己的信息，更有效地达到网站推广的目的。你很难知道深圳 Semtong 注册的中文公司名称是什么，可是做外贸的同行大都知道它。为什么？因为经常在网络上看到 Semtong，外国客户经常提到 Semtong！从图 3-4 中我们可以看出，除了阿里巴巴海外会员，Semtong 更是在若干行业网站做了推广。

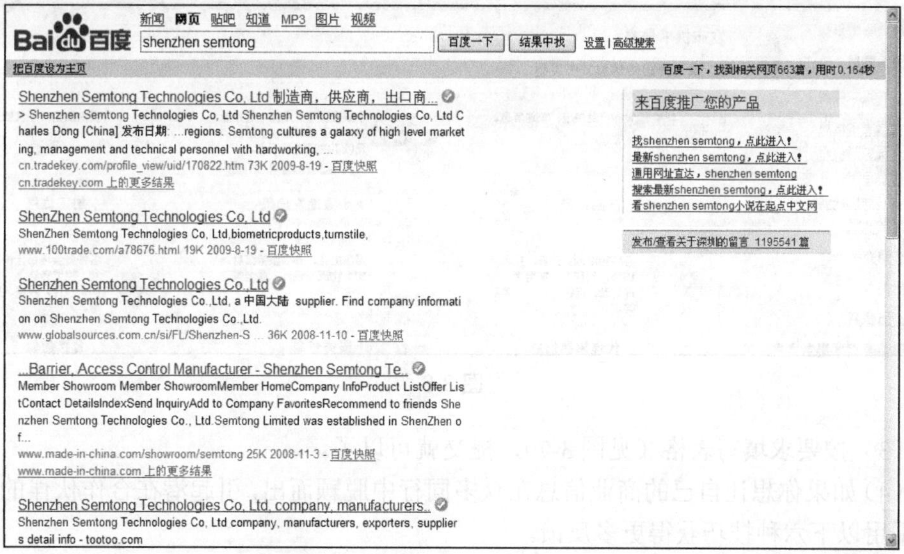

新闻 网页 贴吧 知道 MP3 图片 视频
Baidu百度
shenzhen semtong
百度一下 结果中找 设置 | 高级搜索
把百度设为主页
百度一下，找到相关网页663篇，用时0.164秒

Shenzhen Semtong Technologies Co, Ltd 制造商，供应商，出口商...
> Shenzhen Semtong Technologies Co, Ltd Shenzhen Semtong Technologies Co, Ltd Charles Dong [China] 发布日期 ...regions. Semtong cultures a galaxy of high level marketing, management and technical personnel with hardworking, ...
cn.tradekey.com/profile_view/uid/170822.htm 73K 2009-8-19 - 百度快照
cn.tradekey.com 上的更多结果

ShenZhen Semtong Technologies Co, Ltd
ShenZhen Semtong Technologies Co, Ltd,biometricproducts,turnstile,
www.100trade.com/a78676.html 19K 2009-8-19 - 百度快照

Shenzhen Semtong Technologies Co.,Ltd
Shenzhen Semtong Technologies Co.,Ltd, a 中国大陆 supplier. Find company information on Shenzhen Semtong Technologies Co.,Ltd.
www.globalsources.com.cn/si/FL/Shenzhen-S ... 36K 2008-11-10 - 百度快照

...Barrier, Access Control Manufacturer - Shenzhen Semtong Te...
Member Showroom Member ShowroomMember HomeCompany InfoProduct ListOffer ListContact DetailsIndexSend InquiryAdd to Company FavoritesRecommend to friends Shenzhen Semtong Technologies Co., Ltd.Semtong Limited was established in ShenZhen of...
www.made-in-china.com/showroom/semtong 25K 2008-11-3 - 百度快照
www.made-in-china.com 上的更多结果

Shenzhen Semtong Technologies Co, Ltd, company, manufacturers...
Shenzhen Semtong Technologies Co, Ltd company, manufacturers, exporters, suppliers detail info - tootoo.com

来百度推广您的产品
找shenzhen semtong，点此进入！
最新shenzhen semtong，点此进入！
通用网址直达，shenzhen semtong
搜索最新shenzhen semtong，点此进入！
看shenzhen semtong小说在起点中文网
发布查看关于深圳的留言 1195541 篇

图 3-4

下面以 http://china.alibaba.com/为例说明“如何发布供求信息”。

（1）用你的登录名和密码登录阿里巴巴网站，如图3-5所示。

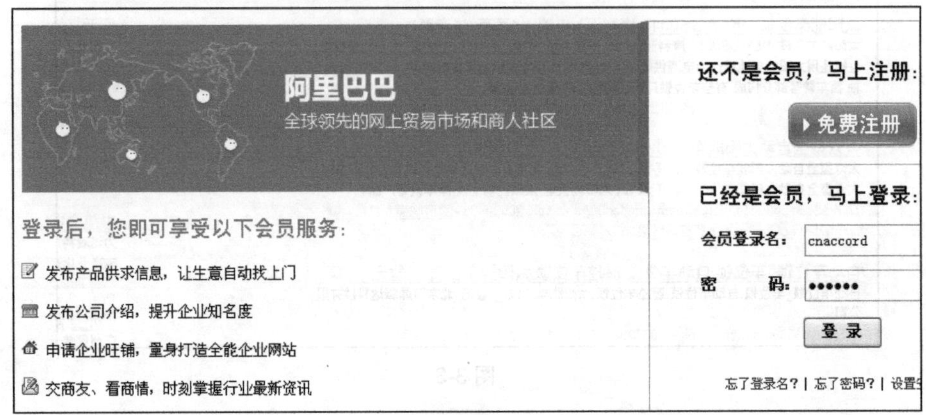

图3-5

（2）单击“供求信息”下的“发布供求信息”，如图3-6所示。

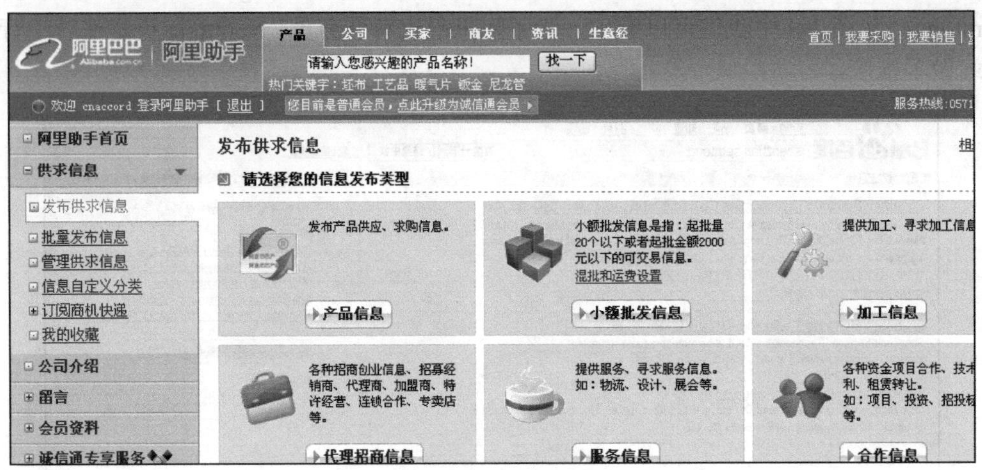

图3-6

（3）按要求填写表格（见图3-7），提交就可以了。

（4）如果你想让自己的商业信息在众多同行中脱颖而出，引起潜在合作伙伴的关注，可以采用以下六种技巧获得更多反馈。

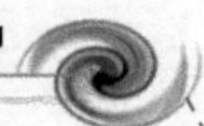

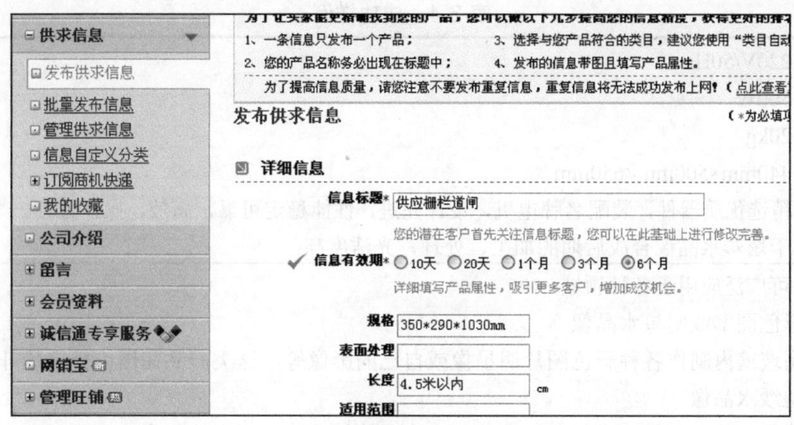

图 3-7

① 填写合适的标题，产品名称务必出现在标题中；

② 选择与你产品符合的类目，这样和买家要寻找的目标更符合；

③ 产品参数详细而全面地填写，有利于产品曝光，便于用户通过参数筛选找到产品；

④ 填写的信息正文内容要尽量详实，对所经营的产品有全面的介绍，如产品规格、型号等；

⑤ 选配产品样品图片，以增强效果，真实、形象地展现产品；

⑥ 联系方式填写正确，避免因写错联系方式而造成联系失败。

下面提供一个需改进样例和一个成功样例供参考，如表 3-3 和表 3-4 所示。

表 3-3 需改进样例

电源电压：220V/50Hz 电源功率：500W 整机重量：20kg 外部尺寸：440mm×500mm×650mm 产品说明：精选优质器件，装配名牌电机，设计先进，性能稳定可靠，高效，操作方便。
炫彩水晶像加工主要用于炫彩水晶像合成后期的加工、处理，光洁度高。 炫彩水晶像可广泛应用于各种领域制作彩色图案或明星水晶像在水晶玻璃内制作各种彩色图片明星像或自己的影像等，这类产品在国内外市场非常走俏。制作婚纱水晶像将婚纱照制成水晶像，水晶象征纯洁，将为爱情加注亘古不变的色彩。制作毕业留念水晶像将毕业合影与校长签名、班主任签名及同学亲笔签名等制作在水晶玻璃内，成为一个极具怀念和追忆价值的永恒毕业留念，对于保持并增进同学、师生之间的感情有很重要的意义，而它的业务是以班为单位，其市场空间之大是无法估量的。 可以制作生日水晶像，每到生日时制作属于自己的彩色水晶像，既是生活的纪念品，又是贯穿岁月的艺术品，百经岁月刻磨，永不褪色。制作企业形象宣传水晶像可广泛应用到企业的形象宣传上，图片清晰度高。如新产品发布会、产品的广告、体育大事、照相馆、团体活动、聚会等都可使用。批量生产，合作受益，承接婚纱影楼后期加工业务、工艺礼品业务，以量取胜，利润分成。

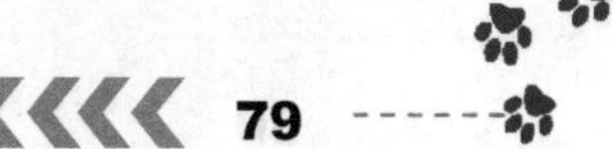

表 3-4 成功样例

电源电压：220V/50Hz 电源功率：500W 整机重量：20kg 外部尺寸：440mm×500mm×650mm 产品说明：精选优质器件，装配名牌电机，设计先进，性能稳定可靠，高效，操作方便。炫彩水晶像加工主要用于炫彩水晶像合成后期的加工、处理，光洁度高。
炫彩水晶像可广泛应用于各种领域： ● 制作彩色图案或明星水晶像 在水晶玻璃内制作各种彩色图片明星像或自己的影像等，这类产品在国内外市场非常走俏。 ● 制作婚纱水晶像 将婚纱照制成水晶像，水晶象征纯洁，将为爱情加注亘古不变的色彩。 ● 制作毕业留念水晶像 将毕业合影与校长签名、班主任签名及同学亲笔签名等制作在水晶玻璃内，成为一个极具怀念和追忆价值的永恒毕业留念，对于保持并增进同学、师生之间的感情有很重要的意义，而它的业务是以班为单位，其市场空间之大是无法估量的。

三、利用互联网找客户

我们通常会利用 Google、阿里巴巴、百度这样的搜索引擎查询我们需要的相关信息。如果简单地输入关键字，搜索引擎就会给出很多网站，我们肯定是没有办法一一看完的，而且和我们要找的客户的相关性太低。

那么该如何有效地使用搜索引擎寻找客户呢？随着类似 Google、阿里巴巴、百度这样的搜索引擎明察秋毫的搜索能力和性能的不断改善，搜索引擎几乎能搜索到任何已经上网的目标客户。

下面介绍常用的查询方法。

（1）原则上每种产品都有在销售上的相关产品。比如，你经营的产品是“监控摄像头”，如果某商户采购“监控摄像头”，那么很大程度上他还会采购“可视对讲”或者“数字记录设备”，我们称“可视对讲”和“数字记录设备”为“监控摄像头”的紧密相关产品。尝试在搜索引擎中输入“可视对讲、监控摄像头”，这时的结果相关性往往大大增强，而且更能发现目标客户。

（2）输入“监控摄像头”，结果显示的网页通常就是某个经营者的产品网页（见图 3-8 和图 3-9），如果他们卖“监控摄像头”，并且他们不是生产商，那么极有可能就是

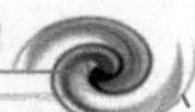

一个目标客户。

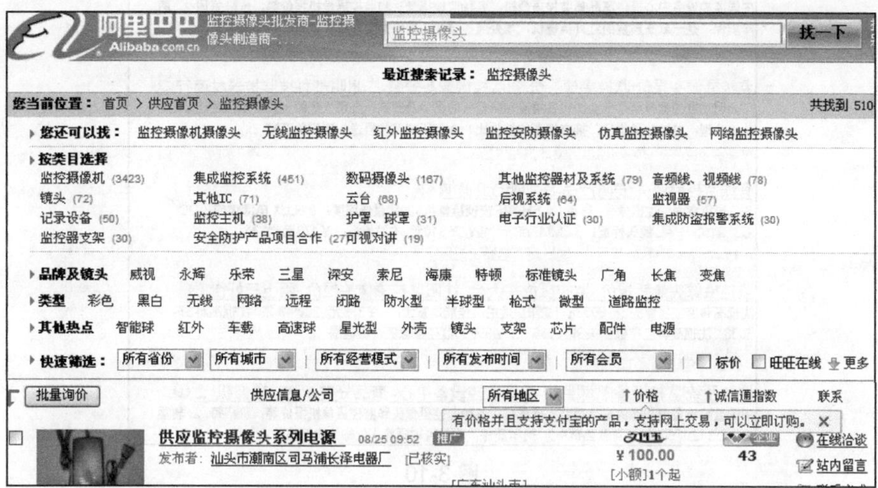

图 3-8

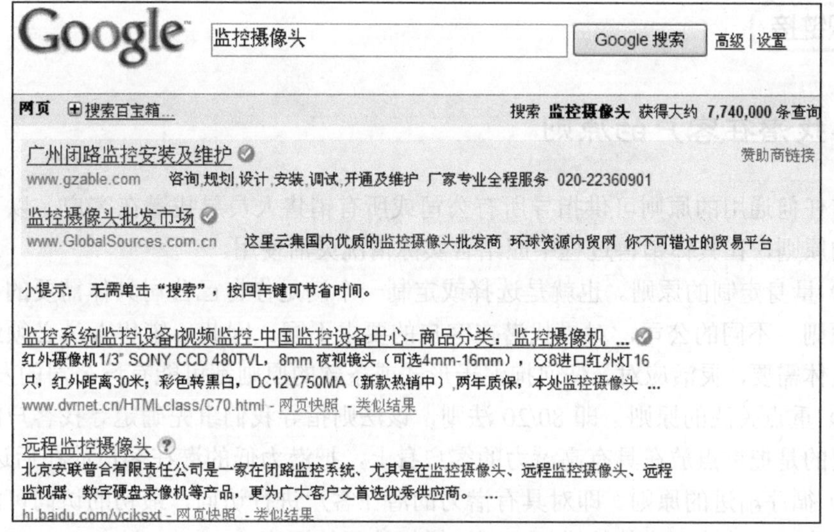

图 3-9

（3）在 B2B 网站上，通常能找到很多客户要求供应商报价的信息（见图 3-10），顺着这个信息也能发现潜在客户。

监控系统|监控设备|视频监控-中国监控设备中心--商品分类：监控摄像机 ...
中国监控设备中心提供高品质监控摄像机，各种监控摄像头和监控摄像机报价等，价格每周 ... 两年质保，是一款高质量的红外摄像机，本处监控摄像头报价为实际报价。 ...
www.dvrcenter.cn/sortinfo.asp?ClassID=70 - 网页快照 - 类似结果

监控摄像头报价|监控摄像头价格|监控摄像头安装-广州明创科技监控器材商行
广州明创监控器材商行专业提供各类监控摄像头的报价及安装，公司生产的监控摄像头性能稳定，价格合理，监控效果优良，拥有极高的性价比！本店所有监控摄像头现厂价直销 ...
www.gzmc-cctv.com/ - 网页快照 - 类似结果

有线监控摄像头,安防产品-深圳阳光IT商城
SYL彩色室内监控摄像头. 彩色1/4 SHARP夜视摄像机420线最低照度：0.8LUX 电源供应：DC 12V 制式：PAL 镜头标配：3.6MM. 市场价格：￥310元 本站价格：￥173元 节省 ...
www.szcdr.com/Nsort297-1.html - 网页快照 - 类似结果

监控摄像头最新报价 监控摄像头大全 沈阳监控摄像头报价 网上三好街
沈视高科监控摄像头SF-6033F. [沈阳]. 索尼，佳能，富士，. ￥335元. 2009-8-29. 沈视高科SF-6038 · 沈视高科监控摄像头SF-6038 .... ￥9999. 监控摄像头价格范围 ...
price.sanhaostreet.com/list/pricelist-6-463----.html - 网页快照 - 类似结果

监控系统|监控设备|视频监控-中国监控设备中心--商品分类：监控摄像机 ...
中国监控设备中心提供高品质监控摄像机，各种监控摄像头和监控摄像机报价等，价格每 ... 转黑白，DC12V750MA（新款热销中）两年质保，本处监控摄像头价格为实际报价。 ...

图 3-10

知识链接

一、寻找潜在客户的原则

没有任何通用的原则可供指导所有公司或所有销售人员寻找潜在客户。以下提出一些共性的原则，在具体销售过程中应结合实际情况灵活使用。

（1）量身定制的原则。也就是选择或定制一个满足你自己公司具体需要的寻找潜在客户的原则。不同的公司，对寻找潜在客户的要求不同。因此，销售人员必须结合自己公司的具体需要，灵活应对。任何拘泥于形式或条款的原则都可能有悖公司的发展方向。

（2）重点关注的原则。即 80/20 法则，该法则指导我们事先确定寻找客户的轻重缓急，首要的是把重点放在具有高潜力的客户身上，把潜力低的潜在客户放在后边。

（3）循序渐进的原则。即对具有潜力的潜在客户进行访问，最初的访问可能只是交换一下名片，随着访问次数的增加，可以增加访问的深度。

二、寻找潜在客户的通用方法

1. 地毯式搜索法

所谓地毯式搜索法，是指营销人员在事先约定的范围内挨家挨户访问的方法，又称

逐户访问法、上门推销法。这种方法的优点是具有访问范围广、涉及顾客多、无遗漏等特点，但是这种方法有一定的盲目性，对于没有涉足营销工作的人来说，运用此法最大的障碍是如何接近客户，即在客户购买商品或者接受服务之前，营销人员努力获得客户的接见并相互了解的过程。接近客户可采用如下几种方法：

（1）派发宣传资料。营销人员直接向客户派发宣传资料，介绍公司产品或服务，引起客户的注意力和兴趣，从而得以接近客户。

（2）馈赠。这是现代营销常用的接近法。营销人员利用赠送小礼品等方式引起顾客兴趣，进而接近客户。

（3）调查。营销人员可以利用调查的机会接近客户，而且此法还隐藏了直接营销的目的，易被客户接受。

（4）利益引导。营销人员通过简单说明商品或服务的优点以及将为客户带来的利益而引起顾客注意，从而转入面谈的接近方法。

（5）赞美接近。营销人员利用人们的自尊和被尊敬的需求心理，引起交谈的兴趣。需要注意的是，赞美一定要出自真心，而且要讲究技巧，否则会弄巧成拙。

（6）求教接近。对于虚心求教的人，人们一般不会拒绝他。但营销人员在使用此法时，应认真策划，讲究策略。

2．广告搜索法

所谓广告搜索法，是指利用各种广告媒体寻找客户的方法。越来越多的大公司利用广告帮助销售人员挖掘潜在客户。利用广告媒体的方法多种多样，如利用杂志广告版面的下部提供优惠券或者抽奖券，让读者来信索取信息；或者在杂志背面设置信箱栏目，让读者通过信箱了解更多有关产品或服务的信息；也可以利用高科技工具如传真机，把个人电脑和传真机的自动送货系统联系在一起，客户只需拨通广告媒体上的电话号码，就可以听到个人电脑自动发出的类似语音信箱的声音，客户可以选择一个或多个服务项目，而且只要提供传真号码，几分钟内就可以收到文件。虽然广告媒体能够提供许多潜在客户的信息，但营销人员也得花相当多的时间去筛选，因此广告搜索法只有和高科技工具及电子商务结合起来，才能发挥其最佳效能。

3．中心开花法

所谓中心开花法，是指在某一特定的区域内选择一些有影响的人物，使其成为产品或服务的消费者，并尽可能取得其帮助或协作。这种方法的关键在于“有影响的人物”，即那些因其地位、职务、成就或人格等而对周围的人有影响力的人物。这些人具有相当强的说服力，他们的影响能够辐射到四面八方，对广大客户具有示范效应，因而较易取得其他客户的信赖。而且这些有影响的人物经常活跃在商业、社会、政治和宗教等领域，他们可能会因为资深的财务背景或德高望重的品行而备受他人尊敬，因此如果能够得到他们的推荐，效果尤其明显，因为他们代表了权威。但是，在使用该法时，应注意同有影响的人物保持联系，而且当他们把你推荐给他人之后，不管交易是否成功，一定要向他们表示感谢。

4. 连锁关系链法

所谓连锁关系链法，是指通过老客户的介绍来寻找其他客户的方法。它是有效开发市场的方法之一，而且花时不多。营销人员只要在每次访问客户之后，问有无其他可能对该产品或服务感兴趣的人就可以了。第一次访问产生两个客户，这两个客户又带来4个客户，4个又产生8个，无穷的关系链可一直持续发展下去，销售人员最终可能因此建立起一个自己的潜在顾客群。这种方法尤其适合保险或证券等一些服务性行业，而且这种方法最大的优点在于其能够减少营销过程中的盲目性。但是在使用该法时需要提及推荐人以便取得潜在客户的信任，提高成功率。

5. 讨论会法

所谓讨论会法，是指利用专题讨论会的形式来挖掘潜在客户。这也是越来越多的公司寻找潜在客户的方法之一。参加讨论会的听众基本上是合格的潜在客户，因为来参加的必定是感兴趣的。但是在使用讨论会方式时，应注意以下几点：

（1）地点的选择。要想最大限度地增加到会人数，应选择诸如饭店、宾馆或大学等中性地点。

（2）时间的选择。时间选择应注意适当原则，不宜过长也不宜过短，以连续两天为宜。因为第一天没有时间到会的潜在客户可以在第二天赶上。

（3）讨论会上的发言应具备专业水平，且需要布置良好的视觉环境、装备高质量的听觉设备。

（4）与会者的详细资料要进行备案。个人资料可以通过一份简短的问卷调查获得。

6. 会议找寻法

所谓会议找寻法，是指营销人员利用参加各种会议的机会，和其他与会者建立联系，并从中寻找潜在客户的方法。这种方法比较节约成本，但在实际运用时要注意技巧，暂时不提或委婉提出营销意图，以免对方对你产生反感情绪。

7. 电话找寻法

所谓电话找寻法，是指营销人员利用打电话的方式寻找潜在客户的方法。它是一种

重要的营销手段，这种方法的最大的优点是速度快，但是采用这种方法时一定要注意谈话技巧，要能提起对方的注意力，并继而引发其兴趣，否则很容易遭到拒绝。而且这种场合通话的时机要把握一定的分寸。虽然电话营销是一种与大众接触的重要方式，但是由于它是通过非形体的声音工作，很难有较强的说服力，因此成功率相对传统的面对面销售方式要低。

8．函件找寻法

所谓函件找寻法，是指以直接邮寄函件的方式来寻找潜在客户，它是一种比较有效的营销方式。采用函件找寻法应注意以下几点。

（1）最好以私人名义撰写信函，最重要的是要搞清楚潜在客户的姓名。

（2）最好在信件结尾亲笔签名，以表示对对方的尊重和重视。

（3）重要的卖点或信息列于信尾“附言”中，因为这是被阅频率最高的地方。

（4）尽可能说服顾客立即采取行动，如某个日期前发订货的折扣或优惠、前 100 个回信人的奖励及礼品、提供送货日期的保证、免费试用等。这种方法的优点是覆盖范围广，涉及客户数量大，但是由于回函率低，使得其成本相对较高，而且等待时间较长。

9．资料查询法

所谓资料查询法，是指通过查阅各种资料来获取潜在客户的方法。这些可供查阅的资料有报纸、出版物、名录和电话簿等。报纸是挖掘潜在客户信息的重要线索之一。比如，一个新公司的开业为办公设备和家具的销售提供了机会；出生或结婚为保险提供了可能的需求等。报纸提供的销售线索无穷无尽，关键在于销售人员能否挖掘出信息背后的销售机会。商业电话簿和名录是提供潜在客户信息的又一重要来源。还有各种各样的可供查询的公开资料也都能为销售人员提供一定的有关潜在客户的线索。虽然这种方法能较快地获得有关市场容量和潜在客户的信息，而且成本较低，但时效性比较差。

10．观察法

所谓观察法，是指营销人员通过自己对周围环境的分析和判断来寻找潜在客户的方法。比如，房地产代理商可以亲自出门寻找门前挂有“出售”字样的人家；卖天花板的销售人员可以沿街观察谁家的顶棚坏了等。同时，作为营销人员应该随时对无意中听到的信息保持一定的敏感性，特别是在一些公共场所，如吃饭、购物和休闲场所。这种方法具有成本低等优点，但是它对营销人员的观察能力和分析判断能力的要求比较高，而且要求判断尽可能客观。

挖掘潜在客户的方法除了上述的十种方法外，还可以从朋友和熟人以及没有竞争关

系的其他销售人员那里获取相关信息，也可以通过商业展览获得资料。总之，寻找潜在客户是一项艰巨的工作任务，需要营销人员综合运用以上各种方法与技巧，才能取得最终的成功。

三、整理信息，创建客户名单

运用各种方法，得到了许多客户信息。但是很明显，并不是每个人都会成为你的现实客户。因此就需要对这些客户资料进行分析和研究，这就是对客户信息的整理。

通过对信息的整理和分析，你才能发现最有可能成为现实客户的潜在客户，而且会创造性地发现一些市场空白点，找到新的寻找潜在客户的途径。

整理客户信息，创建客户名单也是以客户为中心的销售方式的体现，是为以客户为中心进行销售服务的。谨记：要始终以客户为导向！

1．名单分类

名单首先要制成卡片，然后将其分类，并区分层次。虽然每个企业所使用的方法各有不同，但一般情况下，依据性别、年龄、职业、收入阶层、商品、地区来划分，是最普遍而常用的方法。

之所以要对卡片进行分类，原因就在于要进行市场细分，针对不同的客户发出最适合的广告。例如，一般以妇女为对象的妇女用品广告，最好选出年龄在20～30岁之间的女性客户名单，对她们发出适合该年龄段女性使用的商品广告，可以收到比较好的效果。以上班族为对象发出的鼓励储蓄的直邮广告，可以以公司为单位向其职工发送直接邮件广告，比较有亲切感而使人产生好印象。

可见，要进行成功的市场细分，就先要将名单加以分类与管理。只有进行了有效的分类，才能根据不同类别客户的消费特性、购买习惯和方式，与之进行最适宜的沟通。例如，眼镜行的客户名单上有一栏记录，表明该客户在某年某月某日配了什么样的眼镜，于是，可根据这项资料适时发出一些信息："对于新配的眼镜感觉如何？""你所配的眼镜已满一周年了，请让我们为你做一周年的售后服务。"这时候，如果建议客户更换新眼镜，则较易被客户接受。此外，如果是汽车销售公司，就可以按照汽车卖出的日期来分类，如此一来，在车辆检验到期的时候，就可以发出直邮广告或与车主用电话联系了。

2．名单的修整

已经制好的名单卡片，会因为客户的某些变化而失效，因此有必要不断对名单加以追加、订正、删除。从工作的难度来看，追加客户轻松而容易，而订正及删除客户的工

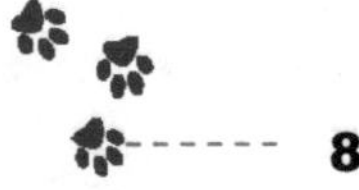

作则较为困难，因此容易被忽略。

要将客户从名单上删除，到底应该依照什么样的标准，实在很难把握。以某女性鞋店为例，鞋店营销人员在资料卡上每 6 个月画一条红杠，画满 5 条红杠，也就是两年半的时间一满，就删除该资料卡。该鞋店的客户多半是年轻女性，经常因结婚等因素而变更住址，而因住址不详退回的邮件每年高达 12%，因此需要将这样的资料卡删除。实验表明，经常修整的名单较之漫不经心的名单回应率要高出 24%。

有时候，即使企业的客户名单上有 5 万人，但因企业的营销预算与其他因素的限制只能给其中的 2 万人发出营销广告。这时，如果在建立卡片时加上了等级分类，按照客户购买可能性的高低，将其分成几个等级，把广告发给那些最有可能购买的人，对他们进行广告宣传，营销会取得更好的效果。

需要说明的是，在删除资料卡时，除了住址不详而退回的资料一概删除之外，因为效率差而删除的卡片不必急着丢弃，可以把它们保管起来以备将来使用。

案例 3-2

吉列公司市场调查

男人长胡子，因而要刮胡子；女人不长胡子，自然也就不必刮胡子。然而，美国的吉列公司却把“刮胡刀”推销给女人，居然大获成功。

吉列公司创建于 1901 年，其产品因使男人刮胡子变得方便、舒适、安全而大受欢迎。进入 20 世纪 70 年代，吉列公司的销售额已达 20 亿美元，成为世界著名的跨国公司。然而吉列公司的领导者并不满足，想方设法继续拓展市场，争取更多用户。就在 1974 年，公司提出了面向妇女的专用“刮毛刀”。

这一决策看似荒谬，却是建立在坚实可靠的市场调查的基础之上的。吉列公司先用一年的时间进行了周密的市场调查，发现在美国 30 岁以上的妇女中，有 65%的人为保持美好形象，要定期刮除腿毛和腋毛。这些妇女之中，除使用电动刮胡刀和脱毛剂之外，主要靠购买各种男用刮胡刀来满足此项需要，一年在这方面的花费高达 7 500 万美元。相比之下，美国妇女一年花在眉笔和眼影上的钱仅有 6 300 万美元，染发剂 5 500 万美元。毫无疑问，这是一个极有潜力的市场。

根据市场调查结果，吉列公司精心设计了新产品，它的刀头部分和男用刮胡刀并无两样，采用一次性使用的双层刀片，但是刀架则选用了色彩鲜艳的塑料，并将握柄改为弧形以利于妇女使用，握柄上还印压了一朵雏菊图案。这样一来，新产品立即显示了女性的特点。

为了使雏菊刮毛刀迅速占领市场，吉列公司还拟定几种不同的“定位观念”到消费者之中征求意见。这些定位观念包括：突出刮毛刀的“双刀刮毛”；突出其创造性的“完全适合女性需求”；强调价格的“不到50美分”；表明产品使用安全的“不伤玉腿”等。

最后，公司根据多数妇女的意见，选择了“不伤玉腿”作为推销时突出的重点，刊登广告进行刻意宣传。结果，雏菊刮毛刀一炮打响，迅速畅销全球。

资料来源：http://www.cy888.net/prepare/2008-07-09/139.html

吉列公司市场调查这个案例说明，市场调查研究是经营决策的前提，只有充分认识市场，了解市场需求，对市场作出科学的分析判断，决策才具有针对性，从而拓展市场，使企业兴旺发达。如果寻找潜在客户群的较详细需求，需要对潜在客户市场进行调查，为开展市场调查，需先设计调查表并开展调查行动，在调查的基础上进行资料整理与分析。

任务三 接近潜在客户

任务引入

接近潜在客户

销售人员：您好，麻烦你接总务处陈处长。

总务处：你好，请问你找哪位？

销售人员：麻烦请陈处长听电话。

总务处：请问你是……

销售人员：我是大华公司业务主管王维正，我要和陈处长讨论有关提高文书归档效率的事情。

陈处长：你好。

销售人员：陈处长，您好。我是大华公司业务主管王维正，本公司是文书归档处理的专业厂商，我们开发出一项产品，能让用户在10秒钟内找出档案内的任何资料，相信将使贵公司的工作效率大幅提升。

陈处长：10秒钟，很快呀！

销售人员：处长的时间非常宝贵，不知道您下星期二或星期三哪一天方便，让我向处长说明这项产品。

陈处长：下星期三下午两点好了。

销售人员：谢谢陈处长，下星期三下午两点的时候准时拜访您。

开发新客户的关键是将“潜在客户”提升为“客户”。电子邮件、销售信函或展会的邀请函等，都是销售人员接近潜在客户的手段，都是赢得面谈机会的方法。

对善于利用电话的销售人员而言，电话是一件犀利的武器，通过电话能赢得与客户见面的机会。我们要善于通过电话获得与客户面谈的机会。

任务1：电话接近客户，争取见面的机会。获得与客户的面谈机会是取得客户订单的关键。通过打电话与客户建立联系，进而获得面谈的机会是很重要的。

任务2：直接拜访客户，巧妙化解第一次与客户见面时遇到的困难。在面谈中，你一定要既迅速又明确地把“我能够给你带来好处”或“我能够替你解决难题”的信息传达给客户。

任务分析

一、电话接近客户

大多数销售员总想在极短的时间内推销出自己的产品，但是缺乏必要的准备。在和客户第一次接触时，尤其是在电话接触时，销售员必须有充分的心理准备，也应该准备好简练而精彩的产品介绍。与客户初次接触，准备得是否充分，结果将会大不一样。然而，大多数的销售员总想在很短的时间内打出尽可能多的陌生拜访电话，为此往往缺乏准备而盲目地打电话，而这正是寻找潜在客户最坏的方法。以客户为中心的销售方式需要销售员在打电话之前花费更多的精力，更积极地准备。

1. 克服紧张感

克服打电话时的紧张感，要做到两个方面。一是要真正抱着以客户为中心的态度。

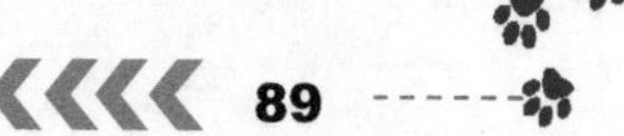

在打电话时要记住：你不是在向客户推销产品，而是在努力地帮助他们，帮助他们找到解决问题的方案。二是要成批成批地打拜访电话。一次给几个潜在的客户打电话，不要有间歇。这样紧张情绪会得到缓和，因为这样会有一种心理暗示：即使第一个电话不成功，后面仍然有好几个电话可以打。

2. 克服挫折感

做销售工作的人随时随地都面临着挫败感的袭击，但是要想成功就必须克服这种感觉，缓解自己的心理压力。如果第一次的电话没有给你下一步面谈的机会，就把这次电话忘了，轻松地去打下一个电话。

3. 注意语调和语速

开始说话时，语调和语速往往比话语本身更重要，要特别注意语调和语速，应该说得慢而清楚。还要注意自己的声音是不是令人愉快的，声音要自信，语速要合适，这样客户才不容易产生拒绝心理。

4. 尽快做一段简短而精彩的产品陈述

打销售电话时，在保证语调和语速的前提下，尽快做一段简短而精彩的产品陈述。要将自己的产品、项目或活动等方面的情况阐述清楚，让客户明白，这样客户才有可能对你的推销产生兴趣。

5. 坚持自己的目标，不要太早结束

在电话拜访中，客户往往会更容易发出拒绝的信号，而这未必是真意。销售员在打电话之前要准备好多种尝试。在客户表示拒绝时要坚持自己的目标，不要结束得太早，尽量地将自己的尝试付诸实施。

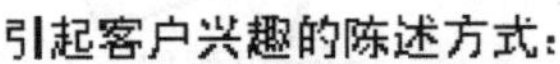

- 通过提及介绍人引起客户兴趣
- 通过提到客户所得到的利益建立信任
- 依靠共同性建立兴趣
- 通过特别关注建立兴趣
- 通过潜在客户所认识的名字建立兴趣
- 通过成功的故事建立兴趣

情景片段

陈树：您好，捷迅彩印中心的李主管吗？（声音自信，语速合适）

李主管（忙着别的事情）：是，你哪里？

陈树（富有感染力的声音说）：我是奥迅打印机公司。现在我们公司研制出了一种打印速度和效果都比市场上同类产品要好的打印机。为了搞好新产品宣传，我们开展了一个活动，就是以八折价优惠，并且还可以实行分期付款。

李主管（停下手里的工作，表示感兴趣）：是这样啊，我们正需要打印机，但是我们有固定的供应商。

陈树：那没有关系，我可以把打印样品带给您看看，买不买都没有关系，我们希望更多的人知道我们的产品。

李主管：那……好吧，明天下午三点可以吗？

陈树（脸上露出笑容）：当然好，明天见。

点评：在这个事例中，陈树在打销售电话时注意了语调语速，而且做了很好的产品陈述，还准备了多种尝试，能够坚持自己的目标，所以赢得了一次机会。

请将下面左边的陈述内容和右边相应的陈述方式用线连起来。

A．是叶先生建议我打电话给您，他对我们的产品非常喜欢，而且对我们的售后服务很满意。听说您也需要一些MP3，他就让我和您直接联系。

B．客户使用我们的发动机，在两年里都不需要维修，5年内也不会有大的质量问题，所以用得都非常放心。

C．我知道您属于南方城市的企业协会，我去年搬到这个城市后也加入了这个协会。

D．针对您这样有特殊需要的顾客，我们专门有一套特殊的售后服务系统，完全可以满足您的购后需要……

E．我们的零件供应商是著名的安特公司，他们提供给我们的发动机零件质量都是非常过硬的，我们的供应商都是这么著名的企业，您应该能信任我们发动机的品质。

F．只在短短一个月里，惊涛公司因为使用了我们的打印机，图片销量就增加了30%。

- 依靠共同性建立兴趣
- 通过潜在客户所认识的名字建立兴趣
- 通过提及介绍人引起客户兴趣
- 通过成功的故事建立兴趣
- 通过特别关注建立兴趣
- 通过提到客户所得到的利益建立信任

二、电话拜访应避免的行为

在利用电话获取面谈机会时，目的明确、语言简练是十分重要的原则。以下两个做法往往会导致拜访的失败。

1. 讨论商业细节

商业细节应在客户面谈时讨论，要避免在电话中与客户讨论细节问题。如果客户提出了如产品报价之类的细节问题，必须回答，也要尽量简练。

2. 向关键人物询问琐碎的信息

向关键人物询问琐碎信息往往容易引起对方的反感，导致拜访失败。例如，需要向对方邮寄一些资料时，向关键负责人问一些地址、电话等琐碎信息是不明智的。如果确实需要此类信息，可以通过其他方式得到，如通过客户的前台。

三、直接拜访客户

直接拜访有两种形态：一种是事先已经和客户约好会面的时间，这种拜访是计划性的拜访，拜访前因为已经确定要和谁见面，因此，能充分地准备好拜访客户的有关资料。另外一种形态是预先没有通知客户，直接到客户处进行拜访，这种方法就是扫街。

初次拜访客户的九大事项如下所示。

1. 外观形象是一张通行证

人的外观也会给人暗示的效果，因此，要尽量使自己的外观给初次会面的客户一个好印象。

一个人面部上的眼、鼻、嘴及头发都会给人以深刻的印象，虽然每个人的长相是天生的，但是你也能做相当程度的修饰。例如，有些人的眼神冷峻或双眼大小不一，都会给人不愉快的观感，此时，他可以利用眼镜把这些不好的地方修饰好。洁白的牙齿能给人开朗纯净的好感，鼻毛露出鼻孔给人不洁的感觉，头发散乱让人感到落魄。其他如穿着打扮也是影响第一印象好坏的主要因素，特别是衬衫的第一颗纽扣一定要扣牢，领带才不会歪斜松脱。一个衣着不整的人，怎么能获得别人的信任呢？或许有人认为这些都是小节，觉得自己超强的专业知识能带给客户最大的利益，客户应该重视的是自己的内涵，而不应以貌取人。话虽这么说，但客户购物的决定往往受感性因素左右。而且，销售员良好的外观形象是他的一张通行证，没有这张通行证，客户甚至连与他沟通的机会

都不会给，又怎么去了解他“超强的专业知识”呢？

2. 礼貌能换回尊重

好的妆扮，若能加上好的礼仪，将更能赢得客户的好印象。礼貌表示对客户的尊重，你能尊重客户，客户也必能尊重你。名片销售员出门前，要养成检查名片夹内是否有名片的习惯。名片的递交方法是，将各个手指并拢，大拇指轻夹着名片的右下角，递交于对方的胸前，拿取名片时要用双手。拿到对方名片后要轻轻地念出对方的名字，以让对方确认无误；拿到名片后，可放置于自己的名片夹内。同时交换名片时，可以右手递交名片，左手接拿对方名片。握手能表达你的自信和能力。当然，有的人或有的场合不适合握手，也有些人不愿意握手。所以要注意，为了避免和那些不愿意握手的人出现尴尬的局面，你可以保持右手臂微曲放在体侧，当对方伸手时有所准备。握手在大多数场合都是合适的，但要正确掌握其要点。在握手过程中你能感受到对方的态度。

3. 选好拜访时间

优秀的销售员应选择什么时间作为对客户的最佳拜访时机呢？如从事青菜和鲜鱼的零售业者，一大早必须到市场去进货，回来后又要准备展示及出售，所以上午不适合前往访问此类客户；而到了黄昏时刻，顾客不断增加，更是他们一天之中最忙碌的时候，因此，销售员应选择中午或晚饭之后再去拜访，才不会引起反感。假如访问对象是医院，则午休时间及晚上诊疗结束后是最适当的访问时间。销售员若不考虑客户是否方便就贸然前去拜访，通常会遭遇失败。

曾有一位销售员到某家饮食店拜访，他前往数次，那位老板不是避而不见就是告诉他：“现在很忙，请改天再来。”如此一而再、再而三地找各种借口推却。有一天，销售员对老板说道：“老板，不管你多么忙碌，晚上总能抽出时间吧？”老板回答说：“晚上是有一点时间。”于是这位销售员便告诉他：“好，那么我晚上再来。”怀着半信半疑的心理，他在深夜12:00再度来到这家饮食店，结果发现那位老板果然在等他，于是商谈顺利地展开。由此可见，如果想获得客户的好感，千万不能仅以自己的工作方便来考虑，必须要配合客户的时间去拜访才行。

4. 用赞美架通桥梁，让客户产生优越感

赞美别人也是一种美德，但最好不要说那些不是出于内心的话。当你认为这样赞美最恰当时，那就赞美他几句，这就是所谓极好的赞美时机。只要你的赞美有根据、发自内心，对方的自尊心被你所承认，那他一定会非常高兴。每个人都有虚荣心，让人满足虚荣心的最好方法就是让对方产生优越感。但是并不是每个人都能功成名就，相反地，

大部分的人都过着平凡的日子。每个人平常都承受着不同的压力，处处听命于人。虽说常态如此，但是绝大多数的人都想尝试一下优于别人的滋味，因此，这些人会比较喜欢那些能满足自己优越感的人。

巧妙地奉承、阿谀固然能满足一些人的优越感，但也有弄巧成拙的时候。让人产生优越感最有效的方法是对于他自傲的事情加以赞美。若客户讲究穿着，你可向他请教如何搭配衣服；若客户是知名公司的员工，你可表示羡慕他能在这么好的公司上班。

客户的优越感被满足了，初次见面的警戒心也自然消失了，彼此距离也拉近了，双方的好感便向前迈进了一大步。

5. 记住客户的名字和称谓

销售员在面对客户时，若能流利、不断地以尊重的方式称呼客户的名字，客户对你的好感也将越来越浓。专业的销售员会密切注意潜在客户的名字有没有被报刊报道，若你能带着有潜在客户报道的剪报拜访初次见面的客户，客户能不被你感动吗？能不对你心怀好感吗？

6. 塑造专业形象

一位有数十年教学经验的老师面对一群新学生时，往往会情不自禁地联想到他曾经教过的学生；刑警对人的判断，往往把以往接触过的犯罪者当作衡量的尺度；银行家会依据以往接触客户的经验而判断初次见面的人的信用好坏。虽然都知道凭印象判断是不客观的，可是很少有人完全不受影响，因此，塑造专业销售员的可信赖印象是给客户产生好感的一种方式。专业销售员的形象在初次见面前就可营造，例如，初次会面前电话约定时表现出的专业技巧；电话约定日期如间隔三天以上时，可先寄发销售信，在见面前再确认会面时间及感谢客户抽时间见面；也可先寄上一份公司简介让客户先了解你的公司。这些都能让客户感受到你是非常专业的销售员。

7. 注意客户的情绪

生理周期、感情、工作压力都会影响一个人的情绪。人的情绪都有高潮期和低潮期，客户情绪的变化是你无法事先拿捏的。因此，当初次面对客户时，如果察觉到客户陷于情绪低潮，注意力无法集中，你最好应体谅客户的心境，约好下次会面的时间后，迅速礼貌地告退。

8. 替客户解决问题

几年前许多文书都是大八开尺寸的，一般复印机复印这种文书时，只能用 A3 纸复印

后再裁剪，非常不方便。这个问题各家复印机厂商的销售员都很清楚，但复印机都是从国外进口的，国外没有大八开的需求，因此没有大八开的纸供复印用。

某公司的一位销售员知道了上述问题，因此他在拜访某公司负责复印的主管前，先去找本技术部的人员，询问是否能修改机器，使机器能复印大八开的文书。技术人员知道了这个问题、略微研究后，发现某种型号的复印机只要稍做修改即可复印大八开纸。销售员得到这个信息后，见了那些分管此事的客户，表示愿意特别替他们解决大八开的复印问题。客户听到后对那个公司产生了好感，在极短的时间内，这种型号的复印机成了这家公司的主要产品。

销售员在与准客户见面前，最好能事先知道客户面临着哪些问题，有哪些不利因素在困扰着他。销售员如能以关切的态度站在客户的立场，表达对客户的关心，让客户能感受到愿意与他共同解决问题，必定会赢得客户的好感。

9. 利用小赠品赢得客户的好感

一些儿科的名医都有一个特性，他们除了医术好以外，还懂得与小朋友沟通。要做有效的沟通，他们第一步是要赢得小朋友的好感。如何迅速地获得小朋友的好感呢？大多数医生准备了许多送给看病小朋友的新奇贴纸。这样一来，医生就不再是打针的叔叔阿姨，而是送贴纸的叔叔阿姨了。小赠品的价值不高，却能发挥很大的效力，不管拿到赠品的客户喜欢与否，至少表达了对客户的一种感谢接见的心意和尊重。相信每个人受到别人尊重时，内心的好感一定会油然而生，让初次见面的客户对你产生良好的第一印象。

上述九种方法的出发点不外乎“尊重、体谅、令别人快乐”——只要你从这三个出发点思考，相信你就会发现并拥有更多让客户对你产生好感的方法。

知识链接

一、潜在客户评估

大量的潜在客户并不能转变为目标客户。获得潜在客户名单仅仅是营销人员销售过程的开始阶段，因此，需要对潜在客户进行及时、客观的评估，以便从众多的潜在客户名单中筛选出目标客户。作为优秀的营销人员，需要掌握潜在客户评估的一些常用方法，这些方法可以帮助营销人员事半功倍地完成销售任务。

在挑选、评估潜在客户之前，营销人员需要搞清三个问题：一是你是否能够满足潜

在客户的需求；二是在你满足其需求之后，这些潜在客户是否具有提供适当回报的能力；三是你所在公司是否具有或能够培养出比其他公司更能满足这些潜在客户需求的能力。

1. 帕累托法则

帕累托法则，即 80/20 法则，这是意大利经济学家帕累托于 1897 年发现的一个极其重要的社会学法则。该法则具有广泛的社会实用性，比如 20%的富人拥有整个社会 80%的财富；20%的客户带来公司 80%的利润。帕累托法则要求营销人员分清主次，锁定重要的潜在客户。

2. MAN 法则

MAN 法则在前面已提到过，它对于引导营销人员如何去发现潜在客户的支付能力、决策权力以及需要至关重要。营销人员可以从三个方面来判断某个人或组织是否为潜在客户：一是该潜在客户是否有购买资金 M（Money），也就是有没有购买力或筹措资金的能力；二是该潜在客户是否有购买决策权 A（Authority），即你所极力说服的对象是否有购买决定权；三是该潜在客户是否有购买需要 N（Need），在这里还包括需求。普通的营销人员总是去满足需求，而优秀的营销人员则是去发现需求、创造需求。

二、潜在客户的管理

优秀的营销人员懂得如何管理好潜在的客户资源，他们既不会在永远无望的可能客户身上浪费时间，更不会放过任何一个捕捉重要客户的机会。营销实践表明，营销人员对潜在客户的管理主要从紧迫性和重要性两个方面入手。

1. 紧迫性

紧迫性描述潜在客户在多长的时间范围内作出对公司的产品或服务的购买决定。通常情况下，在 1 个月内能作出购买决定的潜在客户，称为渴望型客户；在 2 个月内能作出购买决定的潜在客户，称为有望型客户；在 3 个月内能作出购买决定的客户，则称为观望型客户。优秀的营销人员会根据客户的不同类型，安排出不同的拜访频次和拜访深度。

2. 重要性

重要性描述潜在客户可能购买公司产品或服务的数量的多少。虽然每个潜在客户对营销人员来说都是非常重要的，但根据 80/20 法则，优秀的营销人员更应该关注能带来 80%利润的 20%的关键客户。为此，可以根据公司的业务情况，将客户分为三类：最重要

的是关键客户，这类客户需要营销人员投入更多的时间和精力增加访问频次，增加访问深度；其次是重要客户，这类客户应该安排合适的访问频次和内容；最后一类是一般客户，这类客户维持正常的访问频次与内容即可。

三、CRM：把线索客户变为真正的客户

很多企业都存在一个问题，没有一个有效的工具系统地管理企业有价值的线索客户，没有把线索客户变为实际客户的能力。每个公司都有自己的活动和宣传，市场部门所做的工作就是通过宣传，尽可能地去寻找更多的潜在客户，接下来怎么甄别这么多的线索客户，怎么跟进，如何把这么多的线索客户尽可能地转变为实际客户，成为企业不可或缺的资源，等等，大多数企业就没有了办法，更多的是依靠销售人员自己的能力和经验。

潜在客户是客户的一种状态，CRM 一般使用客户类型来区分潜在客户、意向客户和购买客户等状态。对于潜在客户为什么单独拿出来进行管理？因为潜在客户是客户挖掘、客户获得、客户细分和市场活动的主要目标受众，企业的市场活动首先要确定目标潜在客户群体，然后通过市场活动产生一批线索客户，这些线索客户分配到销售部门继续进行跟踪跟进，从而使企业对市场活动进行闭环管理。线索客户从哪里来？怎么变化？变化成什么状态？这些问题都是 CRM 对线索客户进行管理过程中所体现出的关键点。

在潜在客户管理中，我们首先要识别潜在客户，通过潜在客户产生线索，跟踪捕捉潜在客户的详细信息，同时要对线索质量进行评估，在时机成熟的时候将线索分配给相关部门（比如销售部），把潜在客户变为可销售的线索客户，由销售部门进行销售机会的跟踪与管理，最后通过销售机会的结果对线索的反馈效果进行管理。当然，销售人员也可以从多个市场活动过滤、筛选线索作为产生销售机会的来源。从 CRM 系统功能而言，线索的分配就是通过线索自动产生联系人（客户）或者销售机会，在分配过程中选择客户的所有者权限，后台将建立该联系人或销售机会与线索的关联关系。记录线索客户的响应时间和每一次的交往过程是关键环节。响应状况和交往过程的评估，意味着什么？就意味着有些响应和交往过程是有效果的，而有些则是无效的。许多问题的分析将有助于销售线索转变为销售订单。

总之，业务活动的状态可以分为两类：静态的和动态的。作为市场和销售的链接环节，线索的状态也是动态的。在市场活动开始的时候，产生了线索，而这时候线索的状态是未经整理的，在市场活动结束之后或者销售部门进行抽取分析之后，线索的状态是可使用的，在跟踪线索并产生销售机会的时候，线索的状态是已经结束转换为联系人或销售机会了。状态的变化是企业不断了解并力求控制的，线索状态的合理变化和合理引导是提升销售能力的关键点。

思考与讨论

1．我做电子半成品业务，已经收集到了很多客户邮箱，每隔半月群发一次客户开发信，大多数客户会有阅读回执，但是都没有任何附加邮件。很多大客户差不多都有稳定长期的供应商了，也有客户回复我“下一次不要在别人下了订单后再来报价”。发展潜在客户，真的很难！

分组讨论：怎样才能更好地筛选潜在客户？

2．前述几种挖掘潜在客户的方法，可能仍嫌不足，根据本公司具体产品特性和经营形式，开发其他寻找潜在客户的渠道。

实训题

实训 3-1　客户需求调查表设计与分析

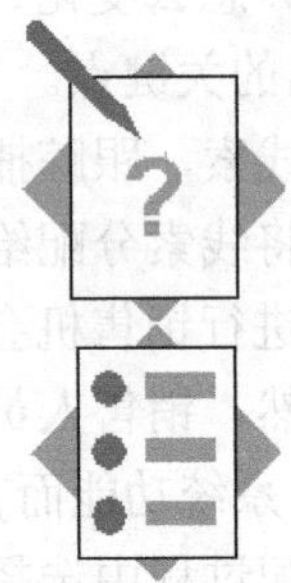

学习情境：寻找潜在客户

主题：客户需求调查表设计与分析

完成这些练习后，你将能够：

- 根据所学知识设置调查表；
- 对客户消费行为和需求偏好深入了解并制作分析报告。

前一情境你已制订了一个简要的产品（服务）的营销计划，但还不能十分确定你的潜在客户群的详细需求，于是你决定对你附近的个体户等小老板进行有关产品（服务）的市场调查。先设置调查表，然后进行市场调查，你可设置网上调查与网下调查两类方式进行。

在调查的基础上，分析客户需求结构，在推销之前对客户的消费心理、消费方式、消费习惯、消费需求等进行分析，形成客户需求分析报告。

1.1　客户需求调查表的设计

1.1.1　认真分析所制订的营销计划，你的客户所在行业是什么？

1.1.2　客户针对你所提供的产品（服务）的主要需求有哪些？

1.1.3　你的行动区域包括哪些地区？

1.2 客户需求调查

1.2.1 在完成相应调查表后，在你的行动区域开展调查。

1.2.2 对回收的调查表的整理。

1.3 根据以下市场基础信息（见表 3-5），提交你所做的客户关系管理项目的客户需求分析报告

表 3-5 市场基础信息

购买者信息	竞 争 信 息	产品或服务信息
年龄 年收入 性别 职业 户主 偏爱的媒介 何时购买 怎样购买 购买什么 习惯、爱好	市场份额 广告计划 定价策略 分配 经营时间	优势 价格 服务 设计特点 何处卖过 包装 怎样使用 每年买多少 做何改进

实训 3-2 做一次电话拜访

学习情境：寻找潜在客户
主题：做一次电话拜访

完成此练习后，你将能够：

- 了解电话沟通常识；
- 了解电话接近客户应注意的问题；
- 提升电话接近客户的技巧。

许多公司会通过电话拜访来筛选潜在客户，如受访对象一听是要做电话访问，不是把电话挂掉便是推说没空。电话拜访人员不可因被挂几次电话而沮丧，当碰到受访者语气不好时，更应耐心、和气，不要受这种情绪波动的影响，礼貌性地将电话挂掉，并重新拟定下一次电话拜访日。遇到滔滔不绝讲个不停的受访者，切记不要与对方扯远，应尽快切入访谈重点，婉转暗示对方此次电话拜访的目的，并适时结束通话。

2.1　将你电话拜访的客户记录到 CRM 软件中

案例分析

如何跟进大的潜在客户

这个客户是我在展会上认识的，当时对我们的产品表示了浓厚的兴趣，并下了 12 个样机订单，这在我们公司是第一次。这个客户很大，在美国有 1 000 多家店，很多大公司都是他的客户，如果这个订单可以谈下来的话，就是好几百万美元的生意呢。

展会结束后，我马上把在展会上的谈话、报价等资料整理好，发给客户，第 3 天收到了回信。客户收到样品后，要求我给他一个 Formal Quotation（正式报价）。我感到很困惑，因为报价一开始就发给他了，但是当时发的是按照平常的报价来报的。由于当时他说要做独家代理，我就在想是不是要按这个条件来发报价呢。大家都知道做独家代理是有很多东西要谈的，不是单单只有价格这一项。于是我又把之前给他的报价发给了他，并告诉他这个是按照我们的 MOQ（最小起订量）来报的。关于独家代理，我们还有很多要谈，所以到时候再来协商价格，并信心满满地告诉他我们一定在价格上、质量上、交货期上支持他，并且顺便问了一下，大概有个什么样的量。于是客户回复我说他一定在量上面支持我，还说一定会有个 Significant Quantity。

由于老板说我们的产品在客户那里是有竞争力的，要摆高姿态，于是我稍微吹嘘了我们的产品，说跟那些国际大品牌的质量是一样好的。然后客户有力地回击了我，说我们的质量很不好，并且还列了几个毛病出来，并要求我们给出一个好的价格。不过，我知道产品并没有客户说的那么糟糕，对于产品我一直都很有信心。相信客户说了那些缺点，应该就是为了一个好的价格。于是我跟老板说，开始跟客户谈独家代理的事情，谈合作方式、时间、数量、价格等。老板说先不要谈，让客户给出一个数量再来谈。我只能在产品上跟客户纠缠了，可后面发给客户的邮件，他都没有回复我。

我真的很困惑，我自己感觉这个客户是很有质量的。可是当所有的样品都寄出去之后，竟然没了回音。哪里出了错呢？我现在该怎么跟这个客户联系呢？客户现在最关注的到底是什么？质量已经知道了，是价格吗？花了这么多精力跟进的客户，不希望就这样没了音信。

问题：如果是你，会如何跟进大的潜在客户？

学习情境四 客户信息管理

学习目标

❖ 熟悉客户信息采集和建立客户档案的方法与步骤；

❖ 熟悉客户资料分析的内容；

❖ 掌握客户细分方法。

技能目标

❖ 掌握获取客户信息的途径，及时在 CRM 中建立、更新客户档案；

❖ 能够对客户资料进行分析，针对不同客户采取不同的管理方式；

❖ 能够在 CRM 系统中实现客户细分操作。

任务一 建立客户档案

任务引入

知彼知己——设立客户档案卡

庄学忠先生是南洋商贸公司的总裁。因为业务关系，他经常到苏州出差。每次到苏州，他必定下榻“蓝天大酒店”。这一点颇令他的朋友们纳闷，凭庄先生的财力和身份，完全可以入住四、五星级的高档酒店，为何独钟于三星级的"蓝天大酒店"。其实庄先生只是"蓝天大酒店"庞大的客户网络中的一员。自5年前开业至今，几乎每一个入住、光临过"蓝天大酒店"的顾客都很快成为"蓝天"的忠实拥护者。庄先生预备来苏时，一个预订电话、报上姓名，一切手续就都已安排妥帖，而且会有意想不到的特殊安排在等候着他。"蓝天大酒店"的奇特现象引起了人们的注目，作为苏州酒店的佼佼者，它成功的奥妙何在呢?

"蓝天大酒店"的营销总监梁先生为公众揭开了谜底：顾客是酒店的客户，也是活生生的有七情六欲的人。酒店与客人之间不能仅仅只是一种商业交往的经营行为，更重要的是人与人之间的情感沟通，要真正做到宾至如归，必须对客人的嗜好、习惯、消费需求等特殊的个性化信息了如指掌，在此基础上提供的产品和服务就有明显的针对性，从而获得顾客的好感。每一个入住"蓝天大酒店"的客人，尤其是那些入住次数较多的熟客，在我们营销部都有一份详细的资料档案卡。档案卡上面记载着顾客的国籍、职业、地址、特别要求、个人爱好、喜欢什么样的娱乐活动、饮食的口味和最喜欢的菜肴、酒水等。对于入住频繁的客户，甚至连他喜欢什么样的香波，摆什么样的花，看什么报纸都有专门的记载。

新加坡南洋公司的庄学忠先生是酒店的老客户，每次他预订房间后，酒店就根据他的资料卡显示的情况，为他安排靠近西村公园的房间，号码是他的幸运数字16；再在房间里摆上总经理亲笔签名的欢迎信，旁边摆着他最喜欢的康乃馨鲜花篮。他听力不好，电话铃声需调大，卫生间里换上茉莉花型的沐浴液，浴巾要用加大型的。他是一个保龄球迷，每逢酒店有保龄球晚会，绝对不会忘了通知他。

对客人的情况搜集，来源于全体员工细致投入的服务。例如，餐厅服务员发现某位客人特别喜欢吃桂林腐乳，就将这个信息传递给营销部，存入资料库；下次该客人再来时，计算机里便会显示出这一点，餐厅就可以迅速作出反应。所有这些，都无须客人特别叮嘱，当他再次光临时，他便能惊喜地发现，怎么"蓝天大酒店"这么神通，什么都替他想到了。久而久之，也就成了酒店的常客。

酒店就是一个浓缩了的小社会。在这个小社会里，所有光顾消费的客人既有共同的特性和需求，又各有不同的特点；他们对于酒店提供的服务既有相同的要求（即要求服务热情、周到、规范），又各有不同的个性化要求，这是由他们不同的个性特点决定的。要想超越服务的现有水平，提供富于针对性服务，就必须深入了解每位顾客的需求特点。

了解顾客的需求特点，是提供个性化服务的基础。在实践中，我们往往发现，由于企业客户数量很多，而他们的要求和特点又五花八门，令客户服务人员感到千头万绪，能按程序和规范要求做好分内工作就已经不错了，如果还要充分照顾到客户的个性化要

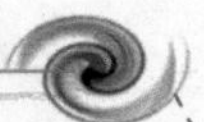

求，则是心有余而力不足了。

解决这个问题的最好办法就是建立客户信息档案，将日常工作中收集到的有关客户的资料全部以信息的形式、以制度化的规范文本记载下来。对于那些力图搞好市场营销、使服务工作更有成效的企业来说，客户档案是一个珍贵的工具。同时，建立客户档案，拥有全面详尽的客户资料还有助于提高企业经营决策的科学性。具体到操作上来说，各部门各工种的服务人员将对某位客户的特点认识集中汇报给营销中心，营销中心再将所有关于该客户的情报资料汇总到其档案卡上，备录下来，并输入客户资料库。在以前，这类工作大都是通过手工操作来完成的，速度慢、工作量大、管理困难、调用不方便，随着计算机和信息技术的普及与应用，这个难题已经得到了极大的改善。无论是从竞争的需要还是从现实的硬件条件来看，建立客户信息档案是十分必要而又力所能及的。

任务 1：采集客户信息。

充分搜集客户资料之后，营销人员才能了解客户的基本需求，才可以进行销售。比如我们要了解：客户是什么样的客户？规模有多大？员工有多少？一年内采购类似产品的预算是多少？这些都是客户背景资料。

客户背景资料包括以下几个方面的内容：

- 客户组织机构；
- 各种形式的通信方式；
- 区分客户的使用部门、采购部门、支持部门；
- 具体使用产品（或服务）的维护人员、管理层和高层；
- 同类产品的使用情况；
- 客户的业务状况；
- 客户所在行业基本状况；

……

任务 2：建立客户档案。

建立客户档案是将客户的各项资料加以系统记录、保存，并分析、整理、应用，借以巩固双方的关系，从而提升销售业绩。其中，客户资料卡是一种很重要的工具。

建立客户资料卡的用途及好处：

- 了解客户关系发展阶段；
- 便于寄发广告信函；
- 安排收款、付款的顺序与计划；
- 了解客户的销售状况及交易习惯；
- 订立有效的访问计划；

- 了解客户跟踪情况与交易状况，争取进一步的合作；
- 为本企业相关人员与客户交往提供有价值的资料；
- 了解客户信用度，便于制定具体的销售政策。

任务分析

一、设计客户跟踪记录表

请看生动的统计数据：2%的销售在第一次接洽后完成；3%的销售在第一次跟踪后完成；5%的销售在第二次跟踪后完成；10%的销售在第三次跟踪后完成；80%的销售在第四至第十一次跟踪后完成。

跟踪客户的目的是形成销售，除了技巧（如特殊的方式、漂亮的借口、恰当的时间间隔），跟踪工作必须保持系统连续，每次跟客户打交道后要注意整理客户跟踪记录。

确定某一企业及产品（或服务）可以是你熟悉的，比如实习过的单位，也可以是你感兴趣的，或者虚拟企业。根据你的企业和产品的经营情况，有针对性地设计一份客户跟踪记录表，请参考表4-1。

表4-1 ××公司客户跟踪记录表

客户编号		负责人		成立日期	年 月 日
客户名称				资本额	
地址				电话	
营业类型				传真	
主要往来银行					
其他投资事业			平均每日营业额		
主要业务往来			付款方式	□现金 □支票 □客票 □其他	
与本公司往来	自 年 月 日起		收款记录	□优秀 □良好 □一般 □很差	
最近与本公司往来重要记录					
最近交易数据跟踪					
客户意见					
信用评定					

除了客户跟踪记录表，我们调查企业客户，可能会需要填报客户资料卡、企业基本

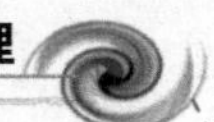

情况调查表（见表 4-2）、人脉关系表等。每个企业都要根据自身具体情况设计表格。表格要精炼，少而全，但不必面面俱到，如果多个表格类似信息重复，就会给业务人员带来不必要的困扰。

表 4-2　企业基本情况调查表

单位		电话		地址			
人员情况	负责人：	电话		年龄		性格	
	总经理：	电话		年龄		性格	
	接洽人：	电话		职位		负责事项	
经营状况	经营方式	□积极　□保守　□踏实　□不定　□投机					
	业　　务	□兴隆　□成长　□稳定　□衰退　□不定					
	业务范围						
	销货对象						
	价　　格	□合理　□偏高　□偏低　□削价					
	业务金额	每年　　　，月销量　　　，淡季　　　，旺季					
	组　　织	□股份有限公司　□责任有限　□合伙店铺　□独资					
	员工人数	管理人员　　人，技术人员　　人，工人　　人，合计　　人					
	同业地位	□领导者　□具影响　□一级　□二级　□三级					
付款方式	态　　度						
	付 款 期						
	方　　式						
	手　　续						
与本公司往来	年　　度	主要采购产品	金　　额	旺季/每月	淡季/每月		

二、跟踪客户，搜集客户信息

通常我们在开发新客户的时候，都需要对潜在客户进行多次的跟踪回访，但问题是，如果整天不停地打电话给客户，客户会非常反感，但如果隔了比较长的时间才回访客户的话，客户往往就会把我们忘了，所以，怎样抓住客户回访的时机成了有效跟踪客户时一个非常重要的问题。如图4-1所示为客户跟踪曲线。

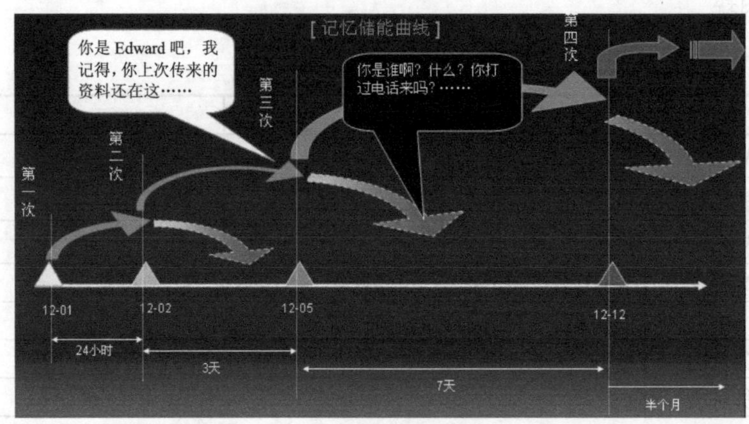

图4-1

将心理学上提出的人类记忆储能曲线形成客户跟踪曲线，以自动提醒的方式帮助销售人员把握回访客户的最佳时机，达到用最少的联系次数取得商机或获得订单，有效地缩短成交客户的开发周期，从而能够最有成效地处理大批量的客户跟进，并能以最简便的方式做出联系记录。

每次与客户接触，不管是电话联系、上门拜访或者其他沟通方式等，尽量了解客户信息。客户信息一般分为两部分：一部分为基本信息，另一部分为特别信息。基于充分的客户资料，营销人员才能了解客户的基本需求，在开展业务过程中充分加以利用，从而可以有效地提升业绩。关于客户信息收集可参考表4-3。

表4-3 客户资料的基本内容

类　别	详细内容
基本资料	客户姓名、地址、电话、所有者及个人性格、爱好、家庭、学历、年龄、创业时间、与本公司的起始交易时间、企业组织形式、业种、资产等
客户特征	服务区域、销售能力、发展潜力、经营理念、经营方向、经营政策、企业规模、经营特点等
业务状况	销售实绩、经营管理者和销售人员的素质、与其他竞争对手之间的关系、与本公司的业务关系及合作态度等
交易现状	客户的销售活动现状、存在的问题、保持的优势、未来的对策、企业形象与声誉、交易条件以及出现的信用问题等

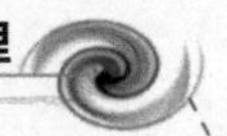

三、填写客户信息，建立客户档案

如果问任何一家对 CRM 感兴趣的企业，它们希望 CRM 系统最能够帮助它们解决的问题是什么，它们最先想到的答案十之八九是要有效地管理好它们最宝贵的财富：客户的资料。

现在越来越多的企业管理者已经了解，对客户信息的管理貌似简单，实际情况却复杂得多。以国内某著名计算机制造厂商为例，其客户相关资料与以下部门有关。

（1）渠道发展部，负责发展渠道商完成中低端产品的销售，客户信息主要来自渠道商的反馈。

（2）大客户部，负责对集团客户等大客户的直接销售，客户信息直接由大客户部向客户收集。

（3）在 27 个省有办事处，设渠道经理及行业经理，分别负责各省的渠道商及行业客户。

（4）在大的省份下又有区域办事机构，负责该区域里的各类客户……

上述纷繁复杂的情况，在大多数企业中都不同程度地存在着。这种由多个部门来接触客户的现实，造成客户资料被割裂存放在不同的系统中，通常会具有不同格式，也可能会重复出现，无法实现真正的信息共享，从而无法以真实、完整、统一、实时的客户相关信息来对营销、销售及服务的各个环节提供有效支持。

如何才能保存最完整、真实有效的客户信息？一个有效的 CRM 系统能按照信息的各种内在的真实逻辑并考虑到不同数据之间的联系，对客户信息进行有效的、有条不紊的管理。

一种比较好的做法就是建立客户档案：第一次接触客户后，就为其在 CRM 系统中建立档案。输入相关信息，如联系人、公司、联系方式等，系统自动为客户生成一个自动编号（见图 4-2）。

以后，只要我们与该客户发生任何业务往来或其他联系，在进行系统记录时，首先要在系统中通过客户名称、代码或其他搜索条件找到此客户（客户编号），然后为其创建各个业务记录（活动），比如电话沟通、电子邮件以及其他项目等，这样就可以很方便地对其业务数据进行记录且便于以后的使用。具体内容可参考本书学习情境五中的任务二及任务三。

不管什么时候，如果此客户的信息发生变化，都是直接在系统中进行修改，从而可以保证数据的一致性，同时也不会影响到与此客户相关的业务记录。

在 CRM 系统中，可以创建多种不同的角色，除了客户，还有潜在经销商、流失客户、供应商以及员工等（见图 4-3），系统中的客户都可以分配到这些角色的一个或者多个，这样就可以基于角色来对客户的业务操作权限进行授权控制了。

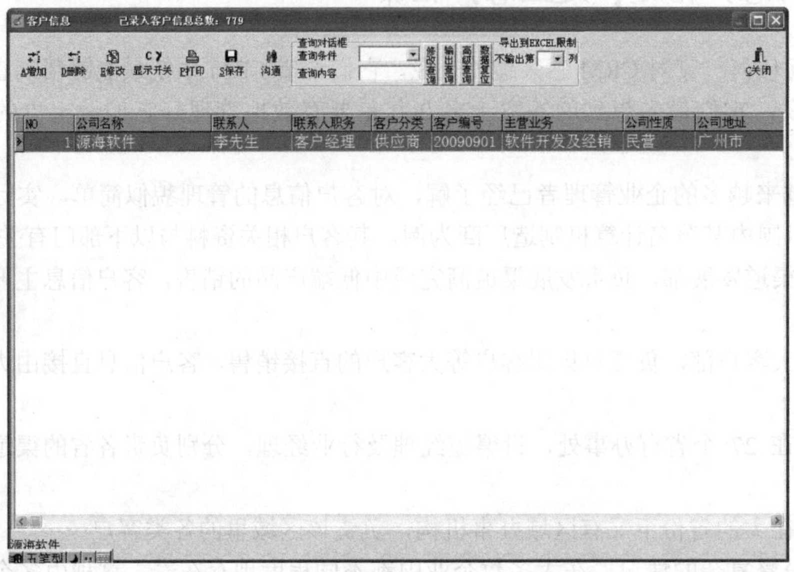

图 4-2

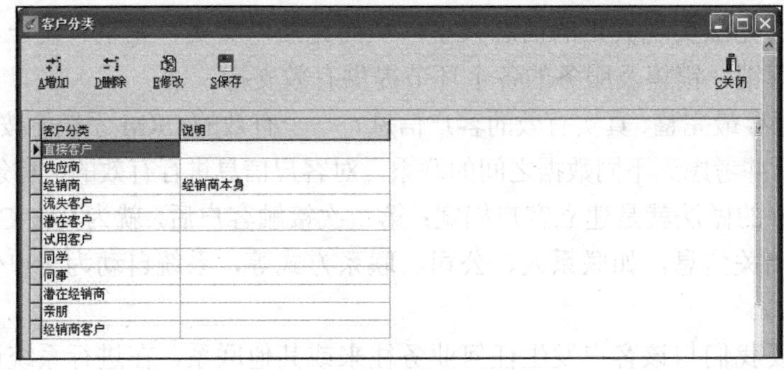

图 4-3

知识链接

一、获取客户信息十大渠道

客户信息可以为我们提供很多有价值的内容，从而有效地指导我们的销售工作。但

市场处处竞争，信息变得隐蔽、不完整，如何获取我们所需要的信息呢？

（1）搜索。动动你的手指，信息尽在指尖；网上信息让你搜——企业网站、新闻报道、行业评论等。优点：信息量大，覆盖面广泛。缺点：准确性、可参考性不高，需要经过筛选方可放心使用。

（2）权威数据库。国家或者国际上对行业信息或者企业信息有权威的统计和分析，是可供参考的重点，对企业销售具有重要的指导作用。优点：内容具有权威性和准确性。缺点：不易获得。

（3）专业网站。各行业内部或者行业之间为了促进发展和交流，往往设立有行业网站，或者该方面技术的专业网站。优点：以专业的眼光看行业，具有借鉴性，企业间可作对比。缺点：不包含深层次的信息。

（4）展览。展览是最值得去的地方，各行业或者地区定期或不定期会有展览，而且会有很多企业参展。优点：更丰富具体的信息。缺点：展览时间的不确定性。

（5）老客户。你的老客户同你的新的大客户之间会有一定的相同之处，而同行业之间会有更多的相似之处，因此，你的老客户也会很了解其他客户的信息。销售企业可根据同老客户的关系，获得行业内部的一些信息。优点：信息的针对性、具体性和可参考性高。缺点：容易带主观思想色彩。

（6）竞争对手。让对手开口告诉你客户信息。

（7）客户企业。会提供相应的一些必要信息。

（8）市场考察。想畅销就得做。

（9）会议与论坛。注意那些领导者们的观点，这些观点对行业的发展会产生深远的影响。

（10）专业机构。为你提供专业信息。

从多个渠道收集我们所需要的信息，是保证我们信息全面的有效方法，因为客户信息对我们后面的专业判断影响甚大，因此要严格认真地对待。

在获取客户信息时，要充分明确自身信息需求，积极汇总潜在客户信息，要以敏锐的触觉感知市场，洞悉自己的竞争对手，实时跟踪动态信息的流变，要对行业市场全貌有所了解。

信息收集后要进行归类整理，便于及时回复和节省时间。要学会挖掘提炼信息价值，使收集的各类资料最大限度地服务于企业销售。

二、如何建立高质量的客户信息档案

客户信息的质量决定了客户关系管理的质量，因此建立高质量的客户信息档案是客户关系管理成功实施的支柱，是我们做好日常工作，更好地做好客户服务的重要基础。如何建立高质量的客户信息档案呢？

（1）公司领导高度重视在客户信息上的建设，采取先进的办公平台系统，以方便业务人员进行客户信息的采集和管理。

（2）各部门通力协作。单个部门的力量有限，有可能并不能面面俱到，这就需要市场、营销、客服等部门及时联系，互通信息，共同完善客户信息采集。

（3）加强对客户信息的采集和整理，高质量的客户信息档案具备三个特性：完整性、准确性以及新鲜性。完整性就是说对客户信息的采集必须全面周到，不能有遗漏；准确性是指每个客户的资料要求是绝对正确的，不能出现错误信息；新鲜性是客户信息有变动时，及时、准确地进行更改，以便更好地管理客户，例如，发现客户电话改变，及时对办公平台内的客户信息进行修改，便于以后能准确地联系该客户。只有具备了完整性、准确性、新鲜性的客户信息档案才是高质量的客户信息档案。

（4）开展信息培训，让大家认识到建立正确、详细的客户信息档案的重要性，提高重视度，增强客户经理清理和整合客户信息的水平。

三、建立客户信息档案的过程与步骤

掌握建立客户信息档案的过程和步骤是为了更好地管理客户，如图4-4所示，可简单地建立客户信息档案。

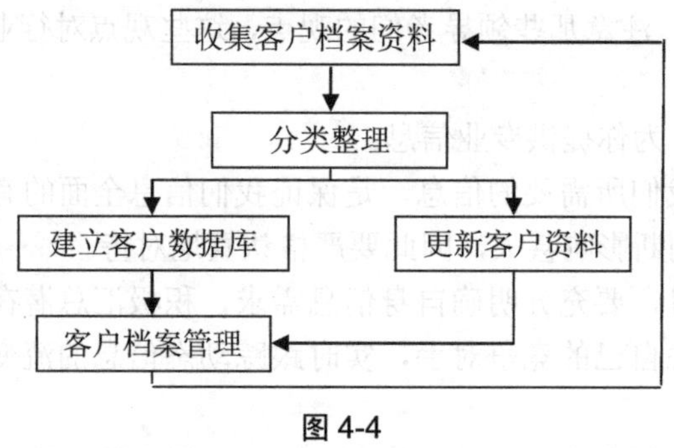

图4-4

1. 收集客户档案资料

建立客户档案就要专门收集客户与公司联系的所有信息资料，以及客户本身的内外部环境信息资料。一般来说，企业客户不外乎两种：一种是中间客户（企业或贸易商），一种是终端客户（用户）。针对这两种客户档案资料的收集，侧重点也有所不同。

中间客户常见的档案原始资料内容主要有以下几项。

（1）客户基础资料：即有关客户最基本的原始资料，包括客户的名称、地址、电话、所有者、经营管理者、法人代表及他们的个人性格、兴趣、爱好、家庭、学历、年龄、能力、经历背景，与本公司交往的时间，业务种类等。这些资料是客户管理的起点和基础，由负责市场产品销售的业务人员对客户的访问收集来的。

（2）客户特征：主要包括市场区域、销售能力、发展潜力、经营观念、经营方向、经营政策、经营特点等。

（3）销售状况：包括客户的销售实绩、市场份额、市场竞争力和市场地位、与竞争者的关系及与本公司的业务关系和合作情况。

（4）营运状况：主要包括客户的销售活动现状、存在的问题、客户公司的战略、未来的展望及客户公司的市场形象、声誉、财务状况、信用状况等。

终端客户的档案资料主要包括以下几个方面。

（1）有关客户最基本的原始资料，包括客户的名称、地址、电话及他们的个人性格、兴趣、爱好、家庭、学历、年龄、能力、经历背景等，这些资料是客户管理的起点和基础，需要通过销售人员对客户的访问来收集、整理归档形成的。

（2）关于客户特征方面的资料，主要包括所处地区的文化、习俗、发展潜力等。其中对外向型客户，还要特别关注和收集客户市场区域的政府政策动态及信息。

（3）关于客户周边竞争对手的资料，如对其他竞争者的关注程度等。

（4）关于交易现状的资料，主要包括客户的销售活动现状、存在的问题、未来的发展潜力、财务状况、信用状况等。

2. 分类整理

客户分类可以采用分类的方法也可以采用聚类的方法。

分类的方法采用预先给定类别，比如：按时间序列来划分，可分为老客户、新客户和未来客户，以老客户和新客户为重点管理对象；按交易过程来划分，包括曾经有过交易业务的客户、正在进行交易的客户和即将进行交易的客户；按客户性质来划分，包括政府机构（以国家采购为主）、特殊公司（如与本公司有特殊业务等）、普通公司、顾客（个人）和交易伙伴等；按交易数量和市场地位来划分，包括主力客户（交易时间长、交易量大等）、一般客户和零散客户。

但在数据挖掘之前并不知道客户可以分为哪几个类，只是根据要求确定分成几类（有些算法需要人为确定输出簇的数目）。将数据聚类以后，再对每个簇中的数据进行分析，归纳出相同簇中客户的相似性或共性。

比如，银行在长期的金融服务中积累了大量的数据信息，包括对客户的服务历史、

对客户的销售历史和收入，以及客户的人口统计学资料和生活方式等。银行必须将这些众多的信息资源综合起来，以便在数据库里建立起一个完整的客户背景。在客户背景信息中，大批客户可能在存款、贷款或使用其他金融服务上具有极高的相似性，因而形成了具有共性的客户群体。经过聚类分析，可以发现他们的共性，掌握他们的投资理念，提供有针对性的服务，进而引导他们的投资行为，提高银行的综合服务水平，并可以降低业务服务成本，取得更高的收益。通过客户细分，可以使银行准确地把握现有客户的状况，采取不同的服务、推销和价格策略来稳定有价值的客户，转化低价值的客户，消除没有价值的客户。

3. 建立客户数据库/更新客户资料

建立与更新客户数据时，一般来说要重点注意以下方面。

（1）唯一性。建立 CRM 数据库时，一定要确认由应用程序所生成的客户编码，要保证它的唯一性。

（2）正确性。客户档案内容正确，将大大减少公司经营管理的盲目性，提高办事效率。

（3）完整性。客户档案所反映的客户信息是我们对该客户确定一对一的具体销售政策的重要依据，因此档案内容尽可能完整。

4. 客户档案管理

为提高销售业绩、扩大市场份额、与客户建立长期稳定的业务联系，组织需要对客户档案进行有效管理。为确保客户档案资料能有效发挥最大作用，管理时应遵循集中、动态、分类管理的原则。

（1）集中管理。企业客户资料分散化通常有两种情况：一是分散在业务人员手中，二是分散在企业各个部门。如果是第一种情况，就可能导致客户是业务人员的客户而不是企业的客户，因为企业的管理层并不熟悉每一个客户，所以当业务人员离开企业后，客户及业务也随之离去，给公司造成重大的经济损失。如果是客户资料分散在各个部门的情况，虽然可以杜绝个人掌握企业客户资源的问题，但也会引出部门之间因沟通、配合等方面的问题影响到客户满意度。因此，针对客户资料分散化的问题，企业唯一的解决办法就是对客户档案进行集中管理。集中管理客户档案后，公司可以进行统一授信，全面跟踪，及时抑制可能出现的问题。在集中管理的模式下，企业仍然要注意加强信用管理部门的工作人员的职业道德教育，使其意识到客户档案是企业的特殊资产，也是企业商业秘密的重要内容。

（2）动态管理。所谓动态管理，是指对于客户档案信息要不断进行更新。这是因为

客户本身的情况是在不断变化的。就客户的资信报告来讲，它是一份即期的客户档案，有效期一般在三个月到一年。超出这个时间，就要对客户进行新的调查。同时对客户档案实施动态管理的另一个目的是，随着客户的财务、经营、人事变动情况，定期调整对客户的授信额度。信用管理部门的授信应该按客户协议进行，一般以年度为单位确定本期授信的有效期。当客户的基本情况发生变化，信用额度也要随之进行调整。长期积累客户信息也非常关键，通过完整的历史记录可以看到客户发展趋势，更好地对客户的发展潜力进行分析。此外，历史积累数据是进行统计分析的基础，可以帮助挤掉客户财务报表的部门“水分”，提供相对比较准确的预测基础。总之，客户档案不是静态的，而是一个动态变化的集成过程。

（3）分类管理。对客户档案进行恰当的分类，主要是基于客户对企业的重要性和客户档案管理费用进行考虑。企业客户规模的大小不一，对企业销售额的贡献程度也相应不同，理应区别对待；另一方面进行客户档案管理也要考虑到成本效益原则，尽量使有限的资源发挥最大的经济效用。考虑客户对企业的重要性因素，信用管理部门可以将客户分成普通客户的核心客户。划分的标准是企业与客户的年平均交易额，同时要考虑与客户交往的时间长短。核心客户与企业的交易量大，是利润的主要来源，一旦将某客户划入到核心客户范围，对其档案进行管理的复杂程度就会提高，对应的档案管理费用也会有所提高。费用提高的主要原因在于，对核心客户要进行深层次的资讯调查，同时要保证信息的及时更新。对于核心客户的重点管理并不意味着对普通客户的管理可以放松。值得注意的是，企业有一些多年保持生意来往的中小客户，尽管企业与它们的年交易额并不高，也要给予必要的关注，不能因其是老客户、交易额不大而忽视对它们的风险防范。

任务二 客户分析

建立客户档案，做好信用评估

某耐腐阀门制造有限公司（以下简称阀门公司）是一个专业生产耐腐阀门和耐腐设备的企业，产品广泛应用于石油、化工、化肥、电力、制药、造纸、食品、冶炼、采矿、环保、管道输送、楼宇建筑、防腐工程等行业。阀门是一个用途广、需求量大的开关装置，凡有管道的地方，必须由阀门来控制。目前，全国大大小小的阀门生产厂家有五千多家，市场竞争十分激烈。如何在激烈的市场竞争中站稳脚跟，求得生存和发展，很重要的一条经验就是搞好信用管理。具体做法是建立客户档案卡，搞好信用评估。

阀门公司的产品涉及许多行业，客户遍及全国。一个企业只有客户多了，才有希望。但是，客户是不断变化的，新客户不断增加的同时，老客户也在逐渐减少。为了对客户经常不断地分析研究，洞察市场变化，完善营销策略，为企业寻找新的市场，建立客户档案是非常重要的。阀门公司对档案卡的设置内容有：客户名称、住址、邮编、业务联系人、电话、传真、每笔业务的交易记录（产品名称、型号规格、数量、价格）、每笔货款回笼记录、客户对质量的反馈意见、客户对产品的技术要求、送货情况和公司为其服务的记录等。

阀门公司把客户分成A、B、C、D四类档次。A类客户是核心客户，与该公司一直保持业务往来，新建项目、日常维修都到该公司进货，年购货额在30万元以上；B类客户是重要客户，与该公司业务往来正常，年购货额在20万～30万元；C类客户是普通客户，虽然有业务往来，但年购货额在20万元以下；D类客户是潜在客户，虽然业务刚开始发生，但以后可能会建立良好的业务关系，并估计有新项目投入。到2004年年底，公司已有230个客户登记在案，其中A类客户14个，占总数6%；B类客户41个，占总数18%；C类客户113个，占总数49%；D类客户61个，占总数27%。对不同档次的客户，采取不同的销售策略。

上述的客户分类，是按客户的业务量来划分的。建立客户档案的目的，主要是对客户定期进行信用评估，这是避免销售风险的重要举措。对客户的信用评估，主要从八个方面进行分析：

（1）客户投资项目的可靠性（包括投资项目支持部门、高科技程度、项目发展前途）；

（2）项目资金实力（自筹、合资、引资、国家拨款）和资金到位情况；

（3）项目负责人是技术型、经济型，是政府委派，还是行业团体推荐；

（4）客户信用信息有无不良记录；

（5）公司对客户能做到多少满意程度，公司的设计、生产制造能力能否适应客户要求；

（6）公司生产周期与客户要货期的分析，对合同履约能力的把握性分析有多少；

（7）合同价格和经济效益的分析；

（8）能否成为今后稳定客户的分析。

经过对客户的评估分析，进行信用分类。客户的信用分类分为甲、乙、丙、丁四级。甲级客户，能100%履行合同货款约定，没有拖欠；乙级客户，基本履行合同，货款回笼能在80%以上；丙级客户，货款回笼不超过合同约定三个月；丁级客户，货款回笼超过合同约定三个月。评定了信用等级后，对不同信用等级的客户采用不同的销售管理策略。

对甲级客户，如果客户资金周转偶尔有一定困难，或合同进货总金额超过 30 万元但资金暂时不足的 A 类客户，允许有一定的赊销额度和放宽回笼期限；对乙级客户，也可机动灵活，只要客户答应筹措资金，仍可先发货后收款；对丙级客户，一般要求先付款后发货；对丁级客户，坚决要求先付款后发货，并在追回货款的情况下，逐步淘汰该级客户。例如，阀门公司通过信用评估对客户进行信用分类后，公司的应收账款明显减少。安徽某化工集团是该公司多年的老客户，2003 年进货总金额超过 300 万元，但就因为资金拖欠，该公司只能忍痛割爱，2004 年不予供货。又如江苏淮安某化工有限公司，2004 年一笔合同达 55 万元，也因不能按合同约定付款，最后通过法律程序解决，现在已收回全部货款。通过信用评估，2004 年年底与 2003 年同期比，公司应收款下降 72.8%，2004 年基本无坏账处理，合同履约率、货款回收率达到 98.8%，公司的经济效益也明显提高。

任何一个企业都希望把产品销售出去，千方百计寻找市场，寻求客户，扩大客户群。但在我国，至今还未形成真正的商业信用环境。所以要认真分析客户信息，对客户分类排队和进行信用评估，确实能避免经济活动中的赊销坏账。尽量减少长期挂账的货款，也是企业信用风险管理与控制的有效程序。

搜集客户信息、分析客户信用状况是实施对客户授信的前提。案例企业建立信用管理制度的主要做法就是在建立客户信用档案的基础上，对客户进行分类管理，通过对客户的信用评估，实施不同的信用销售政策，从而控制了销售风险，扩大了销售规模。因此，在很大程度上，完善的信用管理制度已成为企业竞争力的重要内容。

任务 1：分析客户的经营资格及履约能力。作为企业管理人员或销售人员，在与客户建立正式的交易关系之前，应当了解该客户是否具有合法的经营资格及履约能力。

任务 2：分析客户的资信状况或偿债能力。客户资信管理的核心是对客户进行信用分析和信用等级评价。通过对客户所有相关财务及非财务信息进行整理、分析，得出客户的偿债能力评估，它需要运用专门的信用分析技术和模型并结合专业人员的经验来完成。

任务分析

一、分析客户构成

进行客户构成分析能使营销人员及时了解每个客户在总交易量中所占的比例以及客户的分布情况，并从中发现客户服务中存在的问题，从而针对不同客户情况采取不同沟通策略。

分析客户构成可参考表4-4～表4-6。

表4-4　客户统计表

编制日期：

年度：　　　　　　　　　　　　　　　　　　　　　　　　编　制　者：

产品	城市	客户数	销售额/元	比率/%	平均每家年销售额/元	前三名客户名称及销售额					
						客户名（1）	销售额/元	客户名（2）	销售额/元	客户名（3）	销售额/元

表4-5　客户地址分类表

地区：　　　　　　　　　　负责人：

项次	客户名称	地址	经营类别	不宜访问时间	备注
访问路线图					

表 4-6　与本公司交易记录

年度	订购日期	出货日期	批号	产品名称	数量	单位	金额/元	备注

二、分析客户经营情况

分析企业客户的经营情况一般是在了解了企业基本情况的基础上，通过对其财务报表的分析，揭示客户的资本状况和盈利能力，从而了解客户的过去、现在和未来的经营情况。

客户的经营情况可以通过表 4-7 和表 4-8 反映。

表 4-7　企业收入汇总表　　单位：

年　度	工业总产值	销 售 收 入	利　润	税　金	创　汇
上年实际					
本年预计					
主要产品名称	**产　量**	**销 售 量**	**单　位**	**销 售 额**	**利　润**

表 4-8　企业财务状况分析　　单位：

<table>
<tr><td colspan="2">企业资本金合计</td><td></td><td colspan="3">企业资产总额</td><td></td></tr>
<tr><td rowspan="2">其中</td><td>国家资本金</td><td></td><td rowspan="5">其中</td><td colspan="2">流动资产总额</td><td></td></tr>
<tr><td>其他资本金</td><td></td><td colspan="2">流动资产余额</td><td></td></tr>
<tr><td colspan="2">企业负债总额</td><td></td><td colspan="2">固定资产总额</td><td></td></tr>
<tr><td rowspan="2">其中</td><td>流动负债</td><td></td><td rowspan="2">其中</td><td>固定资产净值</td><td></td></tr>
<tr><td>长期负债</td><td></td><td>生产设备净值</td><td></td></tr>
<tr><td colspan="2">企业资产负债率</td><td></td><td colspan="3">技术开发经费总额</td><td></td></tr>
</table>

三、分析客户信用

在利用客户档案记录内容来详细、动态反映客户行为及其状况的特点的同时，还要进行客户信用情况分析，以便对客户的信用进行定期的评判和分类。客户信用分析可用客户信用调查表（见表 4-9）。

表 4-9　客户信用调查表　　　　No:

公司名称		地址		电话	
负责人		住所		电话	
创业日期	年　月　日	营业项目		经营方式	独资（　）　合伙（　）　公司（　）
开始交易日期	年　月　日	营业区域		经营地点	市场（　）　住宅（　）　郊外（　）

负责人	性格	温柔（　）　开朗（　） 古怪（　）　自大（　）	气质	稳重（　）　寡言（　） 急躁（　）　饶舌（　）
	兴趣		名誉	
	学历	大学（　）　高中（　） 初中（　）　小学（　）	出生地	
	经历		说话要领	能说（　）　口拙（　）　普通（　）
	思想	稳健派（　）　保守派（　） 革新派（　）	嗜好	酒：饮（　）　不饮（　） 香烟：抽（　）　不抽（　）
	长处		特长	
	短处		技术	熟练（　）　不很熟练（　）　不熟（　）

	银行账号		银行信用	很好（　）　好（　）　普通（　） 差（　）　很差（　）

知识链接

一、信用分析的标准

1. 信用"5C"标准

"5C"说是美国银行家爱德华在 1943 年提出的，他认为企业信用的基本形式由品格

（character）、能力（capacity）、资本（capital）、担保品（collateral）和环境状况（conditions）构成。由于这五个英文单词都以C打头，故称“5C”。

（1）品格是指企业和管理者在经营活动中的行为和作风，是企业形象最为本质的反映。

（2）能力是仅次于品格的信用要素。能力包括经营者能力（如管理、资本运营和信用调度等）和企业能力（如运营、获利、偿债等）。

（3）资本主要是考察企业的财务状况。一个企业的财务状况基本反映该企业的信用特征。若企业资本来源有限，或资本结构比例失调，大量依赖别人的资本，则会直接危及企业的健康发展。

（4）担保品，许多信用交易都是在有担保品作为信用媒体的情况下顺利完成的，担保品保证了这些企业的健康发展。

（5）环境状况又称经济要素，大到政治、经济、环境、市场变化、季节更替等因素，小到行业趋势、工作方法、竞争等因素，诸如此类可能影响到企业经营活动的因素都归为环境状况。

2．信用“5P”标准

“5P”说是从不同角度将信用要素重新分类，条理上更加易于理解，它包括人的因素（Personal Factor）、还款因素（Payment Factor）、目的因素（Purpose Factor）、保障因素（Protection Factor）和展望因素（Perspective Factor）。

两种标准的说明：

（1）个人或品格主要衡量借款人的还款意愿；

（2）能力或偿付（还款）主要衡量借款人的还款能力；

（3）目的或资本主要分析贷款的用途，评价借款人的举债情况；

（4）保障或担保主要分析贷款的抵押担保情况和借款人的财务实力；

（5）前景或状况主要分析借款人的行业、法律、发展等方面的环境。

3．信用“6A”标准

“6A”说是美国国际复兴开发银行提出的，其将企业要素归纳为经济因素（Economic Aspects）、技术因素（Technical Aspects）、管理因素（Managerial Aspects）、组织因素（Organizational Aspects）、商业因素（Commerical Aspects）和财务因素（Financial Aspects）。

二、法人信用信息管理

所谓法人信用信息，是指从一个合法角度对客户进行的基本签约资格或履约能力的信息考查。

风险管理要点：作为企业管理人员或销售人员，在与客户建立正式的交易关系之前，应当了解该客户是否具有合法的经营资格及履约能力。

需要搜集的主要信息有以下几点。

（1）客户的名称与地址。

（2）客户的法律形式及注册资本金。

（3）客户的所有权。

（4）客户的经营范围及所属行业。

（5）客户注册日期或经营年限。

（6）客户的内部组织结构及主要管理者。

可能发生的业务风险有以下几点。

（1）由于使用客户错误的法人名称而导致最终的信用风险损失。

（2）由于使用客户错误的地址而招致信用风险损失。

（3）忽视客户的合法经营范围或常规业务范围。

（4）注册资本金不足或虚假出资问题。

三、客户财务信用信息管理

所谓客户财务信用信息，是指客户的财务能力及财务结构的合理性方面的信息，它反映客户资信状况或偿债能力。

风险管理要点：客户的财务状况恶化往往成为其不能对外履行付款责任的最直接原因。一种情况是客户的流动资金不足，这将导致其短期偿付风险，企业的账款被拖延支付；另一种情况是客户的自有资金不足或负债比重过大，导致长期经营困难甚至破产倒闭，此时企业将面临形成坏账的风险。因此，密切地关注客户财务状况，是客户资信管理中的一项核心内容。

需要搜集的主要信息有以下几点。

（1）客户的资本状况与利润的增长情况。

（2）客户的资产负债状况。

（3）客户的资本结构。

（4）客户的资本总额。

说明上述财务状况的关键信息主要来源于客户的资产负债表和损益表。其中关键的数据包括：流动资产、固定资产、流动负债、长期负债、股东权益、营业额或销售额、税后利润。上述七项财务数据与企业的日常经营活动密切相关，较为直接地反映了客户的财务

信用能力。

任务三 客户细分

任务引入

利用细分方法吸引更多客户

北京前门全聚德烤鸭店是北京全聚德烤鸭集团的起源店（老店），创建于 1864 年，以经营传统挂炉烤鸭蜚声海内外，是京城著名的老字号。1993 年，全聚德成立股份公司，前门店进入股份公司，当年的营业收入是 4 500 万元，至 2001 年 12 月 16 日，前门店的年营业收入已达到 9 000 万元，企业用了 8 年时间在硬件没有什么大的改变的条件下，营业收入翻了一番。对于一些新兴产业来说，这个进步可能并不算什么，但对于一个受诸多限制的国有体制餐饮企业来说，却是一个很大的飞跃。前门店总经理沈放说，餐饮行业是劳动密集型行业，每一分钱的利润都是厨师一刀一刀切出来、服务员一句句话讲出来的，非常不容易。8 年来，前门全聚德店靠专业技术、科学管理、菜品创新和诚信营销在 2 600 平方米的餐厅内创造了接近顶峰的辉煌：

全店 900 个餐位，平均每个餐位实现年销售收入 10 万元；全店 400 名员工，平均每个员工实现年销售收入 22.5 万元。在整个餐饮业处于领先地位；曾创造过餐饮单店日销售 67.7 万元的全国最高记录。其经营策略是——攻击型服务。

资料来源：http://wiki.mbalib.com/wiki/%E5%AE%A2%E6%88%B7%E7%BB%86%E5%88%86

客户关系管理强调的是细分客户，差异化对待，一对一营销。细分的主要依据是获取的各种信息，具体细分客户特质及生活方式，从而加深对不同行业和市场的理解，明确推荐产品的优先级。最重要的是，基于组织解析每个细分所创造的利润率、行为、行业背景以及生命周期价值，指导未来与客户的互动。公司还可利用细分方案优化投入新产品开发的力量，开发定制化的营销程序，选择具体的产品属性，建立准确的服务选择，设计优化的销售策略，制定合理的产品定价方案。

任务 1：客户细分方法。

任务 2：客户分类分析。

任务分析

全聚德烤鸭的成功秘诀之一：细分就餐顾客。那么全聚德烤鸭是如何进行客户细分的呢？我们先来看看全聚德烤鸭的经营策略，所谓“攻击型服务”，就是要求服务员针对不同类型的就餐顾客，提供不同的服务对策。北京前门全聚德烤鸭店按照人的四种不同气质类型，总结了以下具体服务对策。

（1）多血质－活泼型。这一类型的顾客一般表现为活泼好动，反应迅速，善于交际但兴趣易变，具有外倾性。他们常常主动与餐厅服务人员攀谈，并很快与之熟悉并交上朋友，但这种友谊常常多变而不牢固；他们在点菜时往往过于匆忙，过后可能改变主意而退菜；他们喜欢尝新、尝鲜，但又很快厌倦；他们的想象力和联想力丰富，受菜名、菜肴的造型、器皿及就餐环境影响较大，但有时注意力不够集中，表情外露。

服务对策：服务员在可能的情况下，要主动同这一类型的消费者交谈，但不应有过多重复，否则他们会不耐烦。要多向他们提供新菜信息，但要让他们进行主动选择，遇到他们要求退菜的情况，应尽量满足他们的要求。

（2）粘液质－安静型。这一类型的顾客一般表现为安静、稳定、克制力强、很少发脾气、沉默寡言；他们不够灵活，不善于转移注意力，喜欢清静、熟悉的就餐环境，不易受服务员现场促销的影响，对各类菜肴喜欢细心比较，缓慢决定。

服务对策：领位服务时，应尽量安排他们坐在较为僻静的地方；点菜服务时，尽量向他们提供一些熟悉的菜肴，还要顺其心愿，不要过早表述自己的建议，给他们足够的时间进行选择，不要过多催促，不要同他们进行太多交谈或表现出过多的热情，要把握好服务的“度”。

（3）胆汁质－兴奋型。这一类型的顾客一般表现为热情、开朗、直率、精力旺盛、容易冲动、性情急躁，具有很强的外倾性；他们点菜迅速，很少过多考虑，容易接受服务员的意见，喜欢品尝新菜；比较粗心，容易遗失所带物品。

服务对策：点菜服务时，尽量推荐新菜，要主动进行现场促销，但不要与他们争执，万一出现矛盾应避其锋芒；在上菜、结账时尽量迅速，就餐后提醒他们不要遗忘所带物品。

（4）抑郁质－敏感型。这一类型的顾客一般沉默寡言，不善交际，对新环境、新事物难于适应；缺乏活力，情绪不够稳定；遇事敏感多疑，言行谨小慎微，内心复杂，较少外露。

服务对策：领位服务时尽量安排僻静处，如果临时需调整座位，一定要讲清原因，以免引起他们的猜测和不满。服务时应注意尊重他们，服务语言要清楚明了，与他们谈话要恰到好处。在他们需要服务时，要热情相待。

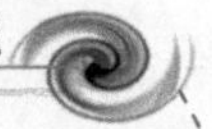

知识链接

一、什么是客户细分

顾客（客户）细分是 20 世纪 50 年代中期由美国学者温德尔·史密斯提出的，其理论依据主要有两点：顾客特征与顾客反映。

（1）顾客需求的异质性。并不是所有顾客的需求都相同，只要存在两个以上的顾客，需求就会不同。由于顾客需求、欲望及购买行为是多元的，所以顾客需求满足呈现差异。

（2）企业有限的资源和有效的市场竞争。任何一个企业都不能单凭自己的人力、财力和物力来满足整个市场的所有需求，这不仅缘于企业自身条件的限制，而且从经济效应方面来看也是不足取的。因此，企业应该分辨出它能有效为之服务的最具有吸引力的细分市场，集中企业资源，制定科学的竞争策略，以取得和增强竞争优势。

客户细分既是客户关系管理的重要理论组成部分，又是其重要管理工具。它是分门别类研究客户、进行有效客户评估、合理分配服务资源、成功实施客户策略的基本原则之一，为企业充分获取客户价值提供理论和方法指导。

客户细分理论的原理是：每类产品的客户群不是一个群体，根据客户群的文化观念、消费收入、消费习俗、生活方式的不同细分新的类别，企业根据消费者的不同制定品牌推广战略和营销策略，将资源针对目标客户集中使用。

二、客户细分与金字塔理论

在将客户信息转化为客户关系的过程中，企业必须按照客户的利润贡献度或终生价值区分不同的群体，并根据其利润贡献度采取对应的客户关系管理与营销策略。就 CRM 来说，并不是所有的客户都需要重点关注，目前 CRM 理论的重要成果之一就是提出了客户价值的判别标准和运用它进行客户细分。在这些理论中，客户价值被认为是客户在全价值生涯中给企业带来的利益（即全生涯周期利润 CLP），而不仅仅是客户的交易额，从而纠正了实践中的一些错误倾向。同时基于对 CLP 的预测，选择客户当前价值与客户增值潜力两个维度指标，依次按两个指标的“大”和“小”的顺序进行排列组合，从而将客户分为白金客户（IV）、黄金客户（III）、铁质客户（II）和铅质客户（I）四种类型，这就是目前最流行的客户细分理论（见图 4-5）。

区域 I 的客户能带给企业的直接收益和今后的潜在发展都不大，因此作为一般客户来对待。对于区域 II 的客户，虽然其当前带来的收益不大，但是有很大的成长空间，因此应该尽力开发此类客户的购买潜力。区域III的客户给企业带来很高的收益但今后的潜力不大，此类客户着重在于保持，保证其持续购买本企业的产品和服务，努力提高客户的忠诚度。区域IV的客户是最为重要的客户群，需要企业重点发展此区域的客户关系，开发客户潜在购买力。尽管在理论上我认为每个客户的重要性不容低估，但将企业资源平均分配到每个客户身上的做法既不合经济性也不切合实际。营销大师菲利普·科特勒在其营销著作《如何创造、赢取并主宰市场》中，将营销定义为“发展、维系并培养具获利性顾客的科学与艺术”，并强调需分析“客户获得成本”与“客户终身收益”，指出营销符合“20/80/30定律”，即最能让公司获利的20%的客户贡献了公司总利润的80%，而最差的30%的客户会使公司的潜在利润减半。基于客户细分和二八原理，可以对客户数量、客户利润和资源投入进行研究，从而建立“客户金字塔”理论，如图4-6所示。

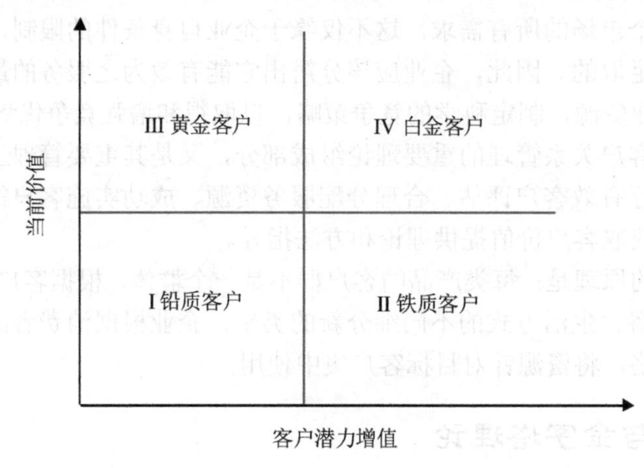

图4-5

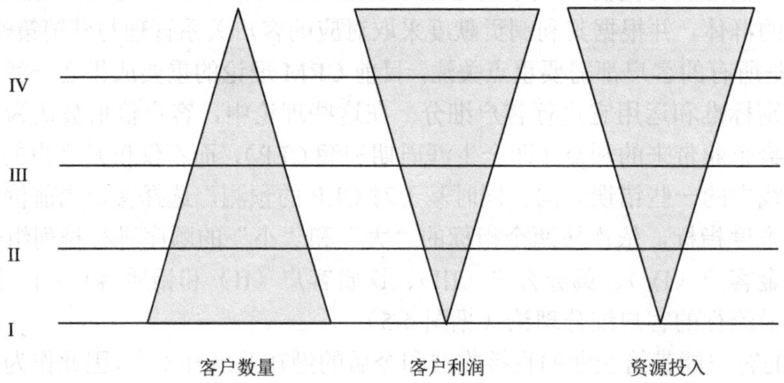

IV
III
II
I
客户数量
客户利润
资源投入

图4-6

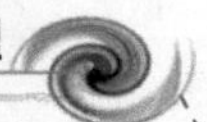

三、客户分类分析

1．基于客户类型的分类分析

客户分类是基于客户的属性特征所进行的有效性识别与差异化区分。不同的企业对客户属性会有不同的分类。每个客户只能归入一个类别。否则，客户可能因此陷入多种相互矛盾的产品信息而无所适从。

客户分类的目的不仅仅是实现企业内部对于客户的统一有效识别，也常常用于指导企业客户管理的战略性资源配置与战术性服务营销对策应用，支撑企业以客户为中心的个性化服务与专业化营销。

客户经理登录系统后即可查看各种类型的客户（见图 4-7），从而及时掌握客户的情况，采取相应的措施。

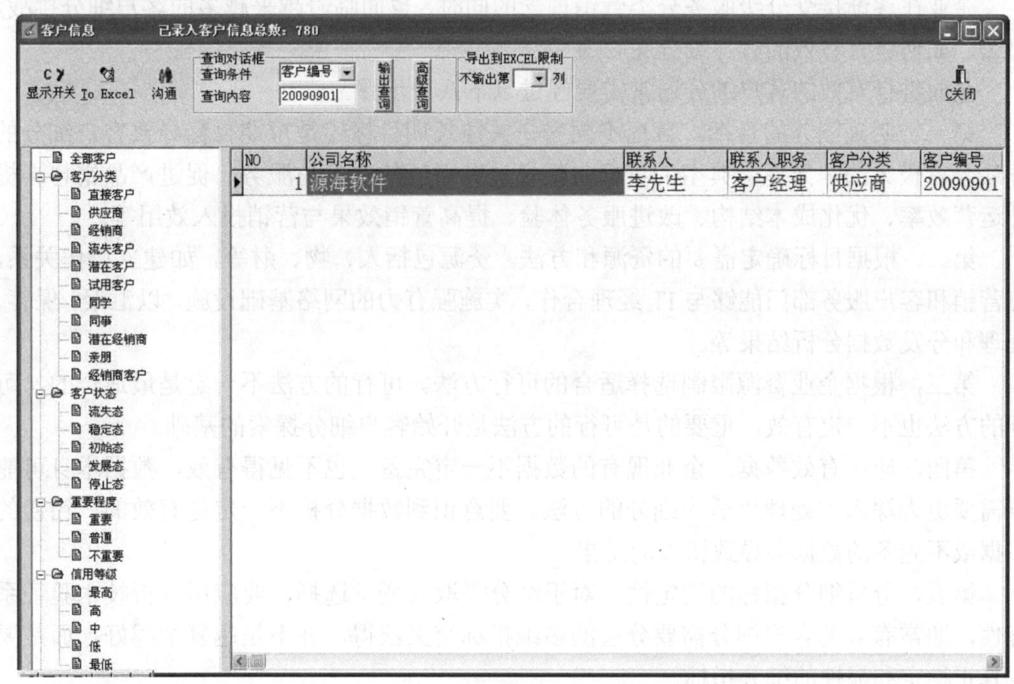

图 4-7

2．基于客户状态的分类分析

针对客户的具体状态，可将客户分为初始态、发展态、稳定态、停止态、流失态等，从而做到一对一的服务，有效提高客户满意度。

3．基于客户重要程度的分类分析

从客户沟通与交易中获取相应的消费数据，根据相应的数据模型，对其进行重要性分析，可将客户分为重要、普通、不重要等，从而更准确地了解客户的动态和行为特征，更有效地跟踪和关怀客户。

4．基于客户信用等级的分类分析

从数据仓库中获取相应的客户通话、消费数据、沟通记录等，根据相应的数据模型，对其进行信用等级分析，可将客户分为最高、高、中、低等，从而更准确地了解客户的信用动态和行为特征，更有效地维持客户关系及企业效益。

企业的竞争是客户的竞争。大多数企业已经意识到有效的客户细分是企业参与客户竞争的核心竞争力，企业的服务营销策略也离不开有效客户细分的支持。

企业在逐渐接受分级服务分类营销理念的同时，也面临着越来越多的客户细分挑战。那么，如何进行有效的客户细分呢？

企业进行有效的客户细分通常需要经过以下八个步骤。

第一，明确细分的目标。目标不同——关注长期目标还是短期目标导致客户细分的方法会有极大的差异性。典型的目标包括设计针对性的产品与服务、促进产品销售、提升运营效率、优化成本结构、改进服务体验、提高营销效果与营销投入效用等。

第二，根据目标确定需要的资源和方法。资源包括人、物、财等，如建立协作关系，使营销和客户服务部门能够与IT经理合作，实施强有力的网络基础设施，以汇聚、保存、处理和分发数据分析结果等。

第三，根据企业资源限制选择适合的可行方法。可行的方法不一定是最适合的，可行的方法也不一定有效，重要的是可行的方法是开始客户细分探索的基础。

第四，应用有效数据。企业现有的数据不一定完备，也不见得有效，数据本身可能也需要更为深入的处理以适应细分的方法。要意识到数据分析不一定是有效的，错误的数据或不完备的数据会导致错误的结果。

第五，分析细分指标的稳定性。对于细分采取的变量选择，要应用分析技术验证系统性，通常有效的客户细分需要分层的多维指标交叉获得，并不是越复杂越好，而是要找真正稳定和显性的细分指标。

第六，描述细分客户群的特征。描述细分客户群的特征，通常要求细分后的客户群体不仅能够清晰地描述，同时也能够应用可靠的识别方法。

第七，通过实际应用验证细分的有效性。验证细分有效性的方法很多，要选择可行和适合的验证方法，没有经过有效性验证的细分是不可信的。

第八，把细分看成过程而不是结果。客户细分本就是个学习的过程，客户细分会随着时间的推移和市场的变化而失效，时代在进步、客户在成长、市场在变化，细分的方法也需要不断调整和优化，要有重新来过的远见。

无效的客户细分会导致企业后续投入的无效成本非常高，在企业没有充分把握的时候，最好寻求专业人士的帮助。

思考与讨论

1．如何获取竞争对手的客户？我们如何能够扭转目标客户的态度，如何与目标客户保持长期的沟通，如何让目标客户客观地评价我方与竞争对手的产品与服务，最终如何能够成功地赶走竞争对手而赢得客户呢？

2．细分应该是统一的吗？一旦一个客户被划分到一个类别，是否企业的每个部门都要按照这一划分采取一致的行动？

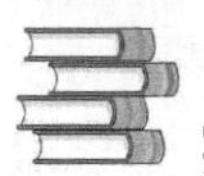

实训题

实训 4-1　客户信息录入

学习情境：客户信息管理

主题：客户信息录入

完成这些练习后，你将能够：

- 阐述客户的分类；
- 构建客户信息。

你在市场调查的基础上，对潜在客户有了一定的理解与接触，这些潜在客户的管理并不规范，你需要将这些潜在客户的信息在 CRM 系统上进行登记，以方便客户的管理与为进一步服务提供信息，登记客户信息之前，你可能需要对客户进行分类处理。

1.1　定义客户组

1.1.1　创建名称为“潜在客户”的客户分类。

1.1.2　创建名称为“试用客户”的客户分类。

1.1.3　创建名称为“正式客户”的客户分类。

1.2　创建客户的主记录

1.2.1　在客户信息下创建公司名称为“东软软件股份有限公司”，公司地址为“广州市天河北路890号广州软件”，邮编为“510635”，联系人为“李经理”，联系人职务为“区域业务经理”，客户编号为“Q00001”的“潜在客户”， 其余字段可根据你收集到的信息进行完善。

1.2.2　在客户信息下创建你所收集到的所有客户的信息。

实训 4-2　客户信息 Excel 导出与导入

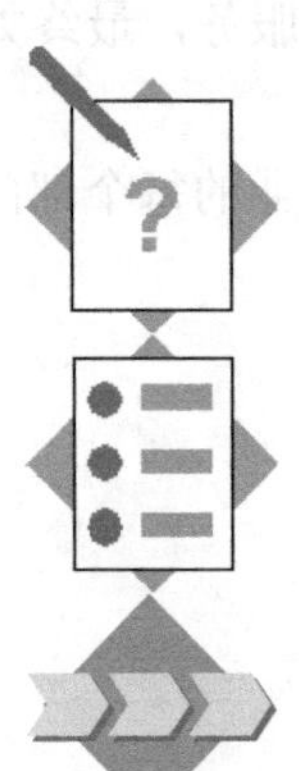

学习情境：客户信息管理

主题：客户信息 Excel 导出与导入

完成这些练习后，你将能够：

- 掌握客户信息的导出；
- 掌握客户信息的导入。

你将部分潜在客户的信息在CRM系统上进行输入，但实际业务过程中可能遇到客户信息需要导出到Excel或从已有Excel表中导入数据的情况，为此你需要进行Excel的导出与导入工作。

2.1　客户信息导出到Excel表中

在本系统主页面直接单击“客户信息”，进入“客户信息”窗口，单击“打印”按钮后，再选择“To Excel”命令后保存。

2.2　从已有Excel表中导入数据

2.2.1　先按2.1的操作将客户信息导出到Excel，删除Excel的信息后保存文件，保存的文件名为“Excel1”；

2.2.2　将你原有的数据按列复制到已保存的“Excel1”文件的相应栏目下，一定要对应好数据与标题栏的内容。

2.2.3　在本系统主菜单中单击“客户信息”，选择“客户信息导入”，进入“客户信息导入”窗口，选择“选取文件导入”完成后，退出。

2.3　导入注意事项

数据导入时如联系人及电话有重复的，能否导入成功？数据导入时如联系人为空，

能否导入成功？

2.4 按客户信息导出和导入的方式进行产品（样品）信息的导出与导入操作

案例分析

理解客户需求，影响客户行为

在电信行业激烈的竞争中，新进入的企业往往利用各种促销手段吸引客户。他们对此的理解是，如果想在未来获得更多的新客户就必须利用这些促销手段走低价路线。另一方面，为了避免老客户流失，原有的企业在竞争者的逼迫下也不得不采取类似的促销手段。然而，企业的促销手段与客户保留率之间的关系往往难以评估，即使可以的话，其效果也是不理想的，因为低价导致企业盈利能力的减弱。因此，最终的结果是电信企业普遍面临客户流失率高、忠诚度低和利润空间缩小等问题。

问题：假设你是某电信企业的领导，你将如何管理客户关系？

学习情境五 客户体验与沟通

学习目标

❖ 了解客户体验的基本概念;

❖ 了解客户体验管理的操作流程。

技能目标

❖ 能够完成客户体验的流程设计;

❖ 能够成功地进行一次体验活动;

❖ 能运用客户关系管理软件进行客户体验过程记录。

任务一 客户体验

任务引入

客户体验——世界电信业最佳实践案例分享

由于土耳其政府对移动通信市场管制的放松，移动通信市场竞争越来越激烈，多家移动通信公司价格下降、利润降低、客户却仍然流失严重。土耳其大型移动运营商 Turkcell 决定另辟蹊径，把重点放在保留高价值客户上，为客户提供卓越的客户体验。他们作了

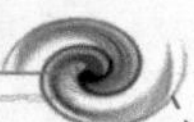

一个大胆的决策：将营销中影响客户的部分转移到客户服务外包商那里，从而把自己打造成一个纯粹的客户管理企业。外包商的报酬来自开发客户价值而不是降低服务成本。所有流程都以客户事件为基础而非内部任务。这样，绩效度量反映的就是客户体验而不是内部效率。每一次与客户打交道都被看作是一个学习和改善客户体验的机会，让客户参与到企业的改善和改革流程之中：亲爱的客户，您还记得您最后一次要求客户服务代理机构（不是营销调研）给出反馈是什么时候吗？您要求改善您得到的服务并告知您将采取哪些改善措施是否得到回复？Turkcell 是否按时实施改善了您的服务？还有哪些新的问题出现吗？Turkcell 确保客户的问题迅速得到有效的控制。

Turkcell 取得的成果有目共睹。在市场开放和竞争加剧导致价格一路走低的情势下，Turkcell 却逆势而上。2007 年，Turkcell 净利润增长 54%，达到 14 亿美元，年收入增长 35%，达到 63 亿美元。Turkcell 并没有什么高人一等的举动，只是非常清楚自己的客户策略，同时贯彻于整个企业，保持其一致性。他们所用的 CRM 技术和别人并无区别，ROI 却比别人高，因为它们都被用来支持客户策略并且与企业内部其他业务之间是完全和谐的。

现在你就正在进行 CRM 项目体验，从客户关系管理营销规划，到潜在客户寻找、客户信息登记等，你努力地保持与客户的沟通与联系，为此你在此情境中的任务就是体验与客户的沟通和服务过程。

任务：客户沟通和服务的体验。

任务分析

本情境主要是对客户关系管理项目的过程进行体验，学习效果在于能否从周边企业实践出发，找出与你相关的客户关系管理的项目服务的客户，并通过亲自拜访、电话、邮件、网络等方式同企业进行联系，了解企业的需求，建议每人能同 10 位以上客户进行沟通。

知识链接

一、什么是客户体验管理

客户体验管理是近年兴起的一种崭新的客户管理方法和技术。伯尔尼·H. 施密特（Bernd H. Schmitt）在《客户体验管理》一书中将客户体验管理（Customer Experience

Management，CEM）定义为“战略性地管理客户对产品或公司全面体验的过程”，它以提高客户整体体验为出发点，注重与客户的每一次接触，通过协调整合售前、售中和售后等各个阶段，各种客户接触点或接触渠道，有目的地、无缝隙地为客户传递目标信息，创造匹配品牌承诺的正面感觉，以实现良性互动，进而创造差异化的客户体验，实现客户的忠诚，强化感知价值，从而增加企业收入与资产价值。通过对客户体验加以有效把握和管理，可以提高客户对公司的满意度和忠诚度，并最终提升公司价值。

所谓体验，就是企业以服务为舞台、以商品为道具进行的令消费者难忘的活动。产品、服务对消费者来说是外在的，体验是内在的、存于个人心中，是个人在形体、情绪、知识上参与的所得。客户体验是客户根据自己与企业的互动产生的印象和感觉。厂商客户对厂商的印象和感觉是从他开始接触到其广告、宣传品或是第一次访问该公司时就产生了，此后，从接触到厂商的销售、产品，到使用厂商的产品，接受其服务，这种体验得到了延续。因此，客户体验是一个整体的过程，一个理想的客户体验必是由一系列舒适、欣赏、赞叹、回味等心理过程组成，它带给客户获得价值的强烈心理感受；它由一系列附加于产品或服务之上的事件组成，鲜明地突出了产品或服务的全新价值；它强化了厂商的专业化形象，促使客户重复购买或提高客户对厂商的认可。一个企业如果试图向其客户传递理想的客户体验，势必要在产品、服务、人员以及过程管理等方面有上佳的表现，这就是实施CEM的结果。

二、客户体验与客户满意的关系

客户体验管理与客户满意度战略有些什么关系呢？我们可以从“以产品/客户为中心”、“注重过程/结果”、“意外惊喜/意料之中”等几个角度对这两个概念进行一些讨论。

1．客户满意关注的重点是产品

客户满意传统上关注的是在购买（消费）之后让客户觉得满意，而满意是客户将产品（或消费服务）的功能质量和自己的期望比较之后得到的，如果产品的功能质量高于期望，客户就会满意；反之就不满意。客户满意度调查通常从产品功能的角度来考虑客户希望什么、希望从产品中得到什么、产品的功能怎样或服务的按时交付与订单整合性如何等。客户满意度模型侧重于对客户购买（消费）之后的综合满意度进行度量，实际测评时问卷的设计、调查等也都是围绕产品来进行的，最终改善的可能仅是产品。

2．客户体验注重的是客户

融合客户体验的内容后，人们会更多地从客户的角度出发（而不是从公司目前所能

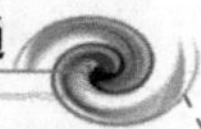

够提供的产品和服务出发)，在真正理解客户更高层次需要的基础上，围绕产品（或服务）将带给顾客什么样的感觉、什么样的情感联系，以及产品或服务将如何帮助顾客与其他人等多种体验来进行，是对客户各种体验的全面考虑。

以汽车行业为例，随着科技的飞速发展，许多汽车在性能方面已趋于同质，与此同时，客户购车时在消遣、生活方式和地位等方面的考虑也日趋重要，但是这些客户心理方面的深层次因素却很少出现在目前的满意度调查表上，因此客户满意理论需要更多地“向后转移”，不断补充与体验相关的内容。事实上，V. Zeithaml 等人早在 1990 年就提出了服务质量的几个测量维度，包括可靠性、响应性、确切性、同比性及有形性等。我们的研究表明，可能多达十种维度可用来描述客户可以感知的情感体验，这些体验影响客户对企业的内心总体评价。

3. 客户满意与客户体验的联系

客户满意度测量本身也无法包罗万象，或从根本上解决企业的终极目的，它应当和客户体验管理以及其他管理方式紧密结合。

客户满意通常与客户对一个企业的产品或服务的感知效果与其期望值相比较后所形成的愉悦或失望的感觉状态有关。客户满意/不满意有程度的区分，客户满意水平的量化就是所谓的客户满意度。根据客户满意度测评结果制定的客户满意战略应当以客户需求（包括潜在需求）为出发点，并在产品开发、产品功能及价格设定、售后服务以及整个客户接触互动过程中以客户满意为目标，分类设立改进目标，调整企业运营环节，不断提高顾客满意度。

客户体验管理通过对购买和消费全过程中影响客户满意的因素进行全面分析并加以有效的控制，确保客户在各个接触点上获得良好的体验，增加客户为企业创造的价值，只有这样才能真正体现以客户为中心的理念。

三、一对一营销

1. 一对一营销的概念

一对一营销（One-To-One Marketing），亦称“121 营销”、“1-2-1 营销”或“1 对 1 营销”等，是一种客户关系管理（CRM）战略，它为公司和个人间的互动沟通提供具有针对性的个性化方案。一对一营销的目标是提高短期商业推广活动及终身客户关系的投资回报率（ROI）。一对一营销的最终目标就是提升整体的客户忠诚度，关注的是最大价值的客户的“钱包份额”，也就是客户的终生价值（CLV），通常用“RAD”（Retention 保持、Acquisition 获取、Development 发展）法来实施，并使客户的终生价值达到最大化。

一对一营销的核心内容是顾客份额或称客户份额。顾客份额也可以形象地称为“钱包份额”（Share of Wallet，SOW），它指的是一家厂商在一个顾客的同类消费中自己所占的比重。这和传统的大众营销有着本质的不同，大众营销注重的是市场份额（Market Share），而市场份额指的是一家厂商在市场上同类产品销售总额中所占的比重。一对一营销针对的是个体顾客，而大众营销面向的是所谓的市场，即群体顾客。

厂商要想提高自己的顾客份额，就必须与一个一个的顾客建立关系，通过与顾客长期持续的互动沟通，了解顾客的需求，最大限度地满足顾客，提升顾客的忠诚度；而市场份额的提高则主要是通过大众媒体的广告宣传和产品促销，吸引最多数量的顾客购买产品，因此一对一营销聚焦于顾客的终生价值。一对一营销注重的是顾客的质量，而大众营销追逐的是顾客的数量。一对一营销的实施者要千方百计地争取和保持住最有价值顾客和最具增长性顾客，并努力将最具增长性顾客转化为最有价值顾客，同时还要遗弃掉负值顾客。

传统营销经营者认为与单个顾客进行互动是不必要的，而来自某位顾客的反馈也只有当顾客能代表整个市场时才可能有用处，因此用同样的方式为特定市场的每个人生产并交付同样的产品，满足同一种需求。但一对一企业必须与顾客互动交流，根据从互动中获得的顾客反馈来提供量身定制的产品或服务。

2．一对一营销的步骤

一对一营销的执行和控制是一个相当复杂的机制，它不仅意味着每个面对顾客的营销人员要时刻保持态度热情、反应灵敏，更主要也最根本的是，它要求能识别、追踪、记录个体消费者的个性化需求并与其保持长期的互动关系，最终能提供个体化的产品或服务。

企业可以通过下列四步来实现对自己产品或服务的一对一营销。

第一步，识别顾客。

“销售未动，调查先行。”拥有每一位顾客的详细资料对企业来说相当关键，可以这样认为，没有理想的顾客个人资料就不可能实现一对一营销。这就意味着，营销者对顾客资料要有深入细致的调查和了解。对于准备实行一对一营销的企业来讲，关键的第一步就是能直接挖掘出一定数量的企业顾客，而且大部分是具有较高服务价值的企业顾客，建立自己的顾客库，并与顾客库中的每一位顾客建立良好关系，以最大限度地提高每位顾客的服务价值。

（1）深入了解比浮光掠影更重要。仅仅知道顾客的名字、住址、电话号码或银行账号是远远不够的，企业必须掌握包括消费习惯、个人偏好在内的其他尽可能多的信息资料。企业可以将自己与顾客发生的每一次联系都记录下来，如顾客购买的数量、价格、

采购的条件、特定的需要、业余爱好、家庭成员的名字和生日，等等。

（2）长期研究比走马观花更有效。仅仅对顾客进行某次调查访问不是一对一营销的特征，一对一营销要求企业必须从每一个接触层面、每一条能利用的沟通渠道、每一个活动场所及公司每一个部门和非竞争性企业收集来的资料中去认识和了解每一位特定的顾客。

当然，不能狭隘地认为一对一营销的对象仅指产品或服务的最终消费者。比如，一家专门从事制造业的企业，并不直接销售自己的产品，但是它完全可以遵循一对一营销的原则，与营销渠道中的企业和产品需求链中的每一个成员建立起一对一的关系。

第二步，顾客差别化。

一对一营销较之传统目标市场营销而言，已由注重产品差别化转向注重顾客差别化。从广义上理解顾客差别化主要体现在两个方面：一是不同的顾客代表不同的价值水平；二是不同的顾客有不同的需求。因此，一对一营销认为，在充分掌握了企业顾客的信息资料并考虑了顾客价值的前提下，合理区分企业顾客之间的差别是重要的工作。

顾客差别化对开展一对一营销的企业来说，首先，可以使企业的一对一工作有的放矢，集中企业有限的资源从最有价值的顾客那里获得最大的收益，毕竟企业不可能有同样的精力与不同的顾客建立服务关系，也不可能从不同的顾客那里获取相同的利润；其次，企业也可以根据现有的顾客信息，重新设计生产行为，从而对顾客的价值需求作出及时的反应；第三，企业对现有的顾客库进行一定程度的差别化，将有助于企业在特定的经营环境下制定适当的经营战略。

在这一过程中，企业应该选取几家准备明年与之有业务往来的客户，将他们的详细资料输入企业的顾客资料库；针对不同的顾客以不同的访问频率和不同的通信方式来探询目标顾客的意见；根据评估顾客终身购买本企业的产品和服务使企业获得的经济收益的现值，将企业顾客划分为A、B、C三个等级，以便确定下一步双向沟通的具体对象。

第三步，与客户个性化交流。

当企业与渠道成员沟通交流时，这种沟通平台和措施视该成员的级别与价值而定，可以是数字化、网络化的，也可能是电讯化、人工化的。

宝洁公司——一大批的MBA都在阿肯色州的最大现场办公室工作，因为这里与他们的顶级顾客沃尔玛相邻。在办公室里，一套巨大的网络平台系统与沃尔玛连接，24小时不停地工作：商品的卖场策略等讯息，沃尔玛的存货情况、即时的产品需求、补货数量、时间、顾客的意见反馈都以最快的速度传输到宝洁公司办公室，使得宝洁公司能够随机应变，快速地根据市场变化调整策略。

对于级别较低的渠道成员，宝洁公司则采用电话、传真、普通互联网络、邮寄、人员等方式进行沟通和了解。宝洁公司还会指令驻分销商人员或者定期派出市场渗透人员到其他各类终端进行沟通，在助销的同时随时向总部反馈来自市渠道成员和当地市场的讯息。

当企业在对个体顾客的规格或需求作进一步了解时，会发生两方面的活动：公司在学习，顾客在教授。而要赢得真正的顾客忠诚，关键在于这两方面活动的互动。一对一营销的关键成功之处就在于它能够和顾客之间建立一种互动的学习型关系，并把这种学习型关系保持下去，以发挥最大的顾客价值。一对一企业善于创造机会让顾客告诉企业他需要什么，并且记住这些需求，把其反馈给顾客，由此永远保住该顾客的业务。

建立学习型关系有以下两个必备的要求。

（1）企业必须是一个成功的、具有成本效益的量身定制者，具备有效的设计接口和精确的顾客规格记忆。这样可以通过一种方便又准确的方式使顾客能确切地说明他的需求。而且，不得要求顾客为同一件事再一次向你说明。Barista Brava 咖啡连锁店的一名领班连续招待了 28 位顾客，而未曾向其中的任何一位问过他想要什么。因为他知道要把顾客招待好，最简单、最直接的方法就是把顾客的个人口味记住，而不必劳烦他们再次说明。这就是为什么 Barista Brava 正在抢夺走星巴克顾客的最重要的原因。

（2）顾客必须付出努力，才能把这些规格要求提供给公司。如果顾客付出努力提供给公司需求信息的回报是更加个性化的满意的产品或服务，那么这种行为可以促使顾客更忠诚，会更加愿意付出努力来提供给公司他更加个性化的需求。顾客的主动权越大，对话就会变得越丰富和有益。

第四步，业务流程重构。

要实现这一步，企业可以从以下几个方面展开生产过程重构，将生产过程划分出相对独立的子过程，进行重新组合，设计各种微型组件或微型程序，以较低的成本组装各种各样的产品以满足顾客的需求；采用各种设计工具，根据顾客的具体要求，确定如何利用自己的生产能力，满足顾客的需要。一对一营销最终实现的目标是为单个顾客定制一件产品，或围绕这件产品提供某些方面的定制服务，如开具发票的方式、产品的包装式样，等等。一对一营销的实施是建立在定制的利润高于定制的成本的基础上的，这就要求企业的营销部门、研发部门、制造部门、采购部门和财务部门之间通力合作。营销部门要确定满足顾客所要求的定制规格；研发部门要对产品进行高效率的重新设计；制造与采购部门必须保证原材料的有效供应和生产的顺利进行；财务部门要及时提供生产成本状况与财务分析。

3．一对一营销的优点

与传统的营销方式相比，一对一营销主要具有以下优点。

（1）能极大地满足消费者的个性化需求，提高企业的竞争力。

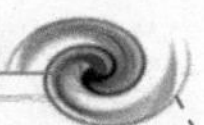

（2）以销定产，减少了库存积压。传统的营销模式中，企业通过追求规模经济，努力降低单位产品的成本和扩大产量来实现利润最大化，这在卖方市场中当然是很有竞争力的。但随着买方市场的形成，这种大规模的生产产品品种的雷同，必然导致产品的滞销和积压，造成资源的闲置和浪费，一对一营销则很好地避免了这一点。因为这时企业是根据顾客的实际订单来生产的，真正实现了以需定产，因而几乎没有库存积压，这大大加快了企业资金的周转速度，同时也减少了社会资源的浪费。

（3）有利于促进企业的不断发展，创新是企业永葆活力的重要因素，但创新必须与市场及顾客的需求相结合，否则将不利于企业的竞争与发展。传统的营销模式中，企业的研发人员通过市场调查与分析来挖掘新的市场需求，继而推出新产品。这种方法受研究人员能力的制约，很容易被错误的调查结果所误导。而在一对一营销中，顾客可直接参与产品的设计，企业也根据顾客的意见直接改进产品，从而达到产品、技术上的创新，并能始终与顾客的需求保持一致，从而促进企业的不断发展。

4．一对一营销的缺点

当然，一对一营销也并非十全十美，它也有其不利的一面。

（1）由于一对一营销将每一位顾客视作一个单独的细分市场，这固然可使每一位顾客按其不同的需求和特征得到有区别的对待，使企业更好地服务于顾客，但另一方面也将导致市场营销工作的复杂化，经营成本的增加以及经营风险的加大。

（2）技术的进步和信息的快速传播，使产品的差异日趋淡化，今日的特殊产品及服务到明天可能就大众化了。产品、服务独特性的长期维护工作因而变得极为不容易。

5．一对一营销方案

一对一营销不仅要求营销人员面对顾客时要时刻保持态度热情，更重要的是，它要求营销人员能识别、追踪、记录并最终能满足个体消费者的个性化需求。

所以，一对一营销的基础是企业与顾客建立起一种新型的学习关系，即通过与顾客的一次次接触而不断增加对顾客的了解。利用学习关系，企业可以根据顾客提出的要求以及对顾客的了解，生产和提供完全符合单个顾客特定需要的顾客化产品或服务，最后即使竞争者也进行“一对一”的关系营销，你的顾客也不会轻易离开，因为如果离开，他还要再花很多的时间和精力才能使竞争者对他有同样程度的了解。

（1）识别你的客户。企业在启动一对一营销之前，必须与大量的客户进行直接接触。重要的是要获取更多的细节，并且牢记这是一个永不停息的过程。应该了解的不仅仅是客户的名字、住址和联系方法，还包括他们的购买习惯、爱好等信息。不要认为发张问卷就完事了，还要通过每一次接触、每一个渠道、每一个地点、企业的每一个部门来获得这些信息。只要客户可能对你的任何一种产品或服务产生购买欲望，就要将其信息收入数据库。

（2）对客户进行差异分析。不同客户之间的差异主要在于两点：对产品的需求不同；对公司的商业价值不同。试着把你的客户分为A、B、C、D等不同的类别。一个A级客户的价值也许无法完全用金钱来加以衡量：一流的客户在帮助你完成业绩方面可能拥有关键的作用。与之相反，C级或D级客户在和你打交道的时候或许会为你带来负面的影响。对客户进行有效的差异分析，可以帮助企业更好地优化配置资源，使产品或服务的改进更有成效。牢牢掌握最有价值的客户，才能取得最大的效益。

（3）与客户保持积极接触。客户交流是企业成长战略的一个重要组成部分。实施一对一营销，就要探索客户过去买了些什么，发现客户的最终价值，然后开发能够从客户身上获取的递增的业务，也就是通过更全面、具体地了解客户来挖掘其“战略价值”。通过这一步骤，最好的、最有效的公开交流渠道就被建立起来了。无论使用网站还是呼叫中心，目的都是降低与客户接触的成本，增加与客户接触的收效，最终找到与客户建立学习型关系的办法。客户的反馈在此阶段非常关键。

（4）调整产品或服务以满足每位客户的需要。如果你了解了客户的需求，就应立即采取行动，并且提供能够为他们带来额外收益的产品或服务。要想把客户锁定在学习型关系中，因人而异地将自己的产品或服务加以个性化必不可缺。这可能会涉及大量的定制工作，而且调整点一般并不在于客户直接需要的产品，而是这种产品“周边”的某些服务，诸如分发产品的方式、产品的包装样式等。向客户准确地提供他们需要的东西，客户的忠诚度就会大大提高。

四、顾问营销

顾问营销又称为关系营销，指企业在盈利的基础上，建立、维持和促进与顾客和其他伙伴之间的关系，以实现参与各方的目标，从而形成一种兼顾各方利益的长期关系。关系营销把营销活动看成是一个企业与消费者、供应商、分销商、竞争者、政府机构及其他公众发生互动作用的过程，正确处理企业与这些组织及个人的关系是企业营销的核心，是企业经营成功的关键。

顾问营销从根本上改变了传统营销将交易视作营销活动关键和终结的狭隘认识。企业应在主动沟通、互惠互利、承诺信任的关系营销原则的指导下，利用亲缘关系、地缘关系、业缘关系、文化习惯关系、偶发性关系等关系与顾客、分销商及其他组织和个人建立、保持并加强关系，通过互利交换及共同履行诺言，使有关各方实现各自的目的。面对日益残酷的竞争挑战，许多企业逐步认识到：保住老顾客比吸引新顾客收益要高；

随着顾客的日趋大型化和数目不断减少，每一个客户都显得越发重要；对交叉销售的机会日益增多；更多的大型公司正在形成战略伙伴关系来应对全球性竞争，而熟练的关系管理技术正是必不可少的；购买大型复杂产品的顾客正在不断增加，销售只是这种关系的开端，而任何“善于与主要顾客建立和维持牢固关系的企业，都将从这些顾客中得到许多未来的销售机会”（科特勒）。

五、客户体验案例与分析

案例 5-1

虹桥机场的客户满意度调查表

走进上海虹桥机场的候机大厅，旅客可以随处拿到客户满意度调查表，为了方便摆放调查表，管理当局还专门设计了柜架。而且，与首都机场在媒体上宣扬调查客户满意度相比，虹桥机场的满意调查表一直摆放在显眼之处已有多月了。管理当局显然打算将此作为一项长期的战略来对待。

分析：

客户体验是本，客户满意是标。通过对客户体验加以有效把握和管理，可以提高客户对公司的满意度和忠诚度，并最终提升公司价值。本文就从上海虹桥机场的成功案例出发，来分析客户体验管理的重要性及其与客户满意之间的重要关系。

从上述的案例和理论分析中，我们可以明确地看出：客户体验管理要求全面考虑客户购买和消费过程中的各种体验因素，这些因素超越了众多客户满意度调查中所关注的产品、包装、售后服务等，而更多的是从客户角度出发，考虑导致客户满意的更深层次的因素，包括如何设计才能让客户对企业及其品牌产生良好的感觉、感受等。通过对客户体验加以有效把握和管理，可以提高客户对公司的满意度和忠诚度，并最终提升公司价值。因此，在如今激烈的市场竞争中，企业要想获得竞争优势就必须关注客户体验和客户满意度的问题，就要把 CRM 的思想贯彻到企业应用策略中去，注重每一次的交互过程中客户体验对于企业将来的利润和收益的作用与影响，并且要优化客户体验，确保跨渠道和跨市场营销的正常运作。

作为一个企业的 CEO，要考虑到如何更好地利用客户体验实现客户关系管理，把业务和技术策略的实施恰当地融入到客户群体中，强调客户处理模式与客户体验的结合。而且要注重客户体验的优化，因为客户体验的优化能确保这样的跨渠道和营销媒介的客户体验强化组织的基本价值主张和不同的业务得以实现。要成为真正的 CEO，与潜在的资产净值提高相对，组织必须决定给客户体验以适当的投资，还要确保它们能有技术的能力完成客户体验的优化以及平衡好它与业务之间的关系。从企业外部来分析，这样能提高企业利润和最终的收益；从企业内部来分析，这样有助于平衡外部价值驱动因素和内部价值的实现，围绕客户的多渠道策略，改善客户体验，创造公司价值。

任务二 客户联系及记录

一位外资银行客户经理的一天

2006 年 12 月，初冬的上海，湿润的空气里夹杂着微冷的气息。位于陆家嘴的一家外资金融机构的中层管理人员苏君（化名），刚刚约见了自己在汇丰上海分行的专属理财师 Angela，准备在下班后就自己的理财计划方案进行一次会谈。

“一般把钱交给自己的理财师打理就很放心了。中间有新的理财计划，汇丰会及时通过邮件或者电话通知，除非有特殊的需求才会面谈。”这次会谈距离上次已经一个月有余，早在 2003 年苏君就通过外资银行来管理自己的资产账户。

而在 Angela 与苏君见面之前，她的一天已经非常忙碌而充实了。这一天的早上，银行的投资顾问聚集所有的理财顾问、理财经理召开了一个简短会议，主要是讲述新近市场变化、产品销售情况等。此时，理财顾问也会把自己与客户沟通时遇到的问题讲出来，大家帮助分析解决。这对 Angela 来说是每天必需的“充电”时间。美国注册财务策划师学会董事欧仁杰最近来沪时表示：“一个工作在一线的个人理财师，作出的规划是各类理财产品相互兼容，他只有对银行、证券和保险等各类产品有了全面的把握，才有可能为客户作出合理、全面的理财规划。真正的理财师，不仅应当掌握银行的基本业务，还要具备各种投资市场知识，是既懂营销技巧又通晓客户心理的高素质理财人才。”

短暂的早餐会议之后，Angela 打开自己的工作电脑，将所有的老客户按照投资偏好在脑子里过了一遍，然后将那些年龄在 35～45 岁、已经购买了保障性投资计划的客户筛选出来，利用手机短信的方式告知他们汇丰刚刚推出的“成长型一年期股票挂钩”产品。她知道，这些客户最有可能将富余的资金投入在风险和回报较高的产品上。

临近中午的时候，一位小姐走了进来，前台通知她这是一位首次拜访汇丰的“潜在

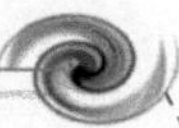

客户”。这位小姐提出希望投资本金在 30 万元左右的收益稳定的产品，另外的 10 万元则希望可以有比较高的回报,但是每个月能投入的金额不能超过 3 000 元。面对这个问题，Angela 在键盘上手指翻飞，不到 5 分钟就给出了一个合理的组合方案，满足她的所有要求。不过，Angela 并没有让她立刻决定，而是选择了几份银行的产品介绍和自己的名片让她回去再考虑一下，随时可以给她打电话。

下午，Angela 重新登录电脑，看她负责的客户中是否有账户情况的特殊变化，果然，她发现一位老客户 John 的名下有一笔大额资金现在申请转出，她沉吟了一下，给 John 发了一封电子邮件，邮件是从上百个系统推荐的“挽留模板”中选择的，但是 Angela 修改了开头的一段，增加了问候他前段时间抱病的太太是否身体已经恢复的部分，然后介绍了最近的几项理财产品，都是短期的低利率保本产品，整封邮件都没有直接提到正在申请转出的资金。

这时她的手机响了，Angela 接听到的是询问上午她群发的关于“成长型一年期股票挂钩”产品。其中一位听完她的介绍后十分爽快地利用“电话银行”授权 Angela 完成购买；另外两位则分别要求先把风险条款快递到办公室，如果看过后没有问题就可以签字。还有一位特意提到他已经向自己的好友进行了“汇丰友情推荐”，并留下了这位朋友的联络信息，Angela 赶快将这些信息录入电脑，这样在她背后的“电话银行”小组将专门回访这些经朋友推荐而联络汇丰的“潜在客户”，定期给他们寄去资料。

之后，Angela 按照约定的时间，赶到浦东一位重要客户的办公室，收取他已经签署好的购买 100 万元理财产品的签字认购书。Angela 知道这位客户会当着她的面签字确认，而且最多给她 3 分钟的时间提出他最关心的问题，而如果她不跑这一趟，就很难以电话或 E-mail 的方式直接将这些问题回复清楚，反而要耽误更多的时间。

这些都忙完了之后，才到了与苏君约定的见面时间。在见过苏君之后，每天工作结束前，Angela 和其他理财顾问又会聚集在一起，讨论一下今天工作中遇到的问题。投资顾问会整合大家提供的客户反馈，来决定下一步的行动，如与产品部沟通、针对最近外币市场上增大的风险如何与客户进行沟通等。

除了汇丰银行，另外一家外资银行是这样培训理财顾问的。“从初入渣打银行，到成为一名成熟的理财顾问，至少需要花费 6 个月的时间。”梁大伟告诉记者。不论新进员工有多少工作经验，首先都要通过两个星期的培训课程。这主要采用课堂授课形式，讲述很多理论、案例，帮助他们了解渣打文化、如何去面对客户、在法规与工作等方面的注意事项。此外，理财顾问还需要去考取一些银行投资领域的证书，如 FAIQ（CII）国际财务顾问认证等。课堂培训结束之后，理财顾问进入“实战”阶段。理财顾问第一次服务客户时，投资顾问会在旁边指导。同时，投资顾问会对理财顾问的工作进行评价。

我们看到，客户经理 Angela 的一天中，利用了多种手段和客户进行沟通。对于新客户，有专门的电话顾问与他们保持接触，并定期邮寄资料，这种方式可以在不占用客户过多时间的情况下留下汇丰银行专业的品牌形象；对于前来拜访的新客户，就和文中那位白领一样，往往在造访的同时他/她已经有了比较明确的投资规划，如果这时不是通过面对面的方式，以及在汇丰的营业网点和理财顾问进行“一对一”的沟通，那么她的顾虑就很难完全打消。E-mail 和手机沟通的方式都是方便的沟通手段，也可以一对多地发送信息，但是只适合那些不要求紧急回复的沟通，对于可以当面解决同时带来很大收益的重要客户，Angela 会选择“上门释疑”，当然，这也是因为这些客户都曾经到访过分行，已经建立起了良好的关系。

在 Angela 的背后，能够支撑她在一天之内完成对不同客户采用不同的沟通手段进行有效互动的是庞大的计算机系统，这些系统可以提醒她哪些客户的交易是值得她关注的，也可以帮助她完成很多自动的日常联络，如定期邮寄账户余额存单。虽然现在已经有电话银行、网络银行等更为“数字化”的通信手段，但纸质的账单和传真在这样的“个人理财”服务过程中还是起着重要的作用。系统的另外一个重要的作用是帮助管理者获得统计报表，例如统计显示由现有客户推荐而成为新客户的“培育周期”比银行通过“陌生电话”方式找到的新客户的“培育周期”要缩短一半，而成功率也更高。能够对大量的处于不同地域的 Angela 这样的客户经理进行客观的业绩评估，也需要这样的系统和每一次客户沟通的详细记录。记录这些沟通的方式和内容已经成为每位客户经理的习惯，他们不仅是因为绩效考核的要求才这么做的，而是因为系统的确也为他们的每一次沟通提供了足够的指导和帮助。

资料来源：http://www.17xie.com/read-326862.html

要处理此类问题，你可能需要具备解决以下两个任务的条件。

任务 1：创建客户联系记录。

任务 2：客户联系历史记录查询分析。

任务分析

现代业务人员或客服人员业务十分繁忙，业务经理更是如此，你曾经联系过的客户，提出过什么需求，有过什么建议，上次同客户谈过什么等，业务员们可能已记不清楚或记忆混乱了，再加上还需记忆企业不断增加的产品品种或型号，使得业务员、客服人员及经理们可能会忙中出错，比如忘了回复客户、下错单、报错价、送错样品、忘了向上汇报等都不是不可能的，怎样帮助业务人员把工作变得井井有条，气定神闲之间为公司

赚钱呢？为此你可通过客户关系管理软件的客户沟通中的联系记录及统计查询两项功能来解决此问题，进而提升客户满意度。

具体操作流程（以源海客户关系管理软件为例）如下。

任务 1 提示：

（1）单击主菜单“客户沟通”下的“联系记录”，或软件桌面快捷方式“联系记录”进入“联系记录”窗口；

（2）从左边窗口选取所要接触的客户名称，此时以前所有的接触全部自动显示；

（3）单击“增加”按钮，在客户接触输入框中输入接触内容。如果进行邮件接触，则单击“邮件”按钮，此时将弹出一个邮件菜单，选择弹出菜单的“单个邮件发送”或“Outlook Express 发送”命令可自动取出当前客户的邮件地址，并进入邮件编辑发送窗口，输入邮件内容，单击“发送”按钮即可完成邮件接触。

（4）当完成增加内容后，单击“保存”按钮时，系统会提示“需以后提醒再次沟通吗？”，如确定，会在 12 小时后或默认设置的时间段后提醒你下次再次联系。

此操作需注意一点：联系记录创建时，请确定是否对客户进行过编号（唯一编号），否则记录定位不准。

任务 2 提示：

（1）单击主菜单“统计”下的“沟通统计”，再进入“联系记录”窗口；

（2）从选取日期及选取顾客窗口中选取适当条件进行统计；

（3）单击“To Excel”按钮，可将统计列表的信息导出到 Excel 中。

知识链接

一、客户沟通技巧

1. 人际风格类型分类

人际风格类型可分为分析型、支配型、表达型、和蔼型。

2. 各类人际风格人的特征及与其沟通的技巧

1）分析型人的特征及与其沟通的技巧

（1）特征。这类人的特征如下：

严肃认真；有条不紊；语调单一；真实的；寡言的、缄默的；面部表情少；动作慢；合乎逻辑；语言准确，注意细节；有计划、有步骤；使用挂图；喜欢有较大的个人空间。

（2）与其沟通的技巧。

我们遇到分析型的人，在和他沟通的时候要注意：

① 注重细节；

② 遵守时间；

③ 尽快切入主题；

④ 要一边说一边拿纸和笔记录，像他一样认真、一丝不苟；

⑤ 不要和他的眼神有太多的交流，更避免有太多身体接触，你的身体不要太过于前倾，应该略微后仰，因为分析型的人强调安全，要尊重他的个人空间；

⑥ 同分析型的人说话的过程中，一定要用很多准确的专业术语，这是他需求的；

⑦ 在说话过程中，要多列举一些具体的数据，多做计划，使用图表。

2）支配型人的特征及与其沟通的技巧

（1）特征。这类人的特征如下：

果断；指挥人；爱生活；有能力；热情；面部表情比较少；情感不外露；审慎的；有作为；强调效率；有目光接触；说话快且有说服力；语言直接，有目的性；使用日历；注重计划。

（2）与其沟通的技巧。

我们遇到支配型的人，在和他沟通的时候要注意：

① 给他的回答一定要非常准确；

② 和他沟通的时候，可以问一些封闭式的问题，他会觉得效率非常高；

③ 对于支配型的人，要讲究实际情况，有具体的依据和大量创新的思想；

④ 支配型的人非常强调效率，要在最短的时间里给他一个非常准确的答案，而不是一种模棱两可的结果；

⑤ 同支配型的人沟通的时候，一定要非常直接，不要有太多的寒暄，直接说出你的来历，或者直接告诉他你的目的，要节约时间；

⑥ 说话的时候要声音洪亮，充满信心，语速一定要比较快，如果你在这个支配型的人面前声音很小、缺乏信心，他就会产生很大的怀疑；

⑦ 在与支配型的人沟通时，一定要有计划，并且最终要落到一个结果上，他看重的是结果；

⑧ 在和支配型的人的谈话中不要感情流露太多，要直奔结果，从结果的方向说，而不要从感情的方向去说；

⑨ 在和他沟通的过程中，要有强烈的目光接触，目光的接触是一种信心的表现，所以说和支配型的人一起沟通时，一定要和他有目光的接触；

⑩ 同支配型的人沟通的时候，身体一定要略微前倾。

3）表达型人的特征及与其沟通的技巧

（1）特征。这类人的特征如下：

外向；直率友好；热情；不注重细节；令人信服；幽默；合群；活泼；快速的动作和手势；抑扬顿挫的语调；有说服力的语言；陈列有说服力的物品。

（2）与其沟通的技巧。

我们遇到表达型的人，在和他沟通的时候要注意：

① 在和表达型的人沟通的时候，我们的声音一定要洪亮。

② 要有一些动作和手势，如果我们很死板，没有动作，那么表达型的人的热情很快就消失掉，所以我们要配合着他，在他出现动作的过程中，我们的眼神一定要看着他的动作，否则，他会感到非常失望。他经常说你看这个方案怎么样，你一定要看着他的手，认为这里就有方案。在沟通中你也要学会伸出手，“你看，我这个方案怎么样？”他会很好奇地看着你的手，仿佛手里就有一个完整的解决方案。

③ 表达型的人的特点是只见森林，不见树木。所以在与表达型的人沟通的过程中，我们要多从宏观的角度去说一说“你看这件事总体上怎么样”、“最后怎么样”。

④ 说话要非常直接。

⑤ 表达型的人不注重细节，甚至有可能说完就忘了。所以达成协议以后，最好与之进行一个书面确认，这样可以提醒他。

4）和蔼型人的特征及与其沟通的技巧

（1）特征。这类人的特征如下：

合作；友好；赞同；耐心；轻松；办公室里有家人的照片；面部表情和蔼可亲；频繁的目光接触；说话慢条斯理；声音轻柔，抑扬顿挫；使用鼓励性的语言。

（2）与其沟通的技巧。

我们遇到和蔼型的人，在和他沟通的时候要注意：

① 和蔼型的人看重的是双方良好的关系，他们不看重结果。这一点告诉我们在和他沟通的时候，首先要建立好关系。

② 要对和蔼型人的办公室照片及时加以赞赏。和蔼型的人有一个特征就是在办公室里经常摆放家人的照片，当你看到这些照片时，千万不要视而不见，一定要对照片上的人物进行赞赏，这是他最大的需求，而且要及时赞赏。

③ 同和蔼型的人沟通的过程中，要时刻保持微笑。如果你突然不笑了，和蔼型的人就会想：他为什么不笑了？是不是我哪句话说错了？会不会是我得罪他了？是不是以后他就不来找我了？等等，他会想很多。所以在沟通的过程中，一定要注意始终保持微笑

的姿态。

④ 说话要比较慢，要注意抑扬顿挫，不要给他压力，要鼓励他，去征求他的意见。所以，遇到和蔼型的人要多提问："你有什么意见，你有什么看法"。问后你会发现，他能说出很多非常好的意见；如果你不问的话，他基本上不会主动去说。所以，你看他微笑地点头就要问。

⑤ 遇到和蔼型的人一定要时常注意同他有频繁的目光接触。每次接触的时间不长，但是频率要高。三五分钟，他就会目光接触一次，接触以后又会立刻低下头，过一会儿再去接触一下，但是不要盯着他不放，要接触一下回避一下，沟通效果会非常好。

在我们沟通的过程中，目的是达成一个共同的协议，而我们在工作生活中遇到的人不一样，我们要和不同的人去沟通，要和不同的人去达成协议，因此我们就要了解不同人的特征。人以群分，我们以他相应的特征与其沟通时就容易达成协议。所以不论是支配型的人、分析型的人、和蔼型的人还是表达型的人，我们变换自己的沟通特征与之相应，这样就会给所有人留下一个好的印象，所有人都会觉得与你沟通会非常愉快。通过学习人际风格，会使我们同任何人沟通时都做到游刃有余，使我们不论是在家庭还是在工作中，都会有非常高的效率，和任何人沟通都会达成一个圆满的、共同的协议。

二、业务员必须拥有的四种能力和八种魅力

业务员必须拥有的四种能力和八种魅力中，自信是成功的基础。

1. 四种能力

（1）自信心。自信是成功的基础，自信是激发前进的动力，生活中的很多失败，不是因为能力不济而是因为自信心不足。培养自信心，首先要努力学习业务知识，其次要经过职场的不断锻炼，最后还要明白自信不是自高、自大、自命清高。

（2）较强的语言表达能力和一定的沟通技巧。业务员在向客户介绍企业和产品情况时，需要有出色的口头表达能力和语言组织能力，并运用一定的沟通技巧，让客户对你的谈话、你的产品感兴趣，有与你沟通的欲望，让你的销售工作进展顺利。

（3）良好的个人形象。这里的个人形象不是单纯地指长相，而是指一个人的整体精神面貌。让客户接受你的产品和你的销售建议，首先要让他们接受你这个人，也就是说，推销产品首先要推销自己，给他们一种礼貌、诚实、干练的个人形象。

（4）专业的知识和上进的工作态度。业务员只有将自己的产品特点和优势记熟，才能在销售工作中做到游刃有余。另外，要有强烈的上进心，现在有些人对自己的生活现状充满了满足感，对生活采取消极的"守"的态度。作为业务员，绝不要有满足的思想

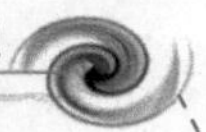

观念，要敢于超越自我、提升自己的发展空间。

2．八种魅力

（1）热情。性格的情绪特征之一。业务人员要富有热情，在业务活动中待人接物更要始终保持热烈的感情。热情会使人感到亲切、自然，从而缩短对方的感情距离，同你一起创造出良好的交流思想、情感的环境。但过分热情会使人觉得虚情假意而有所戒备，无形中就筑起了一道心理上的防线。

（2）开朗。外向型性格的特征之一表现为坦率、爽直。具有这种性格的人，能主动与他人交往，并能在交往中汲取营养，增长见识，培养友谊。

（3）温和。性格特征表现为不严厉、不粗暴。具有这种性格的人，愿意与别人商量，能接受别人的意见，使别人感到亲切，容易和别人建立亲近的关系，业务员需要这种性格。但是，温和不能过分，过分则令人乏味，不利于交际。

（4）坚毅。性格的意志特征之一。业务活动的任务是复杂的，实现业务活动目标总是与克服困难相伴随，所以，业务人员必须具备坚毅的性格。只有意志坚定、有毅力，才能找到克服困难的办法，实现业务活动的预期目标。

（5）耐性。能忍耐、不急躁的性格。业务人员作为自己组织或客户、雇主与公众的“中介人”，不免会遇到公众的投诉，被投诉者当作“出气筒”。因此，没有耐性，就会使自己的组织或客户、雇主与投诉者之间的矛盾进一步激化，本身的工作也就无法开展。在被投诉者当作“出气筒”的时候，最好是迫使自己立即站到投诉者的立场上去。只有这样，才能忍受逼迫心头的挑战，然后客观地评价事态，顺利解决矛盾。业务员在日常工作中，也要有耐性。既要做一个耐心的倾听者，对别人的讲话表示兴趣和关切；又要做一个耐心的说服者，使别人愉快地接受你的想法而没有丝毫被强迫的感觉。

（6）宽容。宽大有气量，业务人员应当具备的品格之一。在社交中，业务人员要允许不同观点的存在，如果别人无意间侵害了你的利益，也要原谅他。你谅解了别人的过失，允许别人在各个方面与你不同，别人就会感到你是个有气度的人，从而愿意与你交往。

（7）大方。举止自然，不拘束。业务人员需要代表组织与社会各界联络沟通，参加各类社交活动，所以一定要讲究姿态和风度，做到举止大方，稳重而端庄。不要缩手缩脚，扭扭捏捏；不要毛手毛脚，慌里慌张；也不要漫不经心或咄咄逼人。坐立姿势要端正，行走步伐要稳健，谈话语气要平和，声调和手势要适度。只有如此，才能让人感到你所代表的企业可靠和成熟。

（8）幽默感。有趣或可笑且意味深长的素养。业务人员应当努力使自己的言行特别

是言谈风趣、幽默，能够让人们觉得因为有了你而兴奋、活泼，并能让人们从你身上得到启发和鼓励。

三、关系营销知识介绍

关系营销的概念是美国营销学者白瑞1983年在一篇服务营销的会议论文中首先提出的，其后得到了广泛的发展与应用，演变成各种理论。如当今比较有代表性的关系营销理论主要有英澳学派的六市场模型，美国学者摩根和亨特的投入—信任理论，瑞典学者古姆松的30R理论，芬兰学者格朗鲁斯的价值、交换和对话过程理论，美国著名学者科特勒的全面营销理论，以及美国学者谢斯的关系营销演变理论等，这些理论以多视角和从不同的侧面对关系营销进行了探索，有利地推动了关系营销研究的深入，也为企业寻求改善营销业绩和在新竞争环境下有效的营销方法提供了机遇。

关系营销是与关键顾客建立长期的令人满意的业务关系的活动。如何留住顾客，并与顾客建立长期稳定的关系，是关系营销的实质。在关系营销管理中，顾客服务是企业获得高市场份额质量的关键，也是企业获得竞争优势的重要途径。信任和承诺是关系营销研究的重点。因为信任和承诺鼓励营销者与交换伙伴合作来保持关系投资；信任和承诺鼓励营销者抵制有吸引力的短期替代者，从而维护与现有伙伴保持关系的顾客长期利益；信任和承诺鼓励营销者审慎地看待潜在的高风险行动，因为营销者相信他们的伙伴不会机会主义地行事。当信任和承诺同时存在时，它们就会产生能够促进效率、生产率和效益的结果。下面就其基本层次及基本形态进行介绍。

1. 基本层次

在关系营销实践中的各关系方联系紧密程度及深度是由浅到深、由表及里分层次发展起来的，一般可分为以下五个层次。

第一层次，基础层次。它指公司企业与关系方最先接触的表层。比如，商店的商品被顾客购买后，顾客可能永远不再来这个商店了，仅此一次交易活动的接触，以后再没有什么联系了。

第二层次，反应式层次。它指各关系方在第一次接触后再继续相互传递信息并有所反应。比如，商店将商品出售给消费者后，主动向消费者征求商品使用后的问题。

第三层次，责任层次。它指各关系方相互承担责任。比如，商店营业员将商品出售给消费者后，不但主动听取顾客意见，而且对商品使用中存在的问题承担责任，让消费者满意。

第四层次，事前行动。它指各关系方经常交流信息，彼此进一步增强了解，使关系

一方感到另一方在关心他们的需要，由满意到产生好感甚至忠诚。比如，商店将商品出售给顾客后，不仅做好售后服务，而且经常将这种产品新的系列或新的性能向消费者传递，这样就加深了商店与顾客的情感关系。

第五层次，各关系方之间已建立长期稳定的共生共荣的伙伴关系。公司（企业）与各关系方建立了长期伙伴关系，特别是与原材料供应商建立这种关系营销，就可以采用适时管理，即制造商把供应商看成自己的原材料车间，而供应商又把制造商看成自己忠诚的顾客，这样双方都能得到稳定的利润。如果任何一方随意改变这种关系都会花费高昂的成本，只有相互为对方提供更多的附加值或服务，才有利于彼此合作和发展。

2. 基本形态

（1）亲缘关系营销形态。它指依靠家庭血缘关系维系的市场营销，如以父子、兄弟姐妹等亲缘为基础进行的营销活动。这种关系营销形态的各关系方盘根错节、根基深厚、关系稳定、时间长久，利益关系容易协调，但应用范围有一定的局限性。

（2）地缘关系营销形态。它指以公司（企业）营销人员所处地域空间为界维系的营销活动，如利用老乡关系或同一地区企业关系进行的营销活动。这种关系营销在经济不发达、交通邮电落后及物流、商流、信息流不畅的地区作用较大。在我国社会主义初级阶段的市场经济发展中，这种关系营销形态仍不可忽视。

（3）业缘关系营销形态。它指以同一职业或同一行业之间的关系为基础进行的营销活动，如同事、同行、同学之间的关系，由于接受相同的文化熏陶，彼此具有相同的志趣，在感情上容易紧密结合为一个“整体”，可以在较长时间内相互帮助、相互协作。

（4）文化习俗关系营销形态。它指以公司（企业）及其人员之间具有的共同的文化、信仰、风俗习惯为基础进行的营销活动。由于公司（企业）之间和人员之间有共同的理念、信仰和习惯，在营销活动的相互接触交往中易于心领神会，对产品或服务的品牌、包装、性能等有相似需求，容易建立长期的伙伴营销关系。

（5）偶发性关系营销形态。它指在特定的时间和空间条件下发生突然的机遇形成的一种关系营销，如营销人员在车上与邻座旅客闲谈中可能使某项产品成交。这种营销具有突发性、短暂性、不确定性的特点，往往与前几种形态相联系，但这种偶发性机遇又会成为企业扩大市场占有率、开发新产品的契机，如能否抓住机遇，可能成为一个公司（企业）兴衰成败的关键。

成功的营销需要为顾客或用户提供足够好的答案。在关系营销中，这个答案包括关系本身及其运作的方式和顾客需求满足的过程。关系包括实体产品或服务产出的交换或转移，同时也包括一系列的服务要素，没有这些服务，实体产品服务产出可能只有有限的价值或对顾客根本没有价值。关系营销中营销沟通的特点是试图创造双向的有时甚至是多维的沟通过程。并非所有的活动都直接是双向沟通的，但是所有的沟通努力都应该导致某种形式的能够维护和促进关系的反应，即对话过程。对话式沟通过程必须支持这种价值的创造和转移。这个过程包括一系列的因素，如销售活动、大众沟通活动、直接沟通和公共关系。大众沟通包括传统的广告、宣传手册、销售信件等不寻求直接回应的活动；直接沟通包括含有特殊提供物、信息和确认已经发生交互的个人化信件等，要求顾客的具体信息。这里，要寻求从以往交互中得到某种形式的反馈，要求有更多的信息、有关顾客的数据和纯粹的社会响应。关系营销比交易营销要付出更多的努力，因此，关系营销应该为顾客和其他各方创造比在单个情节中发生的单纯的交易更大的价值，而且顾客必须感知和欣赏持续关系中创造的价值。由于关系是一个长期的过程，因此顾客价值在一段较长的时间内出现，我们将之称为价值过程。关系营销要成功和被顾客视为是有意义的，就必须存在一个与对话和交互过程并行的顾客欣赏的价值过程。考察顾客价值的方法是区分提供物的核心价值与关系中额外要素的附加价值。

四、客户联系案例

倾听是沟通的好方法之一。日本销售大王原一平说：“对销售而言，善听比善辩更重要。”客户服务人员通过听能够获得客户更多的认同。

如何与客户建立有效的沟通？你了解客户所需吗？你懂得与客户沟通的技巧吗？哪一种沟通形式最有效呢？这里有三种不同的沟通模式——礼貌待客式、技巧推广式、个性服务式，哪一种沟通模式更适合贵公司呢？

为了更好地理解这三种模式，下面举一个简单的例子。

案例 5-2

三个服务员三种沟通模式

有一个奶制品专卖店，里面有三个服务人员——小李、大李和老李。

当你走近小李时，小李面带微笑，主动问长问短，一会儿与你寒暄天气，一会儿聊聊孩子的现状，总之聊一些与买奶无关的事情，小李的方式就是礼貌待客。

而大李呢，采取另外一种方式，他说，我能帮你吗？你要哪种酸奶？我们对长期客户是有优惠的，如果气温高于30℃，你可以天天来这里喝一杯免费的酸奶。你想参加这次活动吗？大李的方式是技巧推广式。

老李的方式更加成熟老练，他和你谈论你的日常饮食需要，问你喝什么奶，是含糖的还是不含糖的。也许你正是一位糖尿病人，也许你正在减肥，而老李总会找到一种最

适合你的奶制品，而且告诉你如何才能保持奶的营养成分。老李提供的是个性服务式的沟通模式。

那么，你认为以上三种模式哪一种更适合贵公司呢？哪一种是最有效的方式呢？这三种模式之间的内在联系是什么？

任务三 客户需求及记录

任务引入

把梳子卖给出家僧人

一个营销经理想考考他的手下，就给他们出了一道这样的题：把梳子卖给出家僧人。

第一个人出了门就骂，僧人都没有头发，还卖什么梳子！他找个酒馆喝起了闷酒，睡了一觉，回去告诉经理："僧人没有头发，梳子无法卖！"经理微微一笑："僧人没有头发还需要你告诉我？"

第二个人来到了一个寺庙，找到了出家僧人，对僧人说："我想卖给你一把梳子。"僧人说："我没用。"那人就把经理的作业说了一遍，说："如果卖不出去，就会失业，你要发发慈悲啊！"僧人就买了一把。

第三个人来到一个寺庙卖梳子，僧人说："真的不需要的。"那人在庙里转了转，对僧人说："拜佛是不是要心诚？"僧人说："是的。""心诚是不是需要心存敬意？"僧人说："要敬。"那人说："你看，很多香客从很远的地方来到这里，他们十分虔诚，但是却风尘仆仆，蓬头垢面，如何对佛敬？如果庙里买些梳子，让这些香客把头发梳整齐了，把脸洗干净了，是不是对佛的尊敬？"僧人认为有理，就买了十把。

第四个人来到一个寺庙卖梳子，僧人说："真的不需要的。"那人对僧人说："你是得道高僧，书法甚是有造诣，如果把你的字刻在梳子上，如刻些'平安梳'、'积善梳'等，送给香客，是不是既弘扬了佛法，又弘扬了书法。"老僧人微微一笑："无量佛！"就买了一千把梳子。

第一个人受传统观念的束缚，用局限的"产品需求"去考虑销售，不能挖掘直接或间接的潜在顾客需求。

第二个人是在卖同情心，而不是站在“顾客需求”立场进行销售，是不会长久的。

第三个人为客户着想，挖掘出间接顾客的“产品需求、服务需求”，并激活“顾客满意”战略，自然会有好的效果。

第四个人除积极让顾客参与“体验需求”，还能迎合顾客心理，使其具备“成功需求”念想，效果自然最好。

为了有效地进行客户需求分析及挖掘，你可能需要具备解决以下两个任务的能力。

任务 1：挖掘客户需求并创建客户需求记录。

任务 2：客户需求的历史记录查询分析。

任务分析

如何发现及挖掘客户的需求？如何帮助业务人员把工作变得井井有条，气定神闲之间为公司赚钱呢？为此你可通过客户关系管理软件的客户沟通中的客户需求记录及统计查询两项功能来协助解决此问题，进而提升客户满意度。

具体操作流程（以源海客户关系管理软件为例）如下。

任务 1 提示：

（1）单击主菜单“客户沟通”下的“需求记录”，或软件桌面快捷按键“需求记录”进入“需求记录”窗口。

（2）从左边窗口选取所要接触的客户名称，此时以前所有的接触全部自动显示。

（3）单击“增加”按钮，在客户接触输入框中输入接触内容。如果进行邮件接触，则单击“邮件”，此时将弹出一个邮件菜单，选择弹出菜单中的“单个邮件发送”或“Outlook Express 发送”命令，可自动取出当前客户的邮件地址，并进入邮件编辑发送窗口，输入邮件内容，单击“发送”按钮即可完成邮件接触。

（4）当完成增加内容后，单击“保存”按钮时，系统会提示“需以后提醒再次沟通吗？”，如确定，会在 12 小时后或默认设置的时间段后提醒你下次再次联系。

此操作需注意一点：需求记录创建时，请确定是否对客户进行过编号（唯一编号），否则记录定位不准。

任务 2 提示：

（1）选择主菜单“统计”下的“沟通统计”，再进入“需求记录”窗口。

（2）从选取日期及选取顾客窗口中选取适当条件进行统计。

（3）单击“To Excel”按钮可将统计列表的信息导出到 Excel 中。

一、客户需求及层次

借助于马斯洛关于“人的需求五个层次”的分析模型和方法，参考其他专家关于客户需求层次的论述，客户的需求也存在着五个层次，它们从低到高依次是：产品需求、服务需求、体验需求、关系需求、成功需求，如图 5-1 所示。

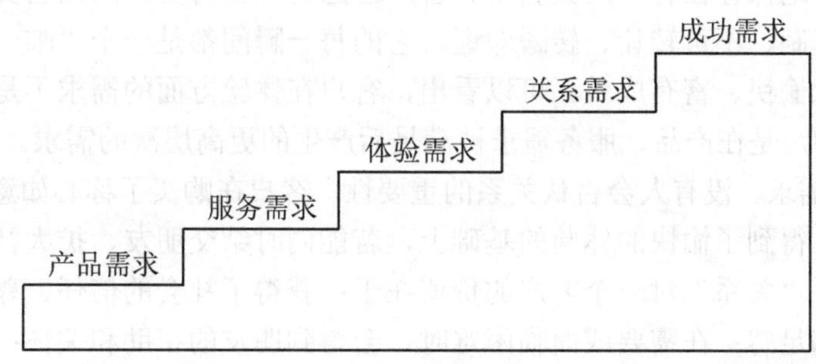

图 5-1

下面对上述五个层次的需求进行简要阐述。

（1）产品需求。类似于人的基本需求，像衣食住行一样，客户的基本需求与产品有关，包括产品的功能、性能、质量以及产品的价格。一般的客户都希望以较低的价格获得高性能、高质量的产品，并且认为这是最基本的要求。迄今为止，那些购买力较弱的客户仍然以产品质量及价格作为采购的主要依据。20 世纪 80 年代，中国的物资供应相对匮乏，客户需求几乎完全以产品需求为主。谁能提供更高性价比的产品，谁就能成功。

（2）服务需求。随着人们购买力的增强，客户的需求也水涨船高。人们采购时，不再仅仅关注产品，还关注产品的售后服务，包括产品的送货上门、安装、调试、培训及维修、退货等服务保证。但这还不够，随着计算机、数码相机等电子产品及软件系统等高科技产品进入人们的生活，客户的需求又上了一个台阶。人们不仅仅满足于好的产品和服务，还希望得到精确、及时的技术支持以及优秀的解决方案。好的产品加上好的服务承诺并不能让客户完全满意。试想，同样好的产品为什么在不同的客户那里会产生不同的使用效果和收益？同样好的服务承诺为什么有的客户满意，有的客户不满意？原因在于：由于产品科技含量和复杂性的增加，产品使用效能和收益的实现不再仅仅取决于产品的好坏和简单的安装、培训服务，还取决于好的产品应用实施方案、及时并且有效的技术支持。客户不欢迎甚至反感那些服务承诺良好，但不能及时有效解决问题的服务商。

（3）体验需求。随着旅游、娱乐、培训、Internet 等产业的兴起，人们逐渐从工业经济、服务经济时代步入了体验经济时代。客户采购时，不愿意仅仅被动地接受服务商的广告宣传，而是希望先对产品做一番“体验”，如试用、品尝等，甚至对未经“体验”的产品说“不”。客户逐渐从单纯被动地采购，转为主动地参与产品的规划、设计、方案的确定，“体验”创意、设计、决策等过程。与客户互动的每一个时空点，如一个电话、一份 E-mail、一次技术交流、一次考察、一顿晚餐等，对客户而言都是一种体验。体验记忆会长久地保存在客户的大脑中。客户愿意为体验付费，因为它美好、难得、非我莫属、不可复制、不可转让、转瞬即逝，它的每一瞬间都是一个“唯一”。客户希望每一次体验感觉愉快、富有成效。可以看出，客户在体验方面的需求不是产品、服务所能替代或涵盖的，是在产品、服务需求被满足后产生的更高层次的需求。

（4）关系需求。没有人会否认关系的重要性。客户在购买了称心如意的产品、享受了舒适的服务、得到了愉快的体验的基础上，若能同时结交朋友、扩大社会关系网，一定会喜出望外。“关系”对一个客户的价值在于：获得了社会的信任、尊重、认同，有一种情感上的满足感；在需要或面临困难时，会得到朋友的帮助和关怀；可以与朋友共同分享和交换信息、知识、资源、思想、关系、快乐等；关系的建立一般会经历较长时间的接触和交流、资源的投入、共同的目标、彼此尊重、相互信任、相互关爱、相互理解、相互依赖、信守诺言等过程或要素，因此，“关系”是客户十分珍视的资源。这也说明了，为什么客户愿意与熟悉的服务商长期合作，而不愿意与一个可能产品、服务更优的新的服务商接触；为什么两家产品、服务质量相当，而客户关系不一样的服务商在项目竞标时的境遇会有天壤之别。实际上，这是客户的关系需求在起作用。

（5）成功需求。获得成功是每一个客户的目标，是客户最高级的需求。客户购买产品或服务，都是从属于这一需求的。服务商不能仅仅看见客户的产品、服务需求，更重要的是，要能识别和把握客户内在的、高层次的需求，否则，不可能赢得商机。例如，一家客户宣称需要“钻头”，于是，所有生产、销售“钻头”的厂家都将自己的“钻头”产品及服务充分地向客户展示，并展开公关活动，以获得客户的青睐。然而，也许没有一个厂家会中标。原因在于，客户购买“钻头”的目的，厂家可能并没有真正搞清楚。客户需要“钻头”的目的可能是为了打一个“孔”。那么，这个“孔”是必需的吗？打一个“孔”必须要用“钻头”吗（客户自己可能也未搞清楚）？有没有更好的替代方法？其实，客户需要“钻头”的目的是要解决某个问题。通常情况下，客户并不十分清楚或不能清晰地表述自己的问题或需求，因此，在没有完整、清楚地把握客户的需求之前，

即使将全球最好的产品和服务推荐给客户也无济于事。谁能帮助客户真正解决问题，向客户提供的是获利的行动，谁才能赢得客户。

不同的行业、不同的企业，客户的购买力、购买行为可能不尽相同，但是，都不同程度地存在着上述五个层次的需求。我们可以运用上述分析方法，更准确、清晰地识别、判断我们的客户需求主要在哪一个层次上，从而有针对性地规划、实施有关的产品战略、服务战略、客户关系战略等，才能获得自身的成功。

二、客户需求的挖掘

挖掘客户需求时应避免以下八大误区。

（1）以产品为中心的销售模式。

（2）只关注“我的公司”或“我的背景”。

（3）打击竞争对手的销售模式。

（4）朋友式的销售模式。

（5）同客户辩论的销售模式。

（6）总是关心“完美的致命武器”的销售模式。

（7）今日特价的销售模式。

（8）让客户担心式的销售模式。

案例 5-3

客户需求挖掘实例

情景 1

小贩 A：我这里有李子，您要买李子吗？

老太太：我正要买李子，您这个李子好吗？

小贩 A：我的李子又大又甜，特别好吃。

老太太：（来到水果面前仔细看了看，李子果然是又大又红，就摇摇头）我不买。

情景 2

小贩 B：我这里是李子专卖店，有大的、有小的，有酸的、有甜的，有国产的、有进口的，您要什么样的李子？

老太太：要买酸李子。

小贩 B：我这堆李子啊特别酸，您要不要尝一口？

老太太：（尝了一口，酸得受不了）真酸，来一斤。

情景3

小贩C：老太太，别人都买甜的，您为什么买酸李子呀？

老太太：我的儿媳妇怀孕了，想吃酸的。

小贩C：您对您儿媳妇真好，您儿媳妇喜欢吃酸的，就说明她要给您生个孙子，所以您天天给她买李子吃，说不定能生出一个大胖小子。

老太太：（高兴地）您可真会说话。

小贩C：您知不知道孕妇最需要什么样的营养？

老太太：我不知道。

小贩C：孕妇最需要的是维生素，因为她要供给胎儿维生素。您知不知道什么水果含维生素最丰富？

老太太：不知道。

小贩C：这水果之中，猕猴桃含维生素是最丰富的，如果您天天给儿媳妇买猕猴桃补充维生素，儿媳妇一高兴，说不定就生出一对双胞胎来。

老太太：（很高兴）不但能够生胖小子还能生双胞胎，那我就来一斤猕猴桃。

小贩C：我每天都在这里摆摊，而且水果都是新鲜的，您下次再来呢，我再给您优惠。

思考与讨论

谈谈你是如何发现及挖掘客户需求的。

实训题

实训5-1　客户联系及记录实训

学习情境：客户体验与沟通
主题：客户联系及记录实训

完成这些练习后，你将能够：

- 加强客户的沟通联系；
- 记录客户联系的过程与信息。

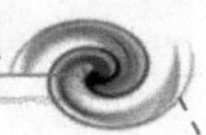

你将潜在客户的信息在 CRM 系统上进行登记后，接下来会以你所提供的产品或服务为线索，加强同客户的联系与沟通，而这些联系与沟通将需要能在软件系统上进行登记，以便进一步做好客户管理与客户服务的工作。

你可使用源海客户关系管理中的沟通/客户联系实现，或使用 SAP Business One 中的销售机会实现。

1.1　创建客户联系记录

1.1.1　单击主菜单“客户沟通”下的“联系记录”，或在“客户信息”中，选择你要联系的一位客户，再选择“沟通”菜单下的“联系客户”命令，进入“联系记录”窗口，单击“增加”按钮，在客户联系中输入联系内容，其中曾联系过的记录可放在不同的文件目录中，使用“存放地”按键链接到相应联系文件中就可以了。当完成增加内容后，单击“保存”按钮时，系统会提示“需以后提醒再次沟通吗？”，如确定，会在 12 小时后或默认设置的时间段后提醒你下次再次联系。

1.1.2　创建客户联系记录时，能否增加附加文件，如能增加，如何操作？

1.1.3　如需要对创建客户联系记录的活动进行跟进，并对业务员进行提醒，该如何操作？

1.1.4　如需将提醒时间改为从创建期后的 3 天时间，如何进行？

1.2　客户联系历史记录查询分析

1.2.1　你想对某客户的历史联系记录进行查询分析，如何操作？

1.2.2　你想对近一个月来所有的客户联系记录进行查询分析，如何操作？

实训 5-2　客户需求及记录实训

学习情境：客户体验与沟通
主题：客户需求及记录实训

完成这些练习后，你将能够：

- 加强客户的沟通联系；
- 记录客户需求信息。

你将潜在客户的信息在 CRM 系统上进行登记后，接下来会以你所提供的产品或服务为线索，加强同客户的联系与沟通，并将可能的客户需求在软件系统上进行登记，以便进一步做好客户业务管理与客户服务工作。

你可使用源海客户关系管理中的沟通/客户需求实现，或使用 SAP Business One 中的销售机会实现。

2.1　创建客户需求记录

2.1.1　单击主菜单“客户沟通”下的“需求记录”，或在“客户信息”中，选择你要联系的一位客户，再选择“沟通”菜单下的“客户需求”命令，进入“需求记录”窗口，单击“增加”按钮，在客户需求中输入需求内容，其中曾记录过的需求记录可放在不同的文件目录中，使用“存放地”按键链接到相应需求文件中就可以了。当完成增加内容后，单击“保存”按钮时，系统会提示“需以后提醒再次沟通吗？”，如确定，会在 12 小时后或默认设置的时间段后提醒你下次再次联系。

2.1.2　创建客户需求记录时，能否增加附加文件，如能增加，应如何操作？

2.1.3　如需要对创建客户需求记录的活动进行跟进，并对业务员进行提醒，应该如何操作？

2.1.4　如需将提醒时间改为从创建期后的 28 小时，应如何进行？

2.2　客户需求历史记录查询分析

2.2.1　你想对某客户的历史需求记录进行查询分析，应如何操作？

2.2.2　你想对近一个月来所有的客户需求记录进行查询分析，应如何操作？

案例分析

销售收银机

情景 1

业务代表 A：您好，我是大明公司的业务代表周黎明。在百忙中打扰您，想要向您请教有关贵店目前使用收银机的事情。

商店老板：您认为我店里的收银机有什么毛病吗?

业务代表 A：并不是有什么毛病，我是想是否已经到了需要换新的时候。

商店老板：对不起，我们暂时不想考虑换新的。

业务代表 A：不会吧！对面李老板已更换了新的收银机。

商店老板：我们目前没有这方面的预算，将来再说吧！

情景 2

业务代表 B：刘老板在吗？我是大明公司业务代表周黎明，经常经过贵店。看到贵店一直生意都是那么好，实在不简单。

商店老板：你过奖了，生意并不是那么好。

业务代表 B：贵店对客户的态度非常亲切，刘老板对贵店员工的教育训练一定非常用心，对街的张老板，对您的经营管理也相当钦佩。

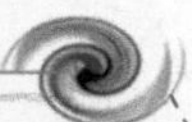

商店老板：张老板是这样说的吗？张老板经营的店也非常好，事实上，他也是我一直作为目标的学习对象。

业务代表 B：不瞒您说，张老板昨天换了一台新功能的收银机，非常高兴，才提及刘老板的事情，因此，今天我才来打扰您！

商店老板：喔？他换了一台新的收银机？

业务代表 B：是的。刘老板是否也考虑更换新的收银机呢？目前您的收银机虽然也不错，但是新的收银机有更多的功能，速度也较快，客户不用等太久，因而会更喜欢光临您的店。请刘老板一定要考虑这台新的收银机。

问题：请比较情景 1、2 中业务代表 A 和 B 接近客户的方法，找出他们接近客户时所采用的方式特点。

学习情境六 销售机会管理

学习目标

- ❖ 能够进行机会分析及机会管道分析，找出潜在重点客户；
- ❖ 了解订单处理，并学会在软件系统中进行订单记录。

技能目标

- ❖ 能够完成机会分析；
- ❖ 能够借助客户关系管理软件系统进行管道分析；
- ❖ 能够运用客户关系管理软件进行订单记录。

任务一 销售机会活动

任务引入

销售机会

一位年轻的销售代表小赵刚刚加入公司并且没有大客户销售经验，他第一次拜访客户时发现了一个大订单，但是发招标书的截止日期已经过了三天，客户拒绝发给他招标书。关键的软件开发商又代理了竞争对手的产品并且拒绝与他合作。一切都很不利，但

是他最后居然反败为胜。他是如何做到的呢？

小赵进入公司后负责北方地区的电力系统。第一次去拜访河南省的电力系统时，他将整个省电力局跑了个遍。他首先了解省电力局哪个部门有可能采购计算机，然后逐门逐户地认识客户。当他敲开用电处的大门时，一个年轻的工程师很遗憾地告诉他：用电处马上要采购一批服务器，采用公开招标的形式，但是由于你们公司以前没有来联系过，所以没有将你们公司列入投标名单，而且几天以前就停止发招标书了，得到标书的供应商们已经开始做投标书，三天以后就是开标的时间。工程师接着说：这是我们的第一次采购，最近还会招标，到时欢迎你们投标。办公室里人来人往，工程师说完之后，就回到座位去招呼其他人了。小赵一个人站在办公室中间，犹豫着不知何去何从。

小赵离开客户的办公室后，开始给当地 IT 圈的朋友打电话，了解这个项目的情况。朋友一听这个项目，就劝他不要做了，因为这个项目的软件开发商早已经选定了，不但软件已经开发完了，而且试点都做得很成功，这次招标就是履行程序。小赵想办法找到了这个软件开发商的电话号码，打电话到开发商的总经理那里谈是否可能推荐自己的产品，开发商的总经理很客气地拒绝了他的要求：软件开发一直基于另一家公司的硬件，而且投标书已经写好了。他的态度很明确：这次不行，欢迎来谈，以后可以合作。

所有的门似乎都被封死了，招标书的截止日期也已经过了。即使想办法拿到标书，关键的软件开发商又不肯支持，客户又几乎一个都不认识，时间也很有限。况且要做出投标书，也需要付出很大的代价，他需要立即请工程师从北京飞过来并请工程师做报价、合同和一份高质量的投标书。如果这时他放弃，其实没有人会责怪他。

但是，小赵并没有放弃，而是转身又回到了客户的办公室，来到那位工程师面前，希望他能够将招标书发给自己。工程师说，我这里没问题，但是你必须得到处长的同意，处长在省内另外一个城市开会。小赵立即拨通处长的手机，处长压低了声音问是谁，小赵自我介绍了以后，处长说他正在开会，让小赵晚一点再打。

小赵不再有任何犹豫，果断地来到长途汽车站，直接搭车赶往处长所在的城市，下车后直奔处长下榻的宾馆。这时已经是中午了，他来到会务组，打听到处长的住处。他上去敲门敲了很久，没人开门，轻轻一推，发现门是虚掩的，就缓缓地将门推开。处长正在午休，他进门时处长醒了，但眼睛还睁不开，正坐在床上揉着眼睛。小赵上前自我介绍并讲明了自己的来意。没有谁会愿意在午休的时间被销售代表堵到房间里来进行“强行”推销，处长满面怒容。小赵一直不断道歉并解释：我也知道这样不好，但是我特意从北京飞过来，而且自己的公司在这个领域非常有经验，对客户的项目应该有所帮助。精诚所至，处长终于原谅了他，并松口同意发给标书。小赵再三感谢以后，火速赶回郑州，当他到达电力局办完手续拿到标书时，电力局已经快下班了。

虽然拿到标书，但仅仅意味着有了一个机会。于是，小赵请求负责写标书的工程师第二天飞往郑州。他的想法是死马当活马医，输了也没关系，至少可以先混个人熟和脸熟，为下次的投标增加机会。但是，投标书一定要做得完美，即使死，也要死得漂亮。

这时离开标已经只剩下两个晚上和一个白天了，他们安排好了分工以后，开始行动。最后，他们终于将三本漂漂亮亮的投标书交到电力局。为了能够赢得这个订单，他们放出了可以承受的最低价格。开标那天，所有的厂家都聚到电力局的会议室，投标就在这里进行。其他的标很快就定了，但讨论服务器的标时，时间很长，他们一直等到晚上。最终，客户宣布小赵所在的公司中标。

资料来源：http://laiba.tianya.cn/laiba/CommMsgs?cmm=13879&tid=2667905700692785017

面对市场的销售机会，你需掌握完成以下两种任务的能力。

任务1：建立销售机会。

任务2：进行销售机会分析。

任务分析

本案例分析要点有以下两个。

1. 积极的心态：永不放弃、热情和帮助客户成功

永不放弃是销售代表需要具备的首要心态。在任务引入的案例中，所有情况都对小赵很不利，他本来不应该有获胜的机会，为什么他最终赢得了这个订单？后来，小赵问用电处的处长："为什么您在招标书的截止时间已经过了的时候还是发了标书给我？"处长说："你这个小伙子很敬业，居然立即就坐长途汽车来了，就给你标书吧！"小赵又询问了负责投标的总工程师，总工说："我进到会议室的时候，所有的投标书都摆在桌上，你们的标书非常抢眼，印刷很精致，就像一本精装书一样。其他公司的投标书就只有几片纸，这个初始印象告诉我你们公司值得信赖。考虑到价格的优势，我还是拍板选了你们。"

销售代表永不放弃的态度经常会造成客户的抵触，这时热情的态度可以避免客户的不快。当处长从床上坐起来看见小赵时，他的第一个反应一定是不高兴，小赵如果不能热情地解释，处长可能会更加不快。销售代表的热情是可以感染给客户的。热情是销售代表需要具备的第二个心态。

永不放弃、热情和帮助客户成功是优秀的销售代表必须具备的心态，具备了这三个心态的销售代表才是具备积极心态的销售代表。积极的心态决定了销售代表与客户在一起的时间。优秀的销售代表的共同特点就是天天与客户在一起。积极的心态可以衍生出自信、勤奋、努力、敬业和认真这些成功所必需的因素。

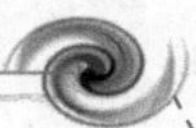

2. 信念激励心态

幸运的是，当一个人刚刚从事他喜欢的工作的时候，几乎都具备积极的心态。新员工加入公司的时候，学生在新学期开始的时候，女子在刚刚出嫁的时候，他们都有积极的心态。新员工为了留给单位的同事一个好印象，工作很积极，新学期的学生下定决心好好学习，认真做作业，取得好成绩；新娘子每天伺候公婆，打扫卫生，希望成为一个好妻子。随着时间的推移，积极的心态就渐渐消失了。新员工开始上班迟到了，和同事有矛盾了；学生开始不认真听课了，上课开始走神了；新娘子与婆婆闹矛盾，饭菜也不做了，卫生也不去打扫了。消极心态的标志就是抱怨。听他们的抱怨可以了解到他们失去积极心态的原因：太累了、受不了、不公平、收入少。几乎所有的事情都可以使人失去积极的心态，甚至没有任何事情发生，简单的重复工作也可以消磨掉积极心态。销售代表也一样，他们的心态也会从积极转向消极。最初，每个新销售代表都非常积极和主动，他们来到一个新的公司，希望能在这个公司得到好的发展。一段时间过去了，当再见到他们的时候，有一些人就开始不断地抱怨，抱怨完之后继续去见客户。再过一段时间见到他们，他们可能会说少见一次客户无所谓，他们已经从以前一天平均见三个客户降到一天只见两个了，他们的积极心态已经不见了。人的一生必定充满挑战和波折，挫折使一些人消沉，成功使一些人飘飘然。要想成功，必须在任何情况下都保持积极的心态。

销售代表输掉订单或者没有完成任务一定有两方面的原因：一方面是外在的因素，例如竞争对手的价格太便宜，或者工程师将投标书的价格做错了。对于外在因素，销售代表应该充分关注并想尽办法减少外界因素造成的损失。另外一方面是内在因素，如销售代表没有正确地进行销售。销售代表不应该将外在因素当作失败的理由，输了就是输了，解决和消除外在的不利因素并赢取订单是销售代表的职责。我曾经听到一个销售主管解释自己没有完成任务的借口是：客户因为迎接中央领导检查工作而延迟采购，因此上个季度任务完成得不好。这是从外在因素来解释自己的失败，不能帮助自己改进做法。

本情境主要是对客户关系管理项目的销售过程进行体验，学习要点在于能否从周边企业实践出发，通过与你的客户沟通，找到有购买意向的潜在客户，并尽力完成订单，建议每人能同5位以上客户进行深度的销售业务活动。

知识链接

一、销售机会管理介绍

销售机会管理有很多不同的名称，常用的名称有商机管理和销售漏斗管理，适用于

较大型复杂订单的销售，也较常用于直接销售和专卖店销售两种模式。对于一个复杂的销售过程而言，一般 CRM 系统处理销售机会的逻辑是：销售线索→销售机会→销售合同→销售订单。

1996 年，IBM 在中国开始推行销售机会管理，现在已经形成了一套完整的体系，并且依赖这个体系来驱动销售目标的实现。

每周一，销售人员将销售报表交给直接的主管并在部门会议中逐一分析重要的销售机会，确定行动计划；周二，销售主管汇总自己的所有销售机会，与二线主管进行汇报，并讨论确定的销售计划；周三，二线主管与中国区的主管汇报和讨论销售机会与销售行动；周四，中国区的主管将汇总的报表交给亚太区的主管，取得他的认可；周五，全球的报表就到了全球总裁的桌面。IBM 就是这样由下到上进行销售机会的管理的。

销售机会管理的本质是通用的、公司用于管理销售机会的工具和方法。虽然不同的公司称呼不一样，但跨国公司对于大型和复杂订单几乎都采用类似的工具。这种方法提供了销售团队关于进行沟通的语言，如各个销售阶段的定义，并且提供了衡量销售机会和关键的过程性的指标。

销售机会管理也体现了大型订单销售的精华，销售人员应该能够识别采购阶段，针对不同客户采取不同的销售策略。

销售机会管理包括表格或者系统中的部分，也应该包括系统外的定期的销售会议，进行讨论、行动计划、反馈和总结。

SAP Business One 中的销售机会功能支持您按照销售阶段的进展管理整个销售流程，预测潜在收入并分析销售业绩。在完整的销售框架中，SAP Business One 支持你记录新的商机，输入潜在销售额、客户、特定竞争对手或合作伙伴、预计结束日期和销售阶段等信息。该应用软件会即时计算预期毛利润和收入。随着销售阶段的推进和新数据的输入，预期利润和收入计算结果会动态更新，精确地反映当前状况，做到销售机会、赢得机会、机会管道和销售阶段的动态显示。

二、销售漏斗

销售漏斗是一个形象的概念，是销售人员普遍采用的销售工具。

漏斗的顶部，是有购买需求的销售机会；

漏斗的上部，是把本企业产品列入候选清单的销售机会；

漏斗的中部，是把本企业产品列入优选清单的销售机会，如二选一；

漏斗的下部，是基本上已确定购买本企业的产品，只是有些手续还没有落实的销售机会；

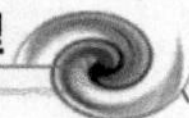

漏斗的底部，是我们即将成交的销售机会，如图 6-1 所示。

0．目标客户
1．获取机会
2．会议 1（了解需求）
3．会议 2（提供方案）
4．报价
5．议价
签单

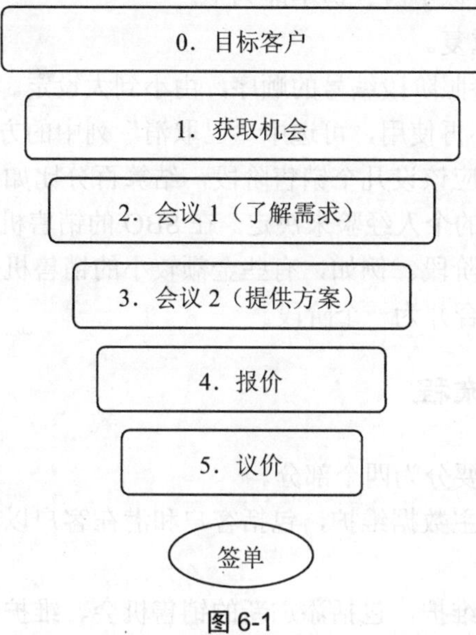

图 6-1

为了有效地管理这些销售机会，就要对所有的销售机会按上述定义进行分类。例如，处于漏斗顶部的销售机会，其成功率约为 6%；处于漏斗上部的销售机会，其成功率约为 20%；处于漏斗中部的销售机会，其成功率约为 40%；处于漏斗下部的销售机会，其成功率约为 60%；处于漏斗底部的销售机会，其成功率约为 80%。

在 SBO 系统中，在“销售阶段”界面下，定义销售漏斗。

选择“管理→设置→销售机会”，进入“销售阶段-设置”界面，如图 6-2 所示。

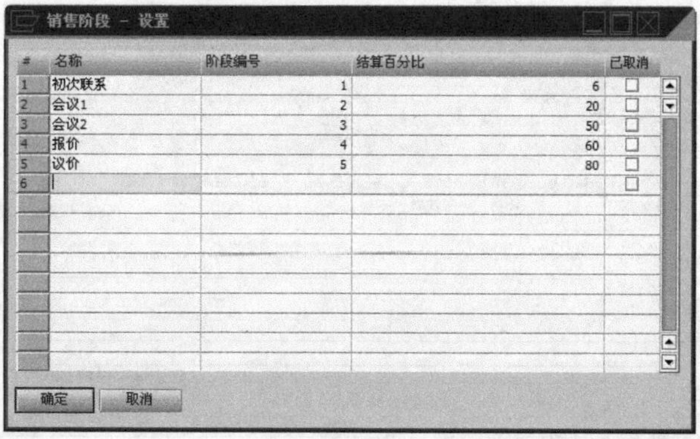

销售阶段 – 设置
名称 阶段编号 结算百分比 已取消
1 初次联系 1 6
2 会议1 2 20
3 会议2 3 50
4 报价 4 60
5 议价 5 80
6
确定
取消

图 6-2

应用说明：

（1）名称录入后，可以更改，但不能为空。

（2）阶段编号不能重复。

（3）结算百分比应参照阶段编号的顺序，由小到大设定。

（4）如果某个阶段不再使用，可选中“已取消”列中的方框。

在企业销售实务中，应该设几个销售阶段，结算百分比如何指定，这完全根据企业的实际情况以及销售主管的个人经验来决定。在SBO的销售机会管理中，并不是每个销售机会都必须经过每一个阶段。例如，有些金额较小的销售机会可能只需要与客户进行一次会议，把报价和议价合并为一个阶段。

三、销售机会管理流程

销售机会管理流程主要分为四个部分。

第一部分：业务伙伴主数据维护，包括客户和潜在客户以及与业务伙伴主数据相关的类别和属性等。

第二部分：销售机会维护，包括添加新的销售机会、维护销售漏斗各个阶段的具体过程、记录相关的活动、链接相关凭证等。

第三部分：利用SBO系统提供的不同报表，对销售机会和销售阶段进行查询分析。

第四部分：利用SBO系统特有的动态机会分析，对销售机会进行多维度的分析和动态跟踪。

销售机会的业务模型如图6-3所示。

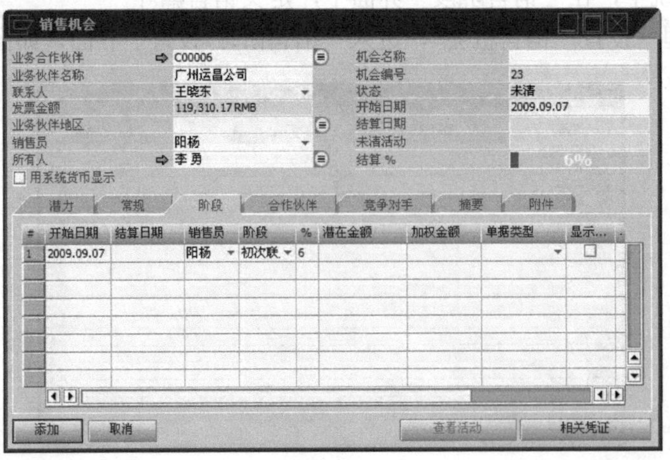

图6-3

利用 SBO 销售机会管理，可以帮助销售人员建立一种“结构化”的销售方法，更有效地促进销售。SBO 销售机会管理也能够帮助销售主管建立销售规范，督导销售团队，提升销售业绩。

（1）方便计算销售定额。根据销售阶段的结算百分比，可以计算出每个销售机会的加权金额，汇总加权金额后，就可以制定出销售人员在某一期间的销售定额。

（2）有效管理和督促销售人员。销售主管可以通过销售漏斗分析，及时发现问题，对症下药。例如，如果销售机会总是停留在漏斗顶部，说明该潜在客户还没有下决心购买，处于摇摆不定的状态，也可能是销售人员长期不联系，掌握的情况不准确；如果销售机会总是处于漏斗中部，说明该潜在客户处于两难选择之中，或者已经被竞争对手抢去，只是该潜在客户不愿意明说；如果销售机会总是处于漏斗下部，说明该潜在客户的公司内部有问题，可能意见不一致，或资金不到位，或上级不批准等。

（3）公平、有效地给销售人员分配资源。通过 SBO 销售机会管理，可以清楚地查看销售机会的分布状况。销售主管在给销售人员分配资源时，可以平衡各种因素。

（4）安全管理销售机会。当销售人员离职或调整岗位时，可以安全、方便地向新的销售人员移交销售机会。例如，在漏斗底部的销售机会，要上门移交；在漏斗中部的销售机会，要进行电话移交等。

四、销售机会应用

1. 销售机会概述

图 6-4 是销售机会管理的一般模型，描述了一个价值 10 000 元的销售机会。从左至右，一共五个销售阶段，最终与该潜在客户达成一致，说明赢得了该销售机会，把潜在客户转变成了正式客户。

接下来，我们在 SBO 系统中认识“销售机会”主界面，并熟悉销售机会的基本操作。

选择“销售机会→销售机会”，进入“销售机会”主界面，如图 6-5 所示。

2. 表头应用

（1）业务合作伙伴：按 Tab 键或单击“选择列表”图标，从业务伙伴清单视图中选择客户或潜在客户。如果是新的潜在客户，也可以在业务伙伴清单视图界面下，单击“新建”按钮，在业务伙伴主数据界面下新建一个潜在客户。选中客户或潜在客户之后，业务伙伴名称、联系人、发票金额、业务伙伴地区、销售员和所有人等会自动引入。除发票金额之外，其他内容都允许更改。

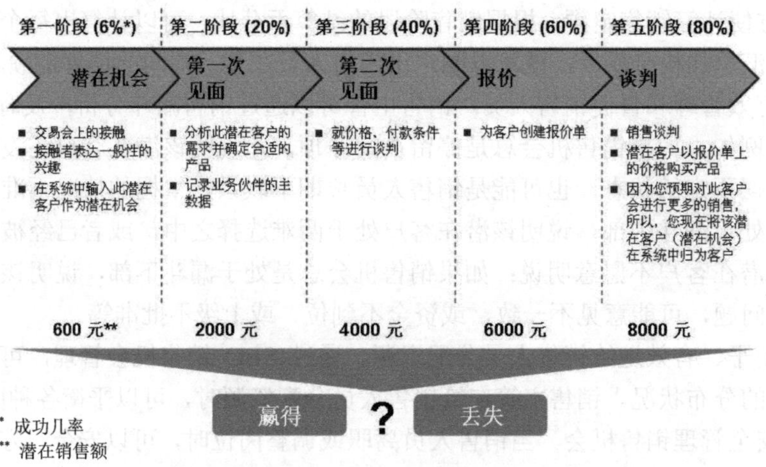

图 6-4

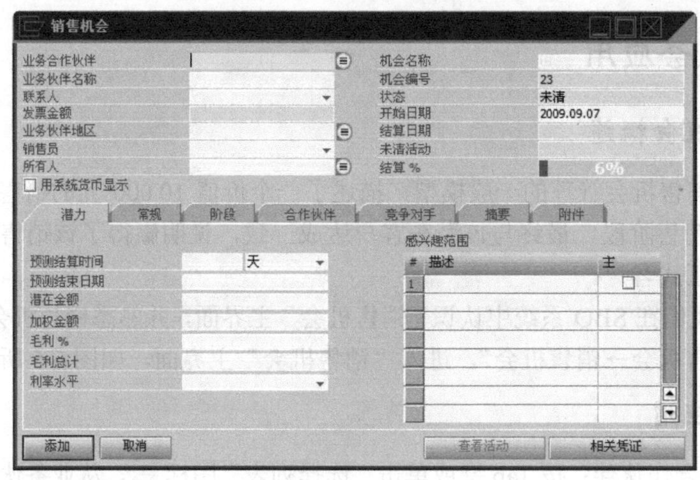

图 6-5

（2）机会名称：手工录入销售机会的名称，也允许为空。

（3）机会编号：自动创建，不允许更改。

（4）开始日期：默认系统当前日期。

（5）结算日期：“摘要”选项卡下机会状态为“打开”时，结算日期为空；当机会

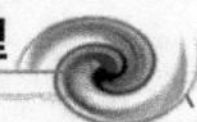

状态更改为“赢取”或“损失”时，系统自动取更改时的系统日期。

（6）未清活动：当“阶段”选项卡下关联有活动且活动状态为未清，即活动常规下的“已结算”为可操作状态时，此阶段会显示未清活动的数量。

（7）结算%：自动显示销售机会当前所处的销售阶段。在“阶段”选项卡下，显示最后一个阶段的百分比位置。

3. “潜力”选项卡

（1）预测结算时间：在下拉列表框中选择“天”或“周”或“月”；再手工录入时间单位的数字，如45天，或3周，或2个月。

（2）预测结束日期：基于“表头”部分的开始日期以及预测结算时间自动计算出来。当手工更改预测结束日期之后，预测结算时间也会自动更新。

（3）潜在金额：手工录入销售机会的预计成交金额。注意这是必填项！

（4）加权金额：当前阶段的结算百分比（“阶段”选项卡）与潜在金额的乘积。允许手工更改，但手工更改后，潜在金额会自动更新。

（5）毛利%/毛利总计：手工录入相应数字，录入“毛利%”的数字后，“毛利总计”会自动更新，反之亦然。

4. “常规”选项卡

（1）业务伙伴渠道代码：如果销售机会来自渠道合作伙伴，按Tab键或单击“选择列表”图标 ，从业务伙伴清单视图中选择渠道伙伴。

（2）项目：如果销售机会与某个项目相关，可以链接到项目，如灯塔计划、燎原计划等市场活动项目。

（3）信息源：记录销售机会的来源，如电话销售、互联网或朋友介绍等。

5. “阶段”选项卡

“阶段”选项卡是非常重要的一个界面，所有与业务伙伴、销售机会相关的活动都记录在这里，如图6-6所示。

（1）开始日期/结算日期：手工录入本阶段的开始日期和结束日期，结束日期不得早于开始日期。

（2）销售员：在下拉列表框中选择相应的销售员，允许为空。

（3）阶段：在下拉列表框中选择相应的阶段，默认为第一个阶段，如“初次联系”。单击下拉列表框后，允许创建新的阶段并选中它。

（4）%：自动引入与销售阶段相匹配的百分比，允许更改。百分比更新后，加权金

额也随之更新。

图 6-6

（5）潜在金额：自动引入“潜力”选项卡的潜在金额，允许手工更改。更改潜在金额后，加权金额会自动更新。

（6）加权金额：根据“%”列和“潜在金额”列自动计算，允许手工更改。更改加权金额后，“潜在金额”列不会自动更新，“%”列不会改变。

（7）单据类型：与该阶段相关的销售单据类型，主要是报价单与销售订单。当选择或录入新凭证时，如果单据金额与“潜力”选项卡的潜在金额及毛利不同，系统会提示是否“更新金额和毛利”。

（8）显示当前业务伙伴凭证：选中该选项后，只显示与销售机会表头的业务伙伴相关的销售凭证。若不选中，则显示与所有业务伙伴发生的销售凭证。

（9）单据编号：按 Tab 键，在凭证的清单视图下选择相应的销售凭证。如果需要创建新的报价单或销售订单，可在凭证的清单视图下单击“新建”按钮。

（10）活动：如果该阶段没有“活动”，单击黄色小箭头⇨，可以新建“活动”；如果该阶段已经有“活动”，单击黄色小箭头⇨，则可查看“活动”。一个销售阶段可以链接多个“活动”。

（11）所有人：自动引入“表头”的所有人信息，允许更改。删除原所有人后，按 Tab 键选择所有人。

当一个阶段录入完成后，把鼠标指针放在该阶段的行上，右击鼠标后选择“添加行”（或在数据菜单下选择“添加行”子菜单，还可以按快捷键“Ctrl+1”）命令，就可以录

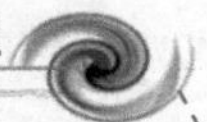

入新的阶段信息；如果选择“删除”或“复制”命令，则可以删除或复制该行的阶段信息。

添加新行后，前一行的阶段信息自动关闭，不允许修改。如果要更改前一行的阶段信息，则需要删除新的信息。

6. “合作伙伴”选项卡和“竞争对手”选项卡

录入与销售机会相关的合作伙伴和竞争对手，在SBO系统中的操作并不复杂，但在实务管理中这仍然是很重要的两项内容，在很大程度上影响销售机会最终的成败。

7. “摘要”选项卡

（1）机会状态：默认为“打开”，可以继续维护销售机会。如果最终赢得销售机会，则把状态改为“赢取”；如果最终输掉销售机会，则把状态改为“损失”。

（2）最终凭证总额：显示已与最后销售阶段相关的单据金额（不包括税）。如果没有任何单据与销售机会相关，则此字段中所显示的金额是在“潜力”选项卡和最后销售阶段中显示的潜在金额。

（3）单据类型：当凭证状态为“赢取”时，可以选择新的单据类型，并选择或录入新的单据，新的单据会自动更新最后一行销售阶段的单据编号。当凭证状态为“损失”时，最终凭证总额、单据类型和单据编号都不允许更改。

（4）原因：当机会状态为“赢取”或“损失”时，可手工录入赢取或损失销售机会的原因。

8. “附件”选项卡

选择与销售机会相关的附件文件，如图片、合同、订单等的电子文档、扫描件和传真件等。

9. 页脚的相关操作

（1）查看活动：查看与销售机会相关的活动。如果只有一个活动，则显示活动的详细信息；如果有多个活动，则先呈现一个活动概览报表，然后再显示各个活动的明细。

（2）相关凭证：查看“阶段”选项卡关联的报价单和订单等单据。

五、销售机会报表

SBO提供多种维度的销售机会分析报表，对机会预测、销售机会、销售阶段和已赢得的机会、机会管道进行分析。利用机会报表，销售主管能够了解企业销售的整体状况，

对销售机会加强跟踪、监控和分析，并了解和分析每个销售机会成功或失败的原因，以便更好地制订销售策略。

销售机会报表可以基于所有参数或某些参数进行过滤。选择参数通常会打开一个或多个窗口，可以从中选择不同的选项。有些报表不仅可以显示表格格式，还可以显示图形格式。

每个机会报表都有一个“机会报表-选择标准”窗口，用于筛选不同的条件，如业务伙伴、地区、主要销售员、阶段、金额和来源等，如图6-7所示。

单击某个选项右边的…按钮，就可在新的窗口内选择具体的条件。例如，用鼠标单击“阶段”选项右边的…按钮，则出现如图6-8所示的窗口，可以在该窗口的“选择”列下，选择一个或多个阶段，作为销售机会报表查询的条件。“机会报表-选择标准”窗口内，“阶段”左边复选框显示为被选中的状态。

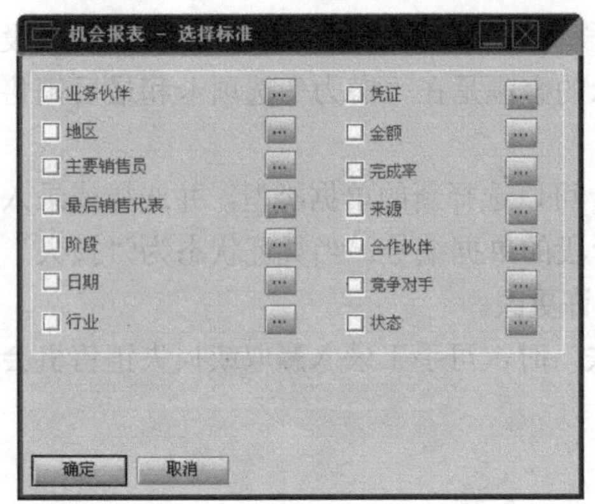

图6-7

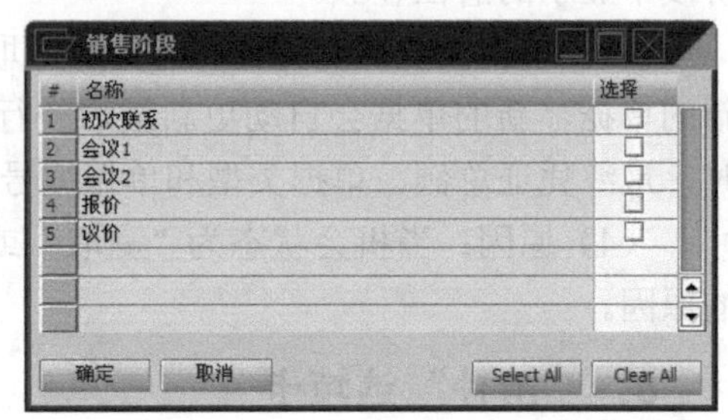

图6-8

如果你在“机会报表-选择标准”窗口中取消选中复选框（例如把“阶段”左边复选框☑内的√去掉，变成□），则下一次选择过程中将不考虑这个条件，尽管在“销售阶段”窗口中的字段仍处于选中状态。

不同的销售机会报表选择标准窗口下的分组也是不一样的。

打开销售机会报表后，你还可以通过工具栏中的“表格设置”按钮，选择显示或隐藏选定的列内容。

1. 机会预测报表

机会预测报表可以基于“预测结束日期”生成销售机会的未来预测报表，这对于制订销售机会的计划以及确定销售机会的优先级十分有用。

选择“销售机会→销售机会报表→机会预测报表”，进入“机会预测报表-选择标准”窗口，如图 6-9 所示。

选择标准：

在该窗口中，可以设两级分组，分组选择地区、主要销售员、业务伙伴。例如，我们要查看某个地区每个销售员的销售机会预测表，就应该在该窗口的“分组”下拉列表框中选择“地区”选项，在“分组（2）”下拉列表框中选择“主要销售员”选项，单击“确定”按钮后，显示按地区分类的机会预测报表，单击右下角的“全部展开”按钮，则显示地区和销售员二级分组的机会预测报表。

如果销售机会中的地区为空，显示分组报表时，将生成一个地区名称为空的组。

2．机会预测超出时间报表

机会预测超出时间报表为“未清”和“已结算”销售机会提供预测报表，显示“未清”销售机会和“已结算”销售机会的总计。在报表中，“已结算”销售机会的总计是“已赢得”销售机会和“已损失”销售机会的合计。

选择“销售机会→销售机会报表→机会预测超出时间报表”，进入“机会预测超出时间报表-选择标准”窗口，如图 6-10 所示。

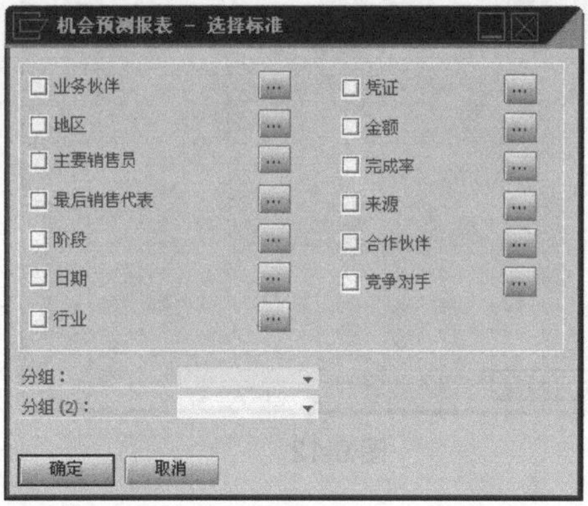

图 6-9

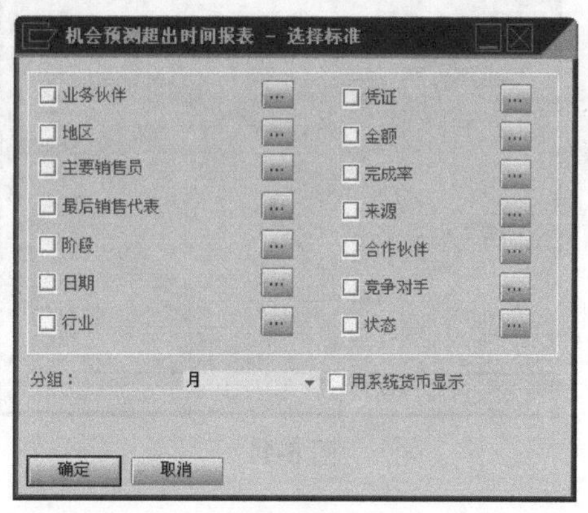

图 6-10

选择标准：

在该窗口中，可按月、季度、年选择不同的时间期间。例如，选择“月”作为分组条件，显示不同月份的未清销售机会的合计报表时，当期日期都超出了这些未清机会“预测结束日期”所设定的范围。单击各个黄色小箭头⇨，即可显示超出时间的未清机会的明细。

3. 机会统计报表

机会统计提供了未清机会和已完成机会的数量，可以根据选项和分组的各种组合对销售机会进行分类和显示。

选择“销售机会→销售机会报表→机会统计报表”，进入如图6-11所示窗口。

选择标准：

该窗口可实现两级分组，分组条件可以选择地区、主要销售员、业务伙伴组、业务伙伴代码、物料编号、物料组等。例如，在选择标准中，以地区为一级分组，以主要销售员为二级分组。

4. 机会报表

机会报表提供了所有销售机会的摘要，相当于销售机会一览表。只可以选择特定参数过滤的条件，不可以分组。

选择“销售机会→销售机会报表→机会报表”，进入如图 6-12 所示窗口，选择标准略。

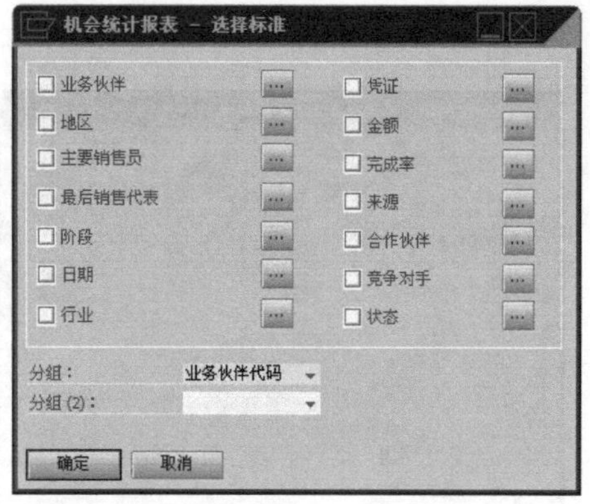

图 6-11

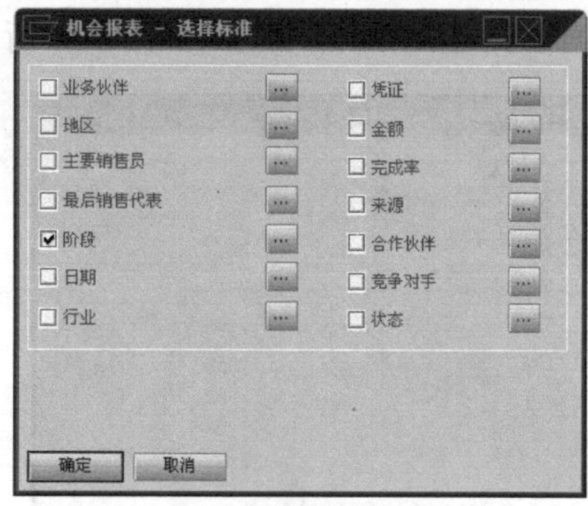

图 6-12

5. 阶段分析

阶段分析提供了销售活动成功率的概览，并以数字和图表的方式显示。

选择“销售机会→销售机会报表→阶段分析”，进入如图 6-13 所示窗口，选择标准略。

如果不修改所有选项，则默认全部。

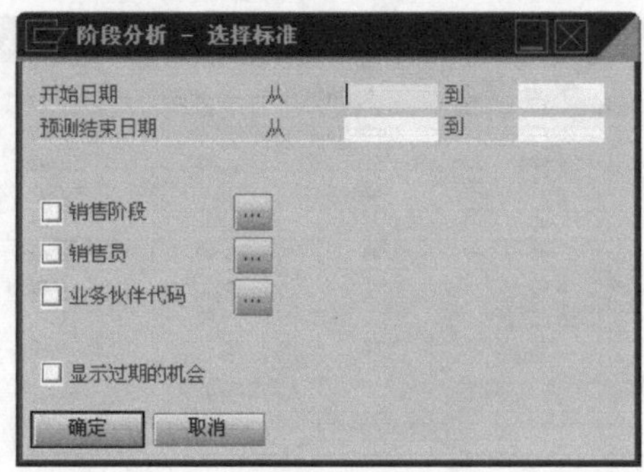

图 6-13

应用说明：

（1）计划完成率。显示为每个销售阶段定义的成功概率。

（2）实际完成率。赢得的销售机会数与所有“已结束”销售机会数的百分比。如果只有一个销售机会的状态为已结算并且已赢取结束，则在“实际完成率”列中将显示“100%”；如果四个销售机会中只有一个结算为赢取，则在“实际完成率”列中将显示“25%”。除了显示总计之外，还会按“销售员”显示此比例。

在实际中，计划完成率与实际完成率的对比应该是一个非常重要的管理指标，销售主管应该足够重视。

（1）阶段内的潜在客户数量。表示每个销售阶段在所有“已结算”销售机会中出现的次数。

（2）如果双击销售阶段左边的行号，则可查看该阶段销售机会的明细情况。

（3）单击销售阶段或销售员右边的 ... 按钮，可以设定显示范围；再单击“刷新”图标，则可显示新的图表。

6．在时间报表上的信息源分配

此报表根据销售机会的信息来源显示销售机会，并对其进行分组以显示特定期间（天、周或月）内的销售机会。

选择“销售机会→销售机会报表→时间报表上的信息源分配”，进入“在时间报表上的信息源分配”窗口，如图 6-14 所示。

选择标准：可以按天、周、月进行分组，图 6-14 中以“天”分组。单击“显示图形”按钮可以按图形格式来显示报表。在打开的窗口下，单击“设置”按钮可以提供许多选项，用于以各种格式显示图形（如饼图或条形图）、仅显示有限数量的信息源或者显示其他时间范围等。

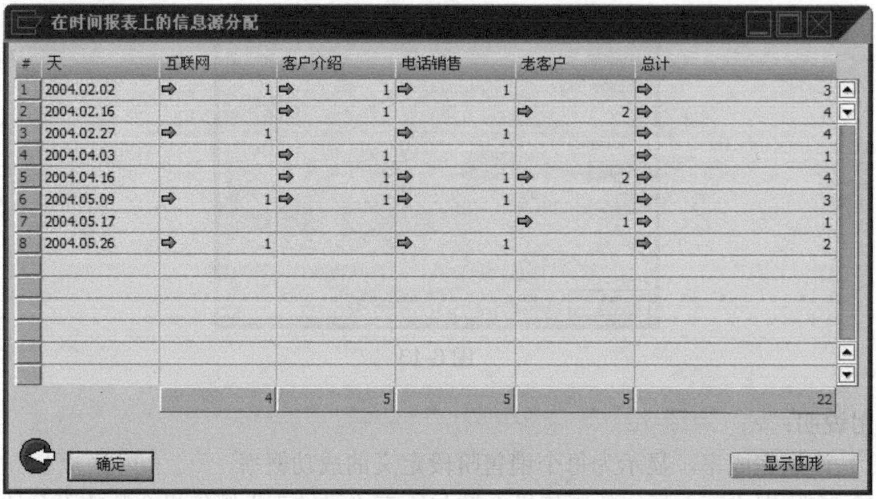

在时间报表上的信息源分配

#	天	互联网	客户介绍	电话销售	老客户	总计
1	2004.02.02	1	1	1		3
2	2004.02.16		1		2	4
3	2004.02.27	1		1		4
4	2004.04.03		1			1
5	2004.04.16		1	1	2	4
6	2004.05.09	1	1	1		3
7	2004.05.17				1	1
8	2004.05.26	1		1		2
		4	5	5	5	22

确定　显示图形

图 6-14

7. 赢取机会报表

赢取机会报表显示关于成功销售机会的信息。该数据提供了包括赢得机会数量、离结束剩余的天数以及这些机会的总计值在内的信息。

选择“销售机会→销售机会报表→赢得机会报表”，进入如图 6-15 所示窗口。

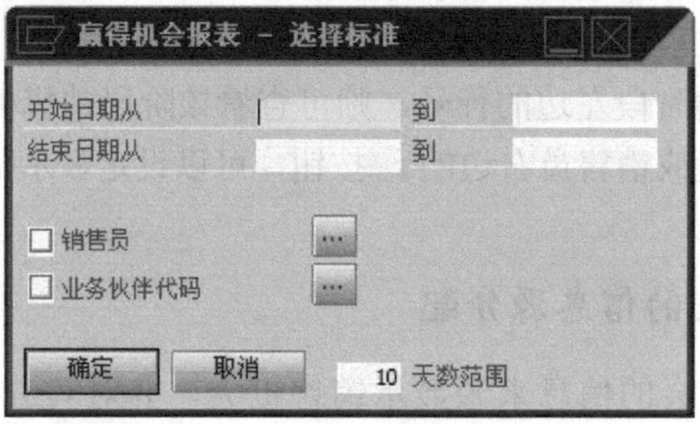

赢得机会报表 － 选择标准

开始日期从　到

结束日期从　到

☐ 销售员

☐ 业务伙伴代码

确定　取消　10 天数范围

图 6-15

选择标准：可以设定不同的天数范围，如 7 天、10 天、30 天等，以销售机会的开始日期和预测结束日期之间的天数为准。图 6-16 是以 7 天为范围显示报表。有两个图形显示了特定时间范围内的总计收入和机会数量。过滤包含特定日期、销售员和业务伙伴的报表。双击一行，可以查看已赢得机会的明细记录。

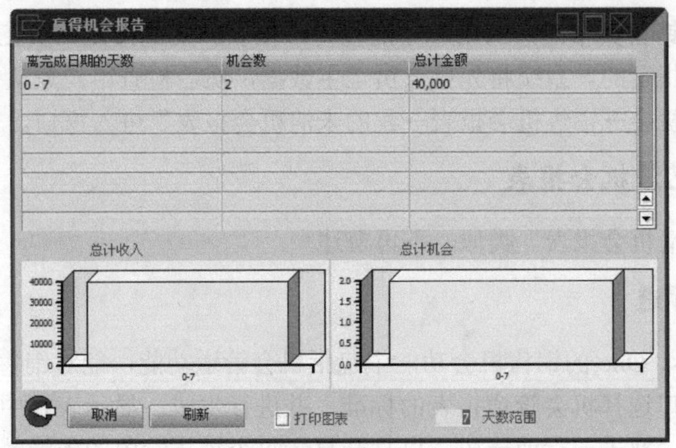

图 6-16

8. 失去的机会报表

失去的机会报表可以分析不成功的销售机会。此报表可以根据不同的标准进行过滤。

选择“销售机会→销售机会报表→失去的机会报表”，选择业务伙伴，确定后进入如图 6-17 所示窗口。

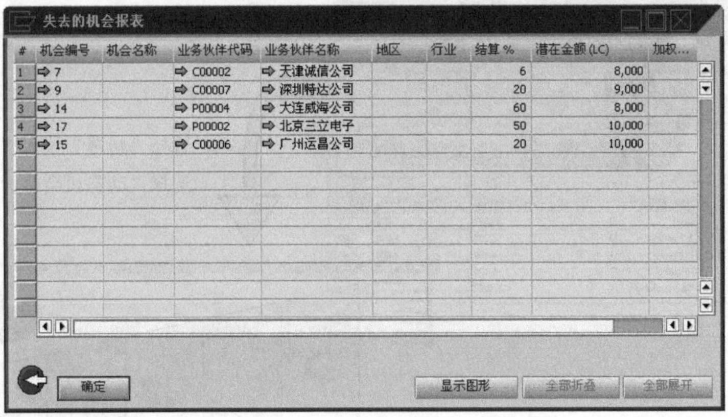

失去的机会报表

#	机会编号	机会名称	业务伙伴代码	业务伙伴名称	地区	行业	结算 %	潜在金额 (LC)	加权...
1	⇨ 7		⇨ C00002	⇨ 天津诚信公司			6	8,000	
2	⇨ 9		⇨ C00007	⇨ 深圳特达公司			20	9,000	
3	⇨ 14		⇨ P00004	⇨ 大连威海公司			60	8,000	
4	⇨ 17		⇨ P00002	⇨ 北京三立电子			50	10,000	
5	⇨ 15		⇨ C00006	⇨ 广州运昌公司			20	10,000	

确定 显示图形 全部折叠 全部展开

图 6-17

选择标准：可以按地区、主要销售员和业务伙伴进行二级分组，以查看丢失机会的具体情况。

9. 我的未清机会报表

我的未清机会报表没有选择标准，只显示每个销售员尚未结束的销售机会，而且只

有销售员或与此销售员相链接的用户才能查看该报表。此链接是在员工主数据窗口或用户默认值窗口中指定的。系统将先检查员工主数据，然后检查用户默认值。

选择“销售机会→销售机会报表→我的未清机会报表”进入窗口。

10．我的已清机会报表

与“我的未清机会报表”类似，不再赘述。

11．机会管道

SAP Business One 的销售机会功能中包括机会管道功能，能对销售阶段进行动态显示。你可从该窗口选择机会管道报表的标准，并进行生成，显示表行中的销售机会，或作为图形中的段。双击一行或一段，以打开显示每个销售阶段的未清销售机会清单的其他窗口。要显示每个销售阶段的数据摘要，请单击图形中的某个部分并按住鼠标不放。选择“清除条件”和“刷新”，可显示采用其他选择标准的表和图形。要打印窗口中显示的图形，请选择“打印图形”。

要在动态模式下查看未清机会，请参阅动态机会分析。要打开此窗口，可选择“销售机会→销售机会报表→机会管道”进入，也可以从“报表”模块中打开，如图6-18所示。

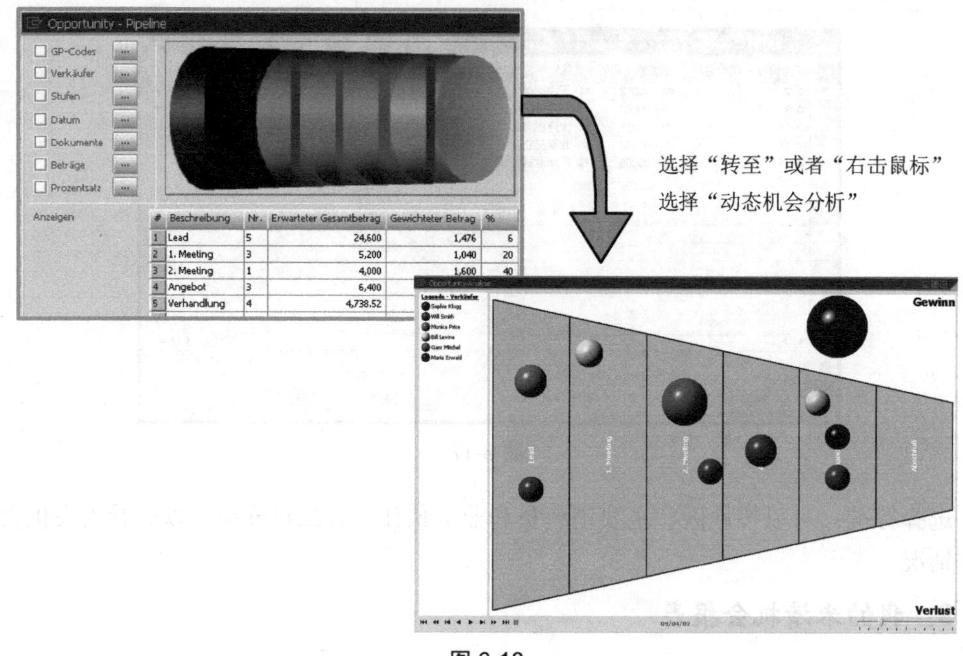

图6-18

任务二　销售订单及记录

任务引入

密密麻麻的小本子

几年前，山东省有一个电信计费的项目，A 公司志在必得，召集系统集成商、代理商组织了一个十几人的小组，住在当地的宾馆里，天天和客户在一起，并帮客户编写标书，进行测试，关系处理得非常好，大家都认为 A 公司拿下这个订单是十拿九稳的，但是投标结果却出人意料。

中标方的代表是一个普通的女子，姓刘。事后，A 公司代表问她："你们是靠什么赢了那么大的订单呢？要知道，我们的代理商很努力呀！"刘女士反问道："你猜我在签这个合同前见了几次客户？"A 公司的代表说："我们的代理商在那边待了整整一个月，你少说也去了二十多次吧。"刘女士说："我只去了 3 次。"只去了 3 次就拿下 2 000 万元的订单？肯定有特殊的关系吧，但刘女士说在做这个项目之前，她一个客户都不认识。

原因究竟是什么呢？

刘女士第一次来山东谁也不认识，就分别拜访电信局里的每一个部门，当拜访到局长的时候，局长却出差了。经过询问，她知道了局长入住的宾馆，并马上给那个宾馆打电话说："我有一个非常重要的客户住在你们宾馆，能不能帮我订一个果篮，再订一个花盆，写上我的名字，送到他的房间去？"然后她又打了一个电话给她公司的老总，说这个局长非常重要，现在在北京出差，无论如何你要在北京把他的工作做通。她马上中断了拜访行程，赶了最早的一班飞机回到北京，下了飞机直接就去宾馆找局长。等她到宾馆的时候，发现她的老总已经在和局长喝咖啡了。在聊天中他们得知局长将有两天的休息时间，就请局长到公司进行参观，局长对公司的印象非常好。一起吃完晚饭后，刘女士又邀请局长观看当时北京正在上演的话剧《茶馆》。这是因为她在济南的时候问过办公室的工作人员，得知局长很喜欢看话剧，以上的努力自然使局长很高兴。第二天，刘女士又开车把局长送到了机场，然后对局长说："我们谈得非常愉快，一周之后我们能不能到你那儿做技术交流？"局长很痛快就答应了这个要求。一周之后，刘女士的公司老总带队到山东进行了技术交流，而她当时因为有事没去。老总后来对她说："局长很给面子，亲自将所有相关部门的有关人员都请来，一起参加了技术交流，在交流的过程中，大家都感到了局长的倾向性，所以这个订单很顺利地拿了下来。后来又去了两次，第三次合同就签下来了。"

A 公司的代表听后说："你可真幸运，刚好局长到北京开会。"

刘女士掏出了一个小本子，说："不是什么幸运，我所有客户的行程都记在上面。"

打开一看，上面密密麻麻地记了很多人的名字、时间和航班，还包括客户的爱好是什么，他的家乡是哪里，这一周在哪里，下一周去哪儿出差。

如何解决此类问题？为此你可能需要具备解决以下两个任务的能力。

任务 1：创建销售订单记录。

任务 2：销售订单记录查询分析。

任务分析

一般企业业务员工作好坏的主要衡量标准，还是以销售订单量作为主要的业绩指标。因此，对销售订单的管理显得特别重要。同时，由于订单是销售合同的主要内容，因此对销售订单的记录管理也就成为订单管理的主要内容。有了订单记录，下错单、报错价、送错样品、忘了向上汇报等差错就可减少到最少。

订单管理的具体操作流程（以源海客户关系管理软件为例）介绍如下。

任务 1 操作要点提示：

（1）单击主菜单“客户沟通”下的“订单记录”，或软件桌面快捷方式“订单记录”进入“订单记录”窗口；

（2）从左边窗口选择所要接触的客户名称，此时以前所有的接触全部自动显示；

（3）单击“增加”按钮，在客户接触输入框中输入订单内容；

（4）当完成增加内容后，单击“保存”按钮时，系统会提示“需以后提醒再次沟通吗？”，如确定，会在 12 小时后或默认设置的时间段后提醒你下次再联系。

此操作需注意一个要点：订单记录创建时，请确定是否对客户进行过编号（唯一编号），否则记录定位不准。

任务 2 操作要点提示：

（1）单击主菜单“统计”下的“沟通统计”，再进入“订单记录”窗口；

（2）从选取日期及选取顾客窗口中选取适当条件进行统计；

（3）单击“To Excel”按钮可将统计列表的信息导出到 Excel 中。

知识链接

一、以客户为导向的营销策略

以客户为导向，就是实行全方位覆盖客户购买要素的营销策略。客户有什么样的需

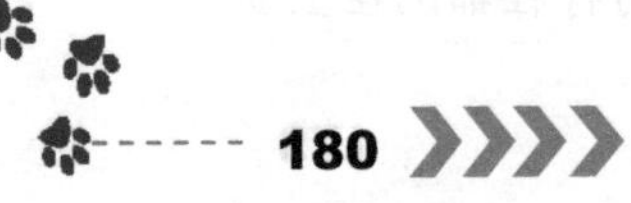

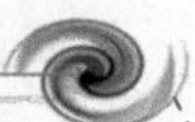

求，销售人员就提供什么样的产品，对于生产商来讲，就是“以销定产”。

1. 销售的四种力量

在销售过程中，一定要坚持以客户为导向的销售策略。在安排销售的时候，更要看到做什么可以让客户购买的四个要素都得到满足，这就体现出销售的以下四种力量。

（1）介绍和宣传产品。客户购买的第一要素是了解。那么，做什么可以让客户来了解产品呢？销售人员要做的就是介绍和宣传自己的产品、自己的公司以及相应的服务，即针对客户的第一个要素，销售人员要仔细介绍和宣传，我们把它叫做销售的第一种力量：介绍和宣传产品。

（2）挖掘和引导需求。客户购买的第二要素是需求。针对客户的不需要或者觉得不值得的要素，销售人员要做的就是挖掘客户的需求，并且引导客户的需求，这就叫做销售的第二种力量：挖掘和引导需求。

（3）建立互信关系。客户购买的第三要素是相信。对于客户的不相信，销售人员就要跟客户建立互信的关系，使得客户能够相信他的介绍，以及相信他这个人，使客户愿意讲清自己的需求，这是销售的第三种力量：建立互信关系。

（4）超越客户期望。客户购买的第四要素是满意。在销售产品之后，销售人员就要在第一时间跟客户取得联系，询问客户是否满意。如果不满意，就要再做一些事情让客户满意，来提高满意度，争取超越客户的期望。客户满意不满意来自一个期望值，如果产品没有达到期望值，客户就不满意，超过期望值他就觉得很满意。所以，针对客户的第四种力量：超越客户期望。

针对客户购买的四个要素，存在销售的四种力量。换句话说，销售人员就是要通过这四种力量把产品销售出去，销售团队做的就是这四件事情。

2. 制定销售策略需考虑的因素

销售人员的数量是有限的，销售费用也是有限的，因此不可能无限制地花费财力和物力来进行销售，所以要计算成本。在制定销售策略的过程中，应考虑以下因素。

（1）费用。费用就是销售人员在每次达到销售目的的过程中花费多少钱。

（2）时间。大家都知道，市场如同战场，时机稍纵即逝，所以销售人员要在很短的时间内把产品介绍出去，要在很短的时间内挖掘客户的需求，在很短的时间之内赢取订单。

（3）客户的覆盖面。

① 覆盖客户的数量。即在某一时段内接触产品信息的客户的数量。

② 覆盖客户的级别。尤其在大客户销售过程中，不成功的销售员都有一个很明显的

特点，就是他们不善于向高层客户进行销售，他们的拜访或销售活动集中在中下层的客户群中。事实上，决定权是在决策层，如果销售人员总是在拜访低层次的客户，就不能拿到订单。所以在衡量销售活动的过程中，要弄清覆盖的是什么样的客户，挖掘需求是挖掘谁的需求，是很重要的客户还是不太重要的客户的需求；在介绍产品的时候，要弄清在向谁介绍，对象是谁，他是什么样的级别。

③ 区分客户的职能。需要拜访的客户按职能可以分三种：财务层的客户、使用层的客户、技术部门负责把关的客户。在销售过程中，销售人员一定要拜访这三种职能的客户。

因此，以客户为导向的营销模式就是以客户为导向的经营策略，除了要善于使用销售的四种力量——介绍和宣传产品、挖掘和引导需求、建立互信关系、超越客户期望——之外，还要衡量一下销售活动到底花了多少代价——在时间上的代价、费用上的代价；要分析销售活动的对象——是覆盖高层次的客户还是低层次的客户，是不是只覆盖了某一个职能的客户；是否要全方位地介绍和挖掘客户的需求。这些综合在一起，就是以客户为导向的销售策略。

二、销售情景案例及分析

案例 6-1

满足客户购买的四个要素

情景 1

销售员：我手中有一枚印章。您看，它的包装非常漂亮，打开盒子，里面是一枚精美的印章，它价值 500 元人民币。您是否愿意花 500 元买这枚印章呢？

客户：我对它不了解，我不买。

分析：影响要素之一，要对产品进行了解。

情景 2

销售员：我现在给您介绍一下。打开包装盒之后，您就可以看到一枚亮闪闪的印章。您看，印章包装盒上的雕刻图案是多么精美；打开盒子，里面是一块十分精美的和田美玉，您可以在这上面刻上您的名字，在各种场合使用这枚印章。现在您对产品有了初步了解，它只卖 500 元。您愿意买吗？

客户：价格是 500 元，我怎么知道它值不值，所以我很难决定是否购买。

分析：影响要素之二，客户要有需求并考虑有价值。

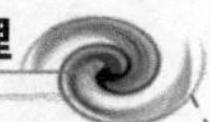

情景 3

销售员：您可能不知道这枚印章的来历，它可不是一般的印章，而是乾隆皇帝佩戴过的，并在大婚的时候送给他的皇后，这可是刚出土的印章。现在只卖 500 元。您愿意买吗？

客户：我不知道你说的是真还是假，它到底是不是乾隆皇帝佩戴过的，所以我还是不能购买。

分析：影响要素之三，客户要能相信。

情景 4

假若在销售员的努力下，客户花了 500 元买了这枚印章。由于客户非常想知道印章是不是乾隆的印章，就拿到一家古董店鉴定，结果真的是乾隆佩戴过的，而且老板还当场花 50 万元收购了印章。一年后这个客户与销售员又相遇了。

销售员：您去年买的印章和这个一模一样，还是卖 500 元。您要不要再买一个呢？

客户：你上次的确没有骗人，我再看看这个印章，如果的确是一模一样就可以购买。

分析：影响要素之四，客户要满意。

思考与讨论

影响客户购买的要素主要有哪些方面？

实训题

实训 6-1 销售机会管理实训

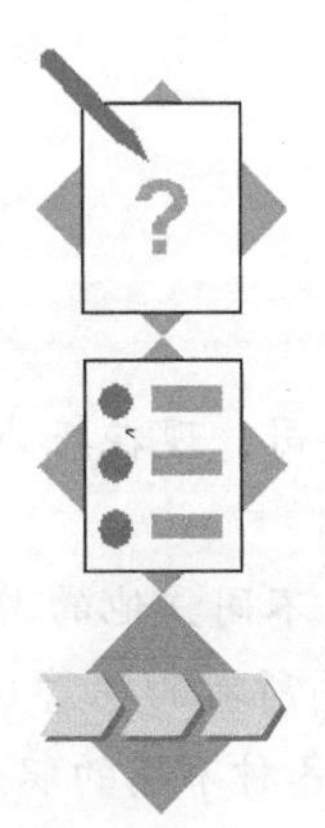

学习情境：销售机会管理
主题：销售机会管理实训

完成这些练习后，你将能够：

- 使用 SAP Business One 中的销售机会和活动操作
- 使用源海 CRM 中的“客户信息”与“客户沟通”管理

要能够从初始联系人一直跟踪到订单的下达，这样，就可以使用这些信息分析过去和计划未来了。

在交易会上，已经与潜在客户有了初步的接触。

1.1　在系统中输入“红日”公司作为潜在客户

分配销售员小张负责这个潜在客户。

1.2　创建对新潜在客户“红日”的销售机会

输入所有相关背景信息（感兴趣的程度等）并把这个机会归为潜在机会阶段（第一阶段），起始日期为当天，结束日期为当天+2 天。你期望在三个月内完成金额为 10 000 个本币单位的谈判。

1.3　在与该潜在客户初次见面（起始日期：当天日期+3 天）后，获取了更多有关物料和潜在销售值的具体信息

潜在销售值增加到 12 000。调用对“红日”公司的销售机会，给此销售机会添加一个新行，并扩展到潜在客户阶段。更新此行中的潜在总额，然后输入此次见面中获取的所有相关信息作为活动。保存此文档。

1.4　在第二次见面（当天日期+4 天）时，为该潜在客户创建物料 A1003（100 个单位）和 A1004（100 个单位）的报价单

添加报价阶段，然后把创建的报价单分配到上述销售机会阶段（链接）。请注意，潜在销售额是怎样随着链接报价单的总金额而变化的。

1.5　一个星期后，询问客户对该报价单的意见

系统应该提醒你与客户通一次电话。如何建立此提醒呢？

1.6　现在，来看一下此销售机会是如何在机会管道中发展的

定义所有需要的限制条件（诸如销售员或创建日期）。查看动态机会分析，使用设置按钮配置动态机会分析窗口，这样就可以查看所选机会的进展。

1.7　是否可以从系统中删除此销售机会

1.8　是否可以从系统中删除该潜在客户的业务主记录

案例分析

休闲艇公司的新机会

休闲艇公司坐落在一个风景优美的湖边。马杰两年前买下了这个公司，现在正为如何摆脱为生存而挣扎的局面而发愁。

休闲艇公司主要靠为旅游者出租小艇获得收入。和这里的其他公司不同，他的游艇都属于一个全国知名品牌，因此小艇在质量上比别人要高。前年，马杰用所有的积蓄（大约 15 万元）买下这个公司。他自己没做过正规的管理和销售，但是干过各种不同的职业，

并且是个不错的技工。从一开始，他就雇了他的朋友老李一起干。老李和他的背景一样。

在公司开张几个月后，他们发现这行的特殊性了：在旅游旺季，他们非常忙碌，每天工作超过16个小时，就是这样，有时维修和出租还赶不上进度；在旅游淡季，他们则整日无事可做。

休闲艇公司的出租价格一直保持稳定，但是其他竞争者已经开始削价竞争了。这很让马杰反感——那些人甚至在旅游旺季一开始就降价！马杰不愿加入这个行列，一方面是因为利润本来就很微薄，他觉得再降肯定导致恶性循环；另一方面，他经营的品牌是这里唯一的，他觉得这点上他有优势，虽然其他牌子在功能上和他的没什么差别。

马杰决定在别的方面下工夫：公司形象和售后服务。他买了一些广播段和报纸上的广告栏，努力塑造一个好的企业形象。偶尔他会提到品牌的名称，但是大多他都宣扬自己公司的周到服务。考虑到无论什么品牌，其性能都非常接近，马杰觉得靠公司的特色服务才能与众不同。

两年以来，马杰一直惨淡经营。事实上，每年的收入除去他和员工的工资以及其他成本，所剩无几，他的15万元投资始终没有收回。

这个时候，有家山地车公司的销售代表来找他。山地车近年来在学生和发烧友中非常流行，销售代表说整个行业的销售还在快速增长（虽然增长率没有以前高了），并且看样子还能增长很多年。让马杰心动的是销售代表谈到，山地车的购买者总是倾向于购买质量好的产品，并且依赖完善的技术服务，他称赞马杰重视技术维修服务的经营理念和他们公司的相符合。同时，销售代表提出了很好的条件：90天的赊账期以及5万元的广告津贴以帮助马杰推广此项产品。

马杰对于山地车并不陌生，他了解这种产品的销售的确在很大程度上依赖服务，他对自己和伙伴的技术能力也有信心。但是他同时知道不远的城里，就有一家很大的连锁店，售卖质量性能相同的其他品牌，那里不仅价格有吸引力，它的技术支持也很出色。马杰虽然明白山地车的销售中服务的影响大于价格的影响，但是他觉得自己必须想出一个办法，使得自己的销售和强有力的竞争者区别开来。

问题：你觉得马杰的思路正确吗？他是否应该接受这个新机会？如果接受，他该如何制订有效的计划呢？

学习情境七 客户服务

学习目标

❖ 明确客户服务的内容，把握客户服务流程；
❖ 分析客户抱怨的原因，将客户抱怨变为商机。

技能目标

❖ 能够进行客户服务管理，并优化客户服务流程；
❖ 能够正确处理客户抱怨，掌握客户投诉处理技巧。

任务一 客户服务管理

任务引入

100年后的提醒

武汉市鄱阳街有一座建于1917年的6层楼房——景明大楼，该楼的设计者是英国的一家建筑设计事务所。20世纪末，这座楼宇在漫漫岁月中度过了80个春秋后的某一天，它的设计者远隔万里，给这一大楼的业主寄来一份函件。函件告知：景明大楼为本事务所在1917年所设计，设计年限为80年，现已超期服务，敬请业主注意。真是闻所未闻，80年前盖的楼房，不要说设计者，连当年施工的人，都很少在世了吧？然而，至今竟然

还有人为它的安危操心，操这份心的竟然是它最初的设计者，一个异国的建筑设计事务所。

2007 年年底，上海市政工程管理局收到一封寄自英国名叫华恩厄斯金设计公司的来信。信中说，外白渡桥当初设计使用期限是 100 年，于 1907 年交付使用，现在已到期，请对该桥注意维修。信中还特别提醒，在维修时，一定要注意检修水下的木桩基础混凝土桥台和混凝土空心薄板桥墩。这家设计公司还为上海市政工程管理局提供了当初大桥全套的设计图纸。铺开这些设计图纸，人们惊讶地发现，虽然经历了百年岁月的浸润，但这些图纸却保存得完好如初，没有一点划痕、皱褶。图纸虽然是手工绘制而成的，但线条却工工整整，每一个数据、每一个符号，都不差分毫；设计者、审核、校对、绘图人的姓名都一目了然，清晰可见。

经过百年的沧桑和巨变，这两家英国设计公司的办公场所是换了一处又一处，人员是换了一茬又一茬，当初大桥的设计者也早已作古，但是，为顾客搞好售后服务，讲究信誉，视质量为生命，却一直没有变。

相比之下，我们国内企业更多关注的是订单的完成和产值的提高，在如何有效地服务客户方面做得很不够。很多完全有能力提供良好服务的公司之所以选择不这样做，不是因为他们贪污腐化，也不是因为管理失败，而是因为他们觉得糟糕的客户服务是桩好生意。有线电视供应商就是最好的例子，他们完全没有竞争对手，长期以来占据垄断地位，即使服务不到位，他们也没有任何损失。顾客因为没有别的选择只能忍受他们不以为然的态度。因为这一点，他们在居民心目中的“喜爱程度”只比蟑螂差几步而已。

客户服务工作是客户关系管理的核心组成部分，服务也应该是企业基本经营理念的核心部分。尊重客户，理解客户，持续提供超越客户期望的产品与服务，做客户们永远的伙伴，是企业应该坚持和倡导的服务理念。如果企业能够站在客户的角度而非自己的角度看待服务，努力提供客户想象的服务，且不管它会不会直接影响到企业的利润，客户服务糟糕这个问题就能迎刃而解了。

客户服务管理体系是以客户为对象的整个服务过程的组织构成和制度构成。有效的客户服务管理体系是保证客户满意的必要条件，它能够增加客户满意度、培育客户忠诚度，为企业赢得良好的口碑，有利于扩大业务量，有利于树立良好的企业形象；反之，差的客户服务体系会降低客户满意度，使公司没有回头客，长此以往，必然会极大地影响公司的业绩。

本子情境需要完成以下两个子任务：

任务 1：明确客户服务的内容，建立完善的服务合同。

任务 2：重视服务过程，正确运用用户服务跟踪卡。

任务分析

一、明确客户服务的内容

一般认为，争取新的客户主要依靠营销管理、产品性能、定价因素的改善，但不容忽视的是，在某些领域，尤其是高技术领域，客户服务也是创造需求的主要影响因素之一。同时，客户服务又是创造回头客的最佳手段，对消费需求有着重要影响。客户服务的主要内容包括以下四个方面。

1. 交易前因素

交易前因素主要包括企业制定的各种规章、政策，为客户需要所建立的完善的客户服务体制等，这些因素为提供好的客户服务建立了良好的氛围。包括企业的书面客户服务章程在内的公司文件应反映顾客需要、界定服务水平、确定客户服务监督机制。

2. 组织结构

企业的组织结构应该有利于与客户的沟通，有利于协调企业内部管理，提高服务质量，及时处理遇到的问题。这需要职责分明、权限清晰，还要配合适当的奖惩措施。

3. 系统灵活性

系统灵活性指对突发事件的快速反应能力。这里的突发事件包括突然出现的自然灾害、政府禁令、社会动荡，以及经营合作伙伴的突然变化等。

4. 技术服务

在不同的行业，技术服务的内容也略有不同。如信息技术服务主要通过促进信息技术系统效能的发挥来帮助用户实现自身目标的服务，主要包括以下八大类：信息技术咨询、信息技术运维、设计开发服务、测试服务、数据处理服务、集成实施服务、培训服务、信息系统增值服务；而在机械工业产品方面的技术服务则主要包括信息服务、安装调试服务、维修服务、供应服务、检测服务、技术文献服务、培训服务等七个方面。

客户服务内容的明确可以增加服务价值、形象价值。以建筑设计院为例，从前期与客户洽谈项目到后期服务的各个方面都要详细规定，具体包括项目洽谈、可行性研究、项目建议书、方案设计、施工图初步设计，以及施工图设计、设计交底、施工配合和竣工验收等方面，同时对各项服务内容的岗位人员的责权利进行详细的规定。这些规定要

按照“双赢”的角度来制订，一方面要考虑企业的利益，另一方面要考虑客户的利益。

表 7-1 为某电脑租赁和 IT 外包服务公司的“常规客户服务工作的内容”。

表 7-1 常规客户服务工作的内容

客服项目	客服内容
售前业务咨询	专用 400 电话和固定电话主被叫 专用即时通信及在线客服工具全天候伺服 来电、电子邮件、即时通信信息回复和反馈 宣传物料内容及邮寄
技术方案制订	前期的市场调研和客服需求分析 技术方案的制订和确认 技术方案的组织与实施细则
业务流程管理	签约及协议文本邮寄 开始服务和流程确认 合作期间的业务跟踪及信息管理 合作结束后的跟踪与反馈
业务流程管理	增值服务及实施
技术支持和服务	操作系统及特定商用正版软件 自主知识产权网络应用平台软件的使用 远程技术支持和服务 上门技术支持和服务（具体细则以正式合同为准） 项目实施现场技术支持与服务 设备自然损耗送修 软件系统自然故障远程技术支持 设备自然损耗上门维修并提供备件 设备人为损坏送修并提供备件 设备人为损坏上门维修并提供备件 软件系统人为破坏远程技术支持 软件系统人为破坏上门技术支持 上门更换设备或更新软件系统
质量管理	服务态度和质量 服务效率和效果 合作进程跟踪和单据管理 合作协议执行进程、时限和进程跟踪 客户合作体验调查和改进反馈 客户与合作内容相关的经营风险预警提醒机制 服务满意度调查和数据反馈

续表

客服项目	客服内容
投诉管理	投诉受理和派单 投诉处理结果跟踪和反馈 投诉内容和信息管理 投诉处理满意度调查和结果反馈
信息管理	合作细节不向任何第三方披露管理 客户档案、客户个体和组织隐私管理 客户关联信息或数据保密管理 合作过程及结果文件管理

二、优化客户服务流程，重视服务过程

这可以直接减少客户的时间成本、体力成本、精力成本，提升企业的服务价值和形象价值。某个企业会有多个部门与同一客户产生关系，客户在办事时往往要自己去和不同的部门接触，增加了办事的难度，降低了效率和满意度。所以，应该对与客户有关系的服务进行分析，尽可能地简化服务环节，能内部协调的事情通过内部处理，保证对客户服务出口的统一。

在服务流程优化的基础上，要重视服务过程。我们往往强调服务结果是提供客户满意的产品，其实只要对客户服务各个环节的过程进行充分的重视和控制，就能保证结果的满意，使客户不仅对服务的结果满意，也对服务的过程满意。

如今，关于客户服务的大多数专业书籍皆认为客户服务不再是企业中某一个部门的事，也不再是某一种万金油式的技术解决方案，它已经成为一种理念，并贯穿于整个企业中的方方面面。但根据Gartner最新发布的一份名为《七大客户服务流程，2008到2011》的报告所称，许多企业依然没有对客户服务形成足够的重视。

Gartner的副总裁Michael Maoz表示，客户服务不断演变，在部分优秀企业重新思索它们在过去十年中的历程的同时，依然还有不少企业在原地踏步。“优秀企业会先知先觉，但还有75%～80%的企业仍然没有意识到客户体验的重要性，他们以为自己很了解客户”，Maoz补充道。

Maoz认为，为了与客户预期保持同步，企业应当将客户服务作为一部分并入到商业战略中。他表示，“过去，客户服务只是一个部门的事，而现在，它开始变成了一种企业战略。这种转变对企业如何跨越不同的通信渠道来设计流程有着深远的意义。”

Gartner在该份报告中罗列出了以下七大客户服务流程：

（1）协同与社区管理；

（2）在呼叫中心系统内建立智能对话；

（3）跨客服渠道和职能来获取更全面的分析流程；

（4）优化坐席工作流程；

（5）客户自助服务流程；

（6）企业反馈管理；

（7）通过统一通信来提供持续的、多渠道的客户服务。

其中，Maoz 认为协同与社区管理对那些想要大幅提高客户服务质量的企业来说是一个基本环节。研究指出，一个能够支持并与社区协同的系统必须含有若干个组件，其中包括讨论板、即时通信、内容创建和管理工具、E-mail、信息和文件张贴、搜索、博客以及分析。他表示，“企业应当更多地让客户参与到社区中。只有这样，客户服务流程才能发挥真正的作用。如今越来越多的人，尤其是新世纪的消费者，都偏向于从亲朋好友而不是从企业那里获取信息。”

Maoz 表示，随着时间的推移，留住客户的因素将不再局限于产品或服务的价格、质量或方便性，更多的是客户体验的优劣。

福克斯客户服务流程（见图 7-1）是根据不同客户的特点和情况，在标准咨询、策划服务的同时增加的部分服务项目和服务内容。

在咨询立项过程中，福克斯从一开始就向客户提供一些免费咨询，包括初步调研、相关信息交流，帮助客户更容易地理解咨询的作用、特点和价值，便于达成共识。项目开始后，根据项目阶段进程，提供多种培训和指导工作。项目合同尚未包含的一些培训和指导内容，是福克斯从更好地进行咨询服务的角度出发，根据项目进度的需要为企业特别提供的。在咨询项目执行过程中，部分实施辅导也常常以正式组织培训的方式进行，部分信息和指导服务则以咨询例会等形式提供。在项目实施后期，福克斯会继续和客户保持长期不定期的沟通联系，包括回访客户和咨询效果复诊，确保咨询效果长期稳定有效。

知识链接

一、SBO 系统：服务管理的基本流程

SAP Business One 的服务模块用于服务代表和客户之间的互动管理，它确保在服务合同、项目和序列号、客户投诉和咨询，以及执行众多相关功能时输入和维护信息，同时建立企业级的解决方案知识库。通过此模块，可优化销售部门和服务部门的潜力，支持服务运行、服务合同管理、服务计划、跟踪客户交互活动、客户支持和销售机会的管理。

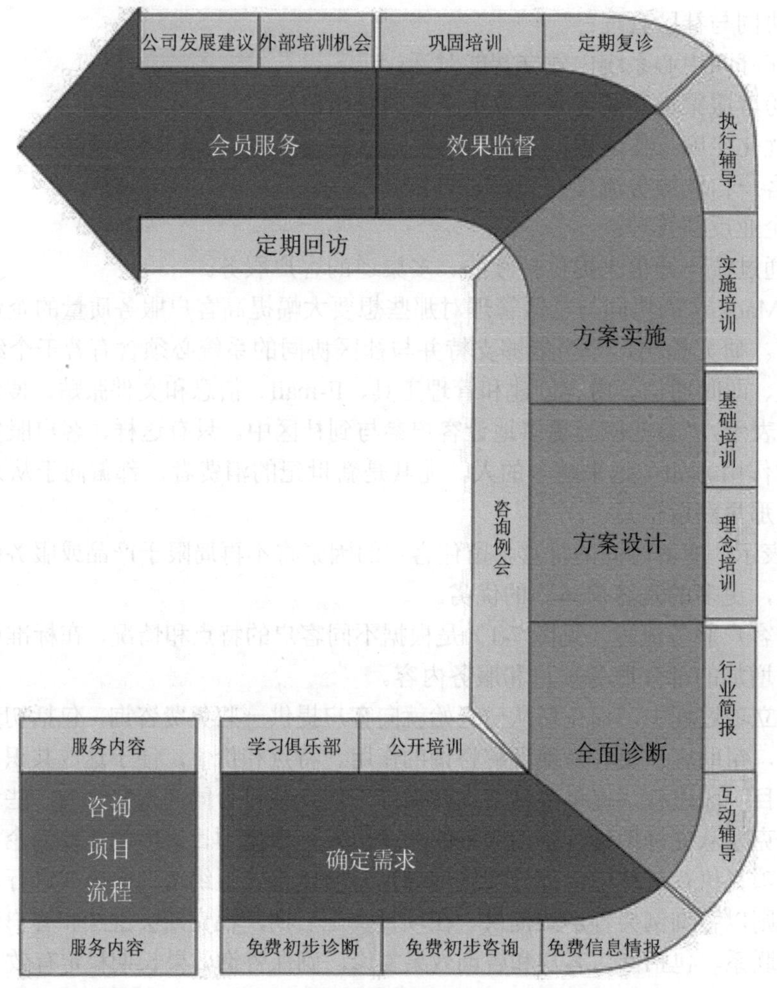

图 7-1

在 SAP Business One 中，服务管理的基本流程如图 7-2 所示。

SAP Business One 中客户服务管理的主要特点如下。

（1）使用服务合同，管理企业与客户签订或者约定的具有约束力的协议，包括服务的内容、服务的时间及服务期限等。

（2）服务跟踪卡是所有需要服务的、含序列号的物料数据库，通过服务跟踪卡，记录此类产品的详细服务信息。

（3）使用服务呼叫，解决客户的服务请求，同时将服务呼叫信息反馈到服务合同和服务跟踪卡上。

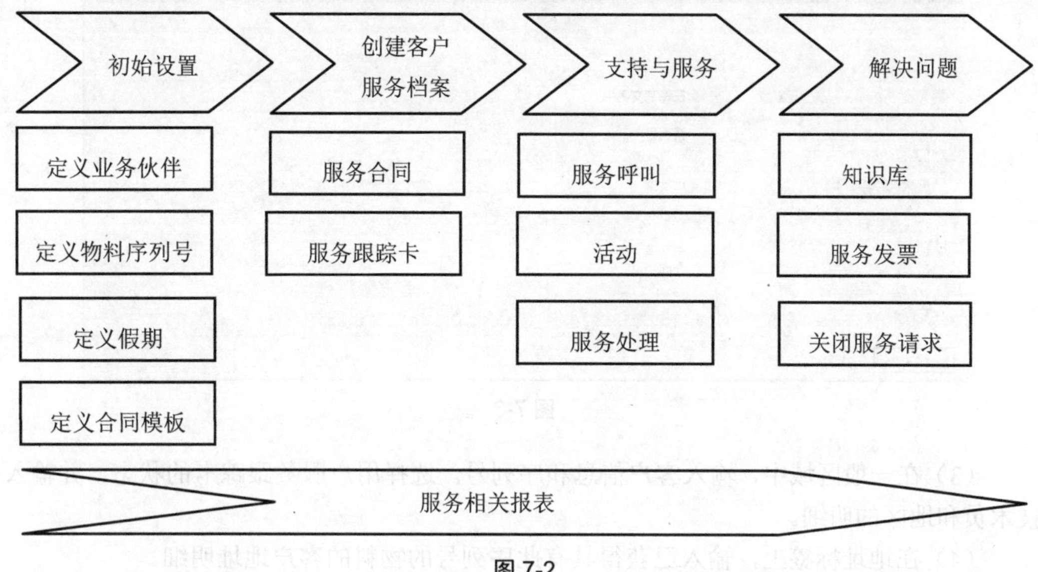

图 7-2

（4）解决方案知识库，建立企业级的知识库，为企业快速解决服务请求、提高服务质量提供知识保证。

（5）使用服务报表分析与服务合同、服务跟踪卡和服务呼叫的相关数据，检查销售代表的服务呼叫或特定客户的多个服务请求，同时考核服务人员的服务效率和业绩。

二、SBO 系统的服务跟踪卡

1. 服务跟踪卡设置

服务跟踪卡为技术人员提供了与客户物料相关的详细信息，包括制造商序列号、内部序列号、服务呼叫历史和服务合同，可自动或手动创建。

要创建服务跟踪卡，首先选择“管理→系统初始化→一般设置→库存”，唯一序列号按“系列号”进行，如选择选项“自动创建客户设备卡”（见图 7-3）则会自动“创建用户服务跟踪卡”，否则需手动创建。

2. 手动创建服务跟踪卡

手动创建步骤如下。

（1）选择“服务→用户服务跟踪卡”，打开“客户服务跟踪卡”窗口。

（2）切换到添加模式。

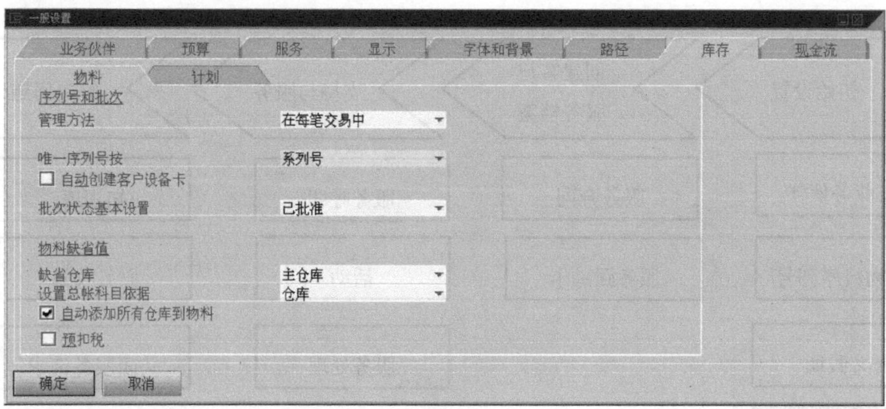

图 7-3

（3）在一般区域中，输入客户信息和序列号。选择用户服务跟踪卡的状态，并输入技术员和地区的明细。

（4）在地址标签上，输入已获得具有此序列号的物料的客户地址明细。

（5）在“销售数据”选项卡上，输入采购员代码以及交货和销售发票明细（如果 SAP Business One 中存在这些信息）。

（6）如有必要，可在“附件”选项卡上添加一个附件。

（7）要保存用户服务跟踪卡，请单击“添加”按钮完成，结果如图 7-4 所示。

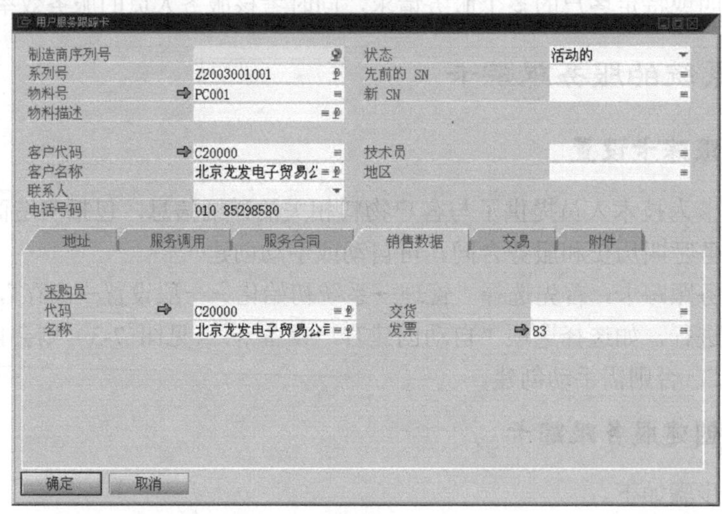

图 7-4

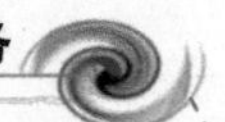

三、SBO 系统的服务合同

SBO 提供服务合同为符合条件的客户确定服务类型，也可以维护和修复制造商保修范围之外的产品。SAP Business One 也可以支持下列服务合同类型，如表 7-2 所示。

表 7-2　SBO 支持的服务合同类型

合 同 类 型	覆　盖
客户	为客户采购的所有物料提供的服务，而不考虑物料组或序列号
物料组	为属于特定物料组的物料提供的服务。例如，与客户签订的名为“微芯片”的合同包含为“打印机”组中物料提供的服务。这意味着客户可以不管序列号地接受有关公司中所有打印机的服务
序列号	为具有特定序列号的物料提供的服务

关于服务合同的创建，可以自动创建“序列号”类型的服务合同，也可以手动输入服务合同，或者以预定义的合同模板为基础进行创建。对使用序列号进行管理的物料发货时，系统会根据保修合同模板，按照所发物料的序列号，自动创建客户服务跟踪卡（保修卡）和服务合同。

服务合同的操作一般先进行初始设置，然后进行合同创建应用。

1. 初始设置

1）定义业务伙伴

SBO 中业务伙伴包括公司的所有客户、供应商和潜在客户，具体操作可参考情境三、情境四的相关内容。

2）定义物料序列号

序列号是特定物料的唯一标识。例如，你可以使用序列号找到一台计算机。序列号可以提供有关特定物料的附加信息，如其制造日期、保修数据等。

工作方法为：在定义为通过序列号管理的物料入库期间，输入序列号。例如，从供应商收货，还可以在销售或出货单据中选择相关序列号。

物料序列号操作的简要步骤如下：

（1）在 SBO 主菜单中选择“管理→系统初始化→一般设置→库存→物料”　。

（2）在“管理方法”下拉列表框中，选择“在每笔交易中”以在每个库存交易中创建序列号，如图 7-5 所示，然后更新并确定。

（3）选择“库存→物料主数据”以创建新的物料主数据记录。

（4）选择“常规”选项卡，在“管理物料由”下拉列表框中选择“序列号”以处理物料的序列号，如图 7-6 所示，然后单击“添加”按钮。

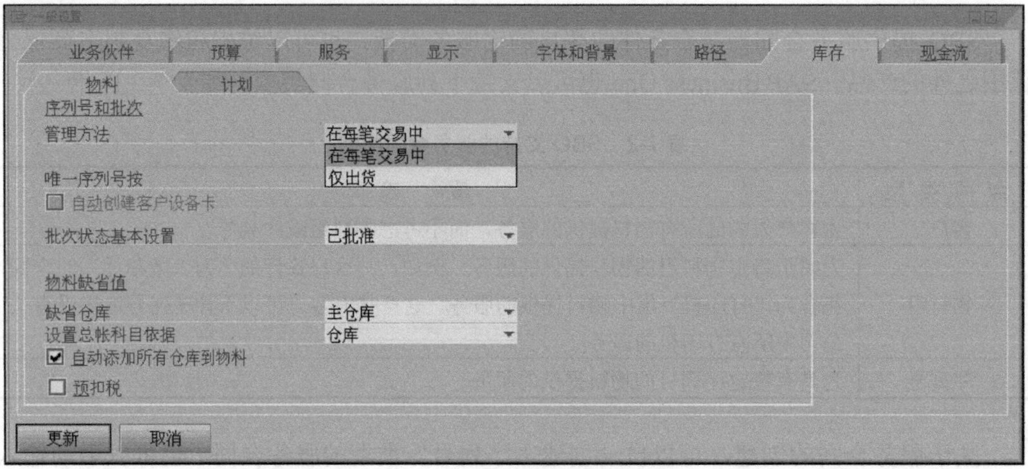

图 7-5

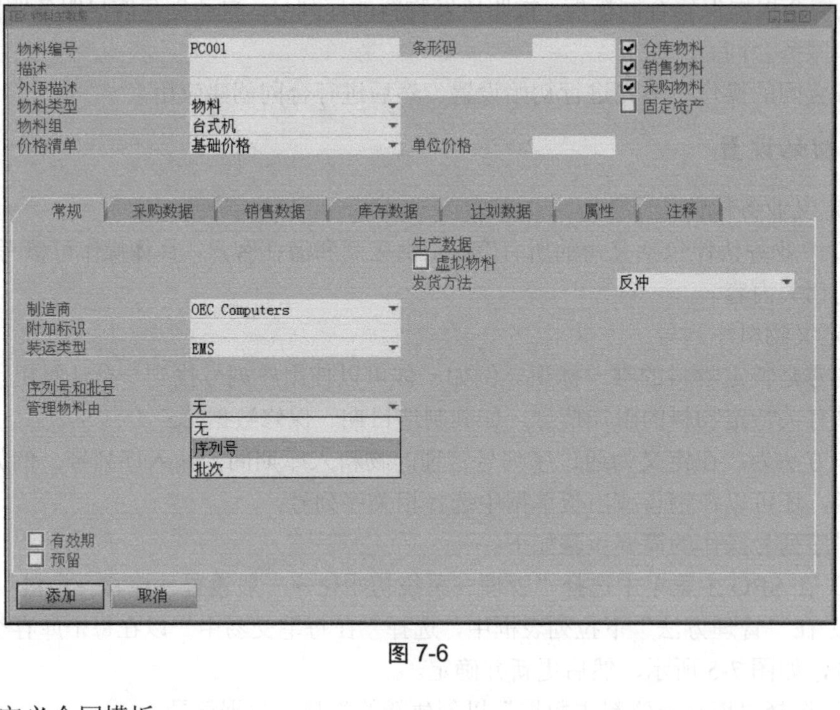

图 7-6

3）定义合同模板

在 SBO 中，可以为服务合同创建基本结构，其中包括合同类型、覆盖时间、解决时

间等，此结构称为合同模板。

使用合同模板，可以一次使用多个基本合同，并简化每个客户创建服务合同的过程。新建合同时，必须以合同模板为基础；从合同模板自动复制覆盖的明细。例如，如果将附件附加到合同模板，则随后会将该附件复制到所有基于该模板的服务合同。

设置合同模板的操作步骤包括依次选择“管理→设置→服务→合同模板”，打开如图 7-7 所示窗口。

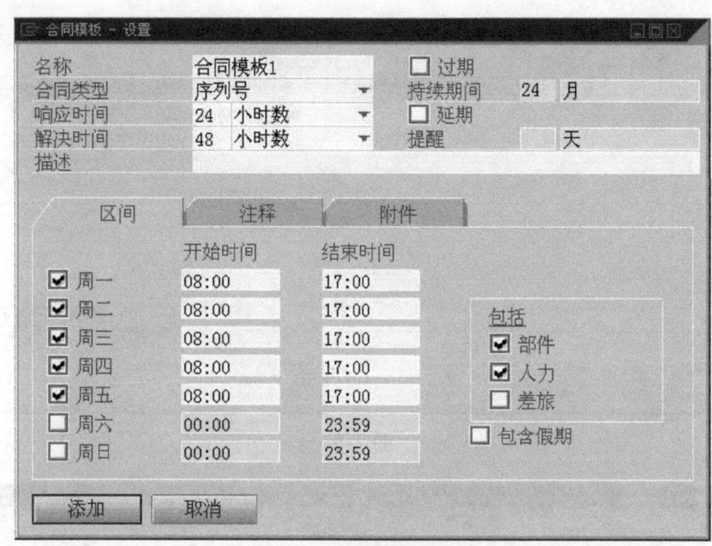

图 7-7

2. 创建服务合同

在 SBO 服务合同集中保存所有重要的客户数据，利用仪表盘概览所有相关信息。为购买商品或服务的客户创建服务合同，可自动或手工创建。其中手工创建步骤如下：

（1）选择“服务→服务合同”，打开“服务合同”窗口。

（2）切换到“添加”模式。

（3）输入服务合同的客户代码、联系人（如有必要）以及开始日期和结束日期。还可以添加服务合同的简短描述。

（4）在“常规”选项卡中，输入服务合同的综合明细。

（5）在“物料”选项卡中，根据服务合同类型输入项目明细（序列号或项目组），如图 7-8 所示。

（6）在“常规”选项卡中的“模板”栏，输入刚创建的服务合同模板或其他模板。

（7）在“附件”选项卡中，添加可能与服务合同相关的所有附件。

（8）单击“添加”按钮完成服务合同创建，如图 7-9 所示。

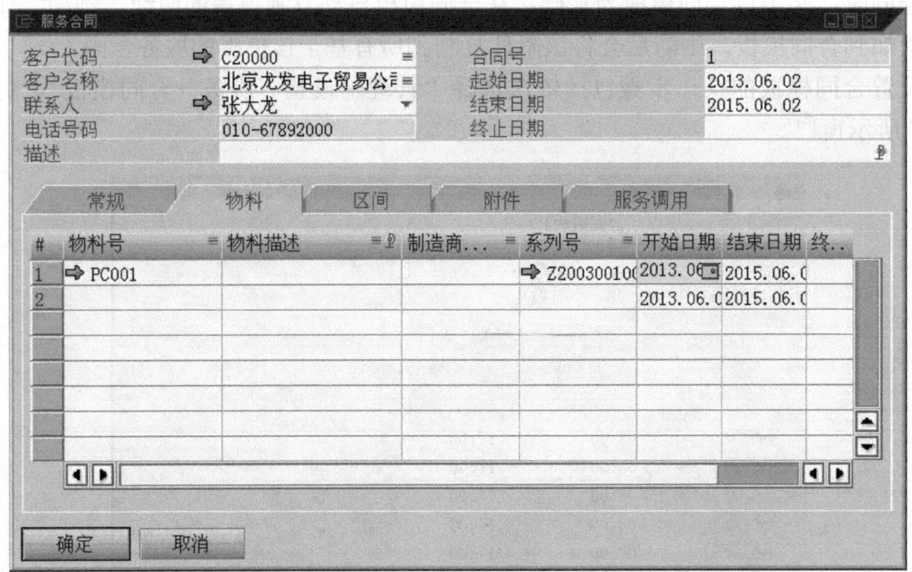

图 7-8

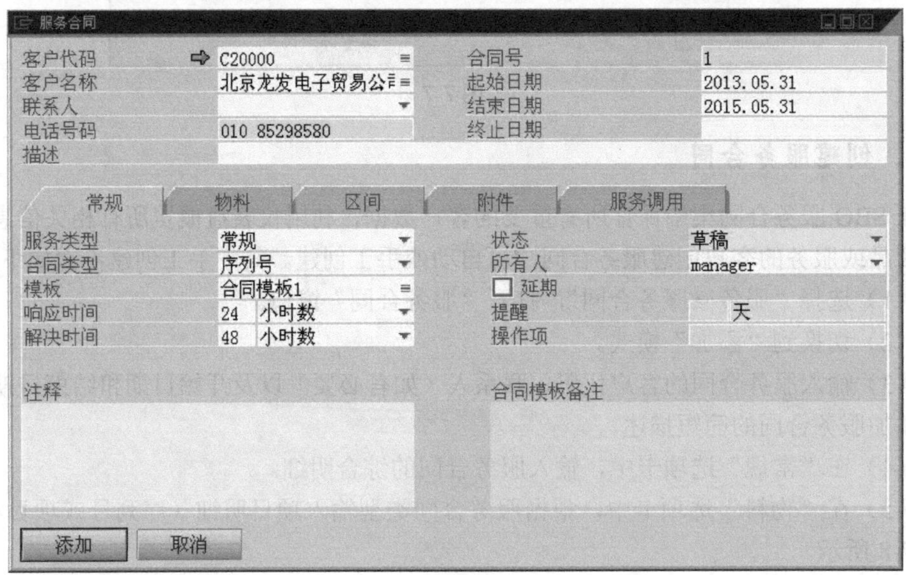

图 7-9

任务二 正确处理客户抱怨

任务引入

处理好客户抱怨的重要意义

以下重要观念，是管理专家通过长时间的调查研究，被企业经营者普遍认可的。

（1）对服务的不满，企业只能听到4%的客户的抱怨，96%的客户保持沉默，91%的客户今后将不再上门光顾你的生意。

（2）处理好客户的抱怨，70%的客户还会继续购买。如果能够当场解决，95%的客户会继续购买。

（3）一个不满意的客户会把他不满的态度告诉10个人，其中的20%会告诉20个人。按照这个算法，10个不满意的客户会造就120个不满意的新准客户，其破坏力是不可低估的。

（4）开发一个新客户的成本是保有一个老客户的5倍。

做企业不是在火车站卖茶叶蛋，人人都是新客户，能蒙一个是一个。做企业是做市场，做市场就是寻找客户，守住老客户、开拓新客户是企业永恒的主题。

大部分不满意的顾客不会直截了当地向你倾诉他们的不满，他们只会静静地离开，然后会告诉每个他们认识的人不要跟你做生意！所以，当有客户抱怨时，千万不要觉得麻烦，要把处理客户投诉看作改变顾客意见、留住生意的绝佳机会。

处理客户的抱怨，是在服务过程中由于经营者的服务水平引发客户的不满，从而采取一系列平息不满、维持满意的方法。高品质的服务旨在提高客户的满意度和忠诚度，最大限度地减少客户的抱怨。处理客户抱怨是弥补服务的缺失，是维持客户满意、防止客户流失的最后一道防线。处理客户投诉要讲究方法，尽量使不利因素变为积极因素。

任务1：探究客户抱怨发生的主要原因。

任务2：把客户的抱怨变为商机。

任务分析

一、探究客户抱怨发生的主要原因

（1）服务人员的态度不好，是导致抱怨的最主要原因。美国管理协会AMA所作的

一项调查显示，68%的企业失去客户，原因就是服务态度不好。商品是死的，只有在商品里附加上人的情感，才能使商品鲜活起来。交易表面上看是物与物的交换，但其实质是人与人情感的交流和沟通。

（2）客户对商品不满意，这也是抱怨的重要原因。所以完美的商品=好产品+好服务。100 件商品中只要 1 件有瑕疵，对商家来说是 1%的过失，对客户来说是 100%的不满意。这些年消费者协会收到客户的投诉大部分都集中在商品质量问题上。好服务要建立在好商品的基础上，否则态度再好，也只能说明蒙骗客户的道行深。

二、客户投诉处理流程

客户投诉处理流程如图 7-10 所示，其相应子流程分别说明如下。

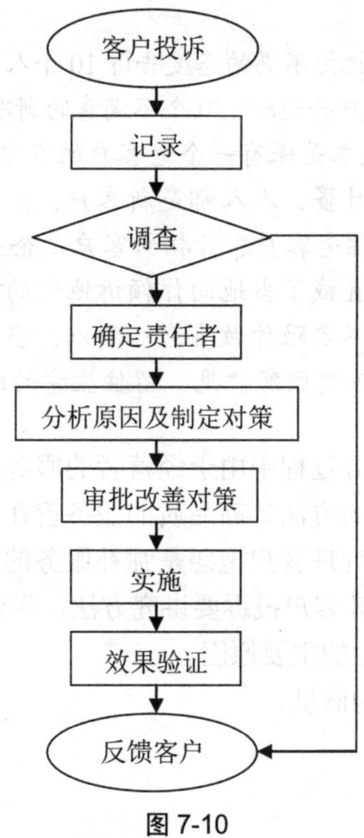

图 7-10

（1）记录投诉内容。按照《客户投诉处理和反馈表》（见表 7-3）详细地记录客户投诉的全部内容，如投诉人、投诉时间、投诉对象、投诉要求、投诉涉及单证号码等。

表 7-3　客户投诉处理和反馈表

<table>
<tr><td>投诉人姓名</td><td></td><td>提交日期</td><td>年　月　日</td></tr>
<tr><td>投诉人所在
单位名称</td><td colspan="3"></td></tr>
<tr><td colspan="4">投诉内容：</td></tr>
<tr><td colspan="2">质量管理部门处理意见：

部门负责人：</td><td colspan="2">批准意见：

批准人：</td></tr>
<tr><td colspan="4">责任部门处理意见：

部门负责人：</td></tr>
<tr><td colspan="2">处理结果：

责任人：</td><td colspan="2">跟踪验证：

验证人：</td></tr>
<tr><td colspan="4">客户对处理结果的反馈意见：</td></tr>
</table>

（2）调查。了解客户投诉的内容后，调查客户投诉事件的真相，判定客户投诉的理由是否充分、投诉要求是否合理。如果投诉不能成立，要耐心地向客户进行解释，取得客户的谅解，消除误会。

（3）确定责任者。根据客户投诉的内容，确定相关的具体受理机构或分公司部门/受理负责人及造成客户投诉的责任人。

（4）分析原因及制定对策。责任部门根据客户投诉内容须查明具体原因，提出解决投诉的具体方案（如退货、换货、维修、折价、赔偿等）及长期预防措施计划。

（5）审批改善对策。对于客户投诉问题，相关机构或部门的主管领导应予以高度重视，主管领导应对投诉处理对策/方案认真核实并及时做出批示。根据实际情况，采取一切可能的措施，挽回已经出现的损失。

（6）实施。被投诉责任部门按主管领导批示改善方案处理投诉案件，对于一般投诉案件，3个工作日内处理完毕；对于简单投诉案件，一个工作日内处理完毕；对于复杂投诉案件应尽快处理，并每隔3个工作日对客户进行回访并将处理进度如实告知。

（7）效果验证。对责任部门的改善效果进行验证，对有效的改善措施须进行总结与综合评价，不断完善公司的经营管理和业务运作，以提高客户服务质量和服务水平，降低投诉率；对无效的措施还须制定新的改善方案。

（8）反馈客户。对顾客投诉处理结果，通知客户并尽快回访客户，用电话、邮件或其他方式联系他们，了解他们是否满意。一定要与顾客保持联系，尽量定期拜访他们，收集反馈意见。

三、变客户的抱怨为商机

客户投诉是危机，但松下幸之助曾经说："客户的抱怨，经常是我们反败为胜的良机。"每处理好一次客户投诉和抱怨，实际上都为促进优化服务质量提供了数据，也是巩固客户关系的好机会。有一种更"轻松"的方式面对客户投诉，那就是面对"客户投诉"程序化处理。

1．端正态度：首先假设自己有问题

三鹿集团听到众多的客户投诉，本应该化验自己的奶粉到底有没有问题，但是三鹿集团的做法是固执地认为是客户的水质造成的。当确认是自己的问题时，挽回大局的时机错过了，工作重点成为设法找到平息事件的方法。

2．建立客户档案，其中包括客户投诉档案

建立客户档案是一个长期的过程，客户档案应该包括机会、合同、客户投诉在内的所有事件，消费类产品行业往往不注重客户管理系统，只注重渠道分销代理管理。事实上，我们需要倾听客户的声音，需要一个系统机制集中收集、反馈所有客户的投诉，并逐一解决。

对于电子、机械制造行业，重视客户投诉可以优化产品的性能，并最终从客户投诉

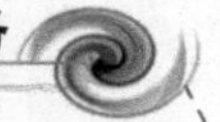

中找到产品优化的建议和方向。

3. 建立客户投诉等级评定、投诉分类机制

对客户投诉进行分类，分紧急程度处理，比如，对于客户对产品的优化建议、客户对产品功能缺失的抱怨、对产品无效的抱怨、产品有可能危害客户身体健康的投诉等，客户管理系统已经有对客户投诉评定的类别定义。

上海某电子公司应用了在线CRM系统，据称，CRM机制和系统能够集中反馈产品某一功能的投诉多少（多数现象和少数现象）。比如，很多客户可能反映电子产品的充电部件电池发热极高、电池用电时间短，这些都将归功于客户管理系统启动时设置好的分类和处理级别，而对于类似客户对外观的有效建议，则可以提交给产品设计部门，而无须马上解决。

4. 建立专门的部门处理投诉，而不只是设置一个接待人员

建立首问接待人，这个人应该对全部过程进行跟踪，包括处理结果的反馈等。这个人将客户投诉的相关内容写成报告，分发给相关的部门，并要求相关部门在报告上填写纠正措施和预防措施；不能及时填写的，必须制订完成时间，跟踪到底。

开封三毛旅行社一年前就开始租用CRM，其总经理觉得该方法成本低且卓有成效，他主抓客户投诉处理，这种对客户投诉亲力亲为的做法，让他发现了企业中不少的问题，从首问接待人制度上受益匪浅。因为，首问接待人让所有投诉事件变得无处可藏了，谁也不敢怠慢投诉，投诉的解决将“打破砂锅问到底”。

5. 跟踪客户投诉处理过程，并反馈对处理结果的客户满意度

管理人员应该注重客户投诉、客户抱怨的记录，跟踪投诉的处理过程，并进行投诉的处理满意度调查等。历史资料最为重要，这些信息需要让服务部门、客户经理、产品经理共享。

知识链接

一、客户投诉处理技巧

相信很多呼叫中心的管理者都深有同感，现在的客户越来越“刁”了，动不动就要投诉，使我们的管理者和客服代表每天都面临着巨大的压力。的确，投诉处理不好，会影响客户与企业的关系，有些投诉甚至会损坏企业形象，给企业造成恶劣的影响。

可是，仔细想一想，投诉是“坏事”，也是好事。正是有客户的投诉，我们的服务才有进步。客户的投诉是灾难，也是机会，关键在于你如何理解及面对。如果你视客户投

诉为灾难，你将会每天背负沉重的压力；如果你把它当作好事，投诉就是提高企业服务水平的工具，甚至会促成客户成为企业的长期忠诚客户。

1. 投诉产生的原因

投诉产生的最根本的原因是客户没有得到预期的服务，即实际情况与客户期望的差距。即使我们的产品和服务已达到良好水平，但只要与客户的期望有距离，投诉就有可能产生。

（1）在使用服务过程中，有人歧视或小看他们，没有人聆听他们的申诉。

（2）没有人愿意承担错误及责任。

（3）因为某人的失职令他们蒙受金钱或时间的损失。

（4）他们的问题或需求得不到解决，也没有人向他们解释清楚。

（5）客户认为我们应该义不容辞地解决一切。

2. 客户投诉的目的

（1）客户希望他们的问题能得到重视。

（2）能得到相关人员的热情接待。

（3）获得优质服务，最终能使他们所遇到的问题得到圆满的解决。

3. 投诉的好处

（1）投诉可以指出公司的缺点。

（2）投诉是提供你继续为他服务的机会。

（3）投诉可以加强他成为公司的长期理性顾客。

（4）投诉可以使公司产品更好地改进。

（5）投诉可以提高处理投诉人员的能力。

4. 客户投诉的四种需求

（1）被关心。客户需要你对他表现出关心与关切，而不是不理不睬或应付。客户希望自己受到重视和善待。他们希望与他们接触的人是真正关心他们的要求或能替他们解决问题的人，他们需要理解的表达和设身处地的关心。

（2）被倾听。客户需要公平的待遇，而不是埋怨、否认或找借口。倾听可以针对问题找出解决之道，并可以训练我们远离埋怨、否认、借口。

（3）服务人员专业化。客户需要明白与负责的反应，客户需要一个能用脑而且真正肯为其用脑解决问题的人，一个不仅知道怎样解决而且负责解决的人。

（4）迅速反应。客户需要迅速与彻底的反应，而不是拖延或沉默。客户希望听到“我会优先考虑处理您的问题”或“如果我无法立刻解决您的问题，我会告诉您我处理的步

骤和时间”。

5．处理投诉的基本方法

（1）用心聆听。聆听是一门艺术，从中你可以发现客户的真正需求，从而获得处理投诉的重要信息。

（2）表示道歉。如果你没有出错，就没有理由惊慌；如果你真的出错，就得勇于面对。请记住，客户之所以动气是因为遇到问题，你漠不关心或据理力争，找借口或拒绝，只会使对方火上加油，适时表示歉意会起到意想不到的效果。

（3）仔细询问。引导用户说出问题重点，有的放矢，表示同情。如果对方知道你的确关心他的问题，也了解他的心情，怒气便会消减一半。找出双方都同意的观点，表明你是理解他的。

（4）记录问题。好记性不如烂笔头，把客户反映的重要问题记录下来，不会耽误多少时间。

（5）解决问题。探寻客户希望解决的办法，一旦你找出方法，应征求客户的同意。如果客户不接受你的办法，应问他有什么提议或希望解决的方法，不论你是否有权决定，让客户随时清楚地了解你的进程。如果你无法解决，可推荐其他合适的人，但要主动代为联络，礼貌地结束。

当你将这件不愉快的事情解决了之后，必须问：请问您觉得这样处理可以了吗？您还有别的问题吗？如果没有，就多谢对方提出问题。

6．处理升级投诉的技巧

（1）处理升级投诉之前一定要对用户投诉的问题有全面的了解，做到心中有数。

（2）假设可能出现的几种情景及应对措施。

（3）在了解用户投诉意图的基础上，设定可能的处理方案拟供用户选择。

（4）把握好最终处理原则，超出原则不予接受。

7．处理疑难投诉的技巧

（1）用微笑化解冰霜。

（2）转移目标。

（3）角色转换或替代。

（4）不留余地。

（5）缓兵之计。

（6）博取同情。

（7）真心真意拉近距离。

（8）转移场所。

（9）主动回访。

（10）适当让步。

（11）给客户优越感。

（12）善意谎言。

（13）勇于认错。

（14）以权威制胜。

8. 处理投诉过程中的大忌

（1）缺少专业知识。

（2）怠慢客户。

（3）缺乏耐心，急于打发客户。

（4）允诺客户自己做不到的事。

（5）急于为自己开脱。

二、利用CRM系统提高客户投诉处理效率

高客户满意度，是企业客户关系管理的核心；而通过有效管理方式，解决客户的投诉难问题，则是提高客户满意度的有效手段。CRM系统有很大一部分内容，就是围绕着客户投诉展开的。

企业该如何在CRM系统的帮助下，结合企业的实际管理流程，为客户提供投诉处理的一条龙服务，提高客户投诉的处理效率呢？

1. 投诉的受理

客户打电话给销售人员，只要销售人员打开了CRM系统，通过集成呼叫中心，CRM系统就会根据客户的电话号码来判断是哪个客户打来的；同时，CRM系统还会自动打开一个窗口，上面显示该客户最近订单的执行情况以及客户近期投诉的处理情况等。

当客户投诉说，他们下的20080505003的这张销售订单有质量问题，螺丝刀上有明显的铁锈。销售人员通过输入客户的销售订单号，马上可以在系统中查询到跟这张销售订单相关的单据信息，如该笔订单企业是什么时候接到的，是什么时候完工并出货的。

销售人员接完客户的投诉电话以后，马上就可以在CRM系统中，根据对应的出货单或者销售订单信息生成一张客户投诉单。根据原有的单据直接生成投诉单的好处是非常明显的：一是在投诉单中可以关联到相关的订单信息，如该订单是什么时候出货的、距

离现在有多长时间、有没有超过质量保证日期等；二是投诉单的录入效率会非常高，不用用户再手工输入是哪个客户投诉的、投诉的是什么产品等，这些内容都会根据原始的单据内容自动转换到投诉单上去，销售人员只需要输入客户投诉的具体内容即可。

销售人员处理好相关的单据之后，就可以把相关的单据发送给具体的人员了。

所以，销售人员客户投诉单的录入质量，在很大程度上影响着后续的处理流程。通常，在实施 CRM 项目的时候，对于客户投诉处理单的内容作了严格的规定。哪些内容必须填写、该怎么填写都要求客户根据自己企业的实际情况作出明确规定。这样做的目的就是要求后面的相关人员在看到这份投诉单的时候，可以一目了然地知道投诉的具体情形，而不需要再打电话向业务员询问具体的情况。

2. 投诉的处理

A 企业规定，关于质量的投诉，销售人员必须把客户投诉单同时分发给销售经理、质量部经理、采购经理以及总经理。为此，A 企业预先在 CRM 系统中进行了相关的工作流程设置。当客户投诉单审核后，会自动发送即时消息以及邮件给这些人员，通知他们现在有质量问题需要解决。

针对客户的这些具体要求，质量部门经理根据销售人员的投诉单，写了如下处理意见：

一是明天马上派质量部门人员去客户那边，查明原因，处理问题，并带三个生产部人员到客户现场处理这些不良品。

二是在七天之内，找出这个问题发生的原因并提出预防措施，并向客户通报我们的处理结果。

质量部门经理根据客户投诉单，在 CRM 系统中创建了这两个任务。根据 A 企业的客户投诉处理流程，质量部门根据客户的投诉写了初步解决方案之后，这些任务明细就会发给具体的人员。若他们没有反对意见的话，就会按这个方案执行。

根据以上的分析，我们知道在投诉处理阶段，主要做以下两件事情：

一是根据客户的投诉内容，责任人进行分解，分解成具体的任务。这个分解的过程非常重要，也是考验责任人办事能力的一个地方。负责人可以在 CRM 系统中，把客户投诉的具体处理方式写成一条条任务，然后 CRM 系统就可以对这个任务的具体处理情况进行追踪，并且，可以由报表直观地显示这些任务的处理进度，从而使用户方便地知道这个投诉的处理进度。

二是要为任务设置具体的体现。若任务没有设置具体的完工期限的话，那么由于员工的惰性，这些问题可能就会被拖延。所以，责任人在分配任务的时候，还需要指明具体的处理期限。同时，我们可以根据预先的设置，把这个投诉的预计处理方法以及相关的期限发给我们预先指定的其他员工，让他们知道现在投诉的处理情况。

3. 投诉处理完成

质量部门经理收到客户投诉之后，决定兵分两路，一是马上派人到客户那边处理问题，进行善后处理；二是积极地寻找问题的原因，并寻找预防措施，以防止后续再出现类似的问题，提高客户满意度。

当善后人员从客户那边回来后，向质量部门经理汇报问题圆满处理成功，并初步得出了问题的原因，是运输部门在运输的过程中，没有做好防水措施，螺丝刀包装箱进水导致的质量问题。质量部门经理根据这些处理结果，在 CRM 系统中做了相关的记录。

首先，他关闭了第一项任务，并在上面注释了具体的善后措施。当该任务处理完成后，系统就会发消息通知销售人员以及销售经理，告诉他们这个问题已经处理完毕。

其次，质量部门经理就要总结这个问题发生的原因以及以后要采取的预防措施。因为这次是运输部门在运输过程中没有做好防水处理，所以，A 企业决定以后在产品的运输过程中，在一个托盘的外包装箱上包上尼龙，防止在运输过程中进水。这个问题产生的原因以及处理方式，经过销售经理审核后，会根据客户预先的投诉要求、质量问题的具体处理方式，连同质量部门对于这个问题的原因分析与预防措施，一同发送给客户。在这个处理过程中，不需要用户再去费力地整理相关资料。CRM 系统会根据预先在系统中记录的相关信息进行整合，然后按照客户预先定义的格式，自动生成文档的格式。用户只需要做稍微的修改，甚至不需要经过任何的修改，就可以发送给客户了。

4. 日后的追踪处理

在 CRM 系统中，提供了丰富的报表，可以追踪客户投诉的处理结果。例如，客户投诉处理状况表可以反映某个客户投诉的处理进度，有哪些已经处理完毕，有哪些还在进行中。再如，客户投诉预防措施报告表可以反映针对客户的投诉，相关部门有没有采取一定的预防措施，防止类似投诉再次出现。并且，还可以反映出这些预防措施有没有发送给客户。这些丰富的报表，对于提高客户投诉的处理效率是非常有帮助的。相信在这些报表的指点下，一定可以把客户投诉处理流程做得更好。

任务三 客户服务中心

华为新一代呼叫中心创新诠释发展趋势

在低碳经济与物联网的大背景下，中国呼叫中心行业的功能与定位正朝着多元方向

发展，不断提升呼叫中心基本客户服务高效运营和服务水平；从运营管理层面出发，呈现出“传统渠道业务向呼叫中心转移”及“服务转营销”等多种业务和功能创新，完善和提高了呼叫中心价值，全方位提供一站式客户服务体验。“创新”和“提升”成为本次论坛最重要的关键词。围绕着如何创新，如何提升，华为带来的新一代呼叫中心很好地诠释了未来呼叫中心的发展趋势。

（1）高清视频呼叫中心，业界唯一。华为带来了业界唯一支持 720P/1080P 的高清视频呼叫中心，指明了呼叫中心向高清化视频发展的方向，高清视频可以为客户提供面对面的沟通，更直观、新颖的服务体验，提高了服务质量，进而提升客户的忠诚度（见图 7-11）；华为公司的排队机采用业界先进的 mTCA 架构设计，使控制与媒体分离，业务与控制分离，方便各类视频接入；内置丰富的视频媒体资源，媒体资源板卡支持 H.264/H.263/MPEG4 编解码，并支持语音呼叫中心平滑升级到视频呼叫中心，可实现视频 IVR 和视频坐席通话的录制功能，便于事后质检；目前华为视频呼叫中心可同时支持 3G、Internet、Intranet 多种视频接入方式，无需第三方设备集成，便可将呼叫中心部署在多个网络上，让客户随时随地享受视频服务。

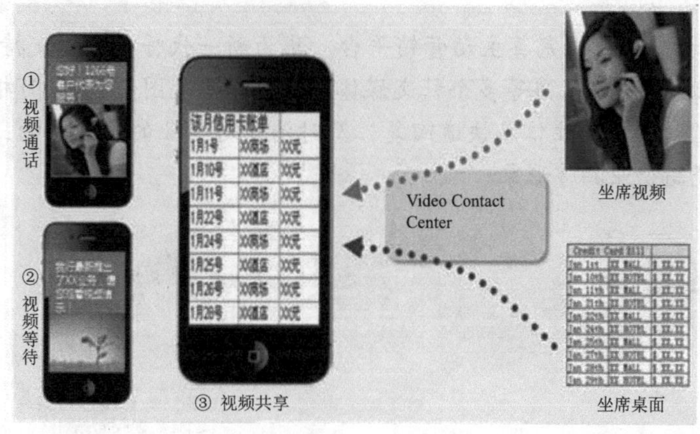

图 7-11

（2）基于桌面协作的创新 Web 客服业务。华为公司新一代呼叫中心支持坐席和客户桌面协作功能，通过坐席远程查看客户的 PC 桌面，快速解决客户问题，降低服务时间，提升坐席服务效率和客户满意度。华为呼叫中心集成华为专利产品，将坐席和客户同时加入共享资源池，该资源池提供远程桌面、白板、文件传输、标记等丰富的协作应用，实现多种协作功能（见图 7-12）。目前多数主流呼叫中心厂商均无法实现坐席和客户的桌面协作功能，华为的产品揭示了未来呼叫中心 Web 化协作的发展趋势。

此外，华为将呼叫中心与统一通信集成在一起，呼叫中心坐席通过统一通信实时查看专家坐席状态，快速求助合适的专家坐席，以此提升首问解决率，既提升了服务质量和坐席效率，又能大幅提高客户满意度，最有意义的是：实现了全员坐席、全员营销，将呼叫中心从服务中心延伸向利润中心，实现了新一代呼叫中心的职能变革。

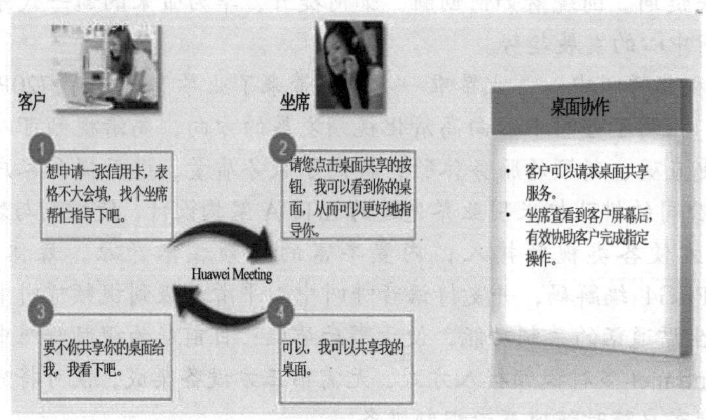

图 7-12

（3）融合社交媒体，完善主动营销平台。华为新一代呼叫中心支持的 Facebook、Twitter、新浪微博、腾讯微博等多个社交媒体无缝接入（见图 7-13），可根据关键字主动检索社交媒体信息，对关注信息快速回复，及时消除对企业的负面影响，积极扩大企业正能量，从而提高企业品牌形象。

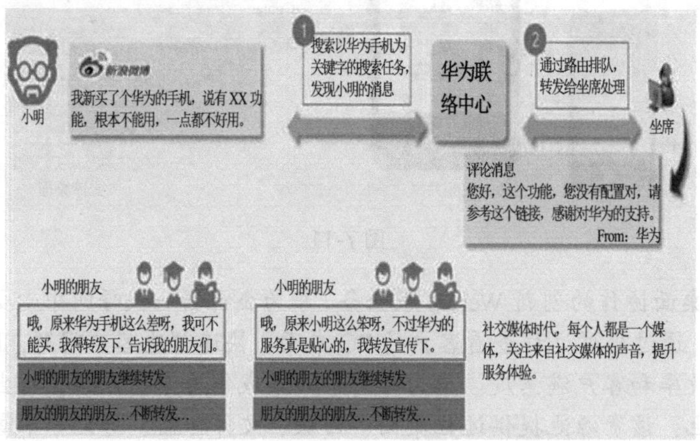

图 7-13

资料来源：http://tech.hexun.com/2013-08-20/157271550.html

本子情境建议考虑以下两任务。

任务 1：呼叫中心技术分析。

任务 2：呼叫中心系统方案设计。

任务分析

一、语音呼叫中心的基本结构

建立一个成功的呼叫中心系统，应该将大部分注意力集中在业务系统的构造上。强调呼叫中心系统真正的价值观：以业务体系为基础，以维护客户关系为目的。一般的呼叫中心由六部分组成：程控交换机（PBX）、自动呼叫分配器（ACD）、交互式语音应答（IVR）、计算机语音集成（CTI）服务器、人工坐席代表（Agent）和原有系统主机。虽然有些公司的集成系统只适用于自己的呼叫中心，但呼叫中心环境下的基本技术差别不大。图 7-14 为呼叫中心的基本结构。

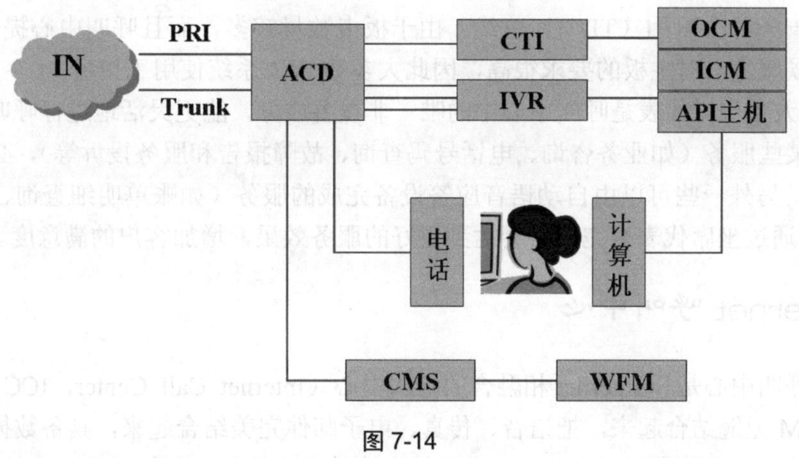

图 7-14

（1）程控交换机为呼叫中心提供内外的通道。程控交换机对外作为与市话局中继线的接口，对内则作为与坐席代表话机和自动应答设备（VRU）的接口。但呼叫中心的 PBX 与传统的 PBX 不同，其中继线数大于内线数。多出来的中继线如何使用就涉及自动呼叫分配器了。

（2）自动呼叫分配器的作用是将外界来电均匀地分配给各个坐席代表。如果没有接线员空闲，将来电放入等待队列，空闲时再转接过去。如果来电在长时间里得不到处理，

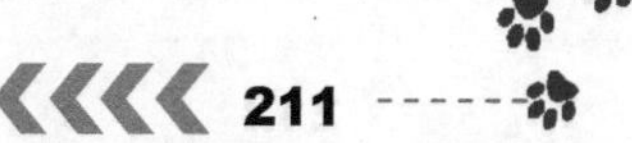

ACD 应该为客户播放提示信息，包括呼叫者在等待队列中的位置并问其是否愿意继续等待等，以减少客户挂机比例。随着技术的发展，ACD 将会提供更多的特色服务，如呼叫溢出等，并与其他解决方法更好地结合起来。

（3）计算机语音集成服务器对整个呼叫中心进行全面管理，是呼叫中心的心脏所在。它与 PBX 相连，接收来自 PBX 的事件/状态消息，并向 PBX 发出命令。CTI 服务器能够向上提供统一的编程接口，屏蔽 PBX 与计算机间的复杂通信协议，给不同的用户开发应用程序带来方便。

（4）交互式语音应答技术给呼叫中心带来了强大的生命力。IVR 又称自动语音应答，它是计算机技术用于呼叫中心的产物。用户通过双音频电话输入信息，IVR 系统向用户播放预先录制好的语音，回答用户的问题。IVR 还具有语音信箱、传真收发等功能。应用了 IVR 技术，有 80%～90%的呼叫不需要坐席代表的干预就能完成。在 IVR 应用中，语音识别技术将会发挥很大的作用，从而减少语言误解和消息失真。据专家预测，未来的 Internet 技术将与 IVR 技术结合，基于 Web 的处理方式会使呼叫中心处理起来更像电话处理。在硬件上，IVR 由 PC 机（或工控机）、电话接口卡、语音处理卡和传真卡组成。这些专用的板卡一方面通过计算机主板上的总线进行通信，另一方面为了传送数据还需要专门的一条时分复用（TDM）总线。由于板卡数量较多，而且呼叫中心提供的是 24 小时全天候服务，对主板的要求很高，因此大多数 IVR 系统使用工控机。

（5）人工坐席代表是呼叫中心中的唯一非设备成分，能更灵活地进行呼叫处理。呼叫中心的某些服务（如业务咨询、电话号码查询、故障报告和服务投诉等），必须由坐席代表完成。另外一些可以由自动语音应答设备完成的服务（如账单明细查询、营业网点查询等），通过坐席代表来完成将会达到更好的服务效果，增加客户的满意度。

二、Internet 呼叫中心

现代呼叫中心是和 Internet 相融合的呼叫中心（Internet Call Center，ICC），它把 IP 电话、CRM 无缝结合起来，把语音、传真、电子邮件完美结合起来，具备数据挖掘、实时监控等功能。通过电话、Web、IP 电话等方式的客户接入，既促进了客户的主动访问，又可以减少企业的通信支出，节省了客户维护的成本。因此，现代客户服务中心已经不再是成本中心，而更趋于利润中心，它尤其引起从事网上销售企业的关注，目前在网上购物狂潮中，真正获利的还是有呼叫中心在背后支持的企业。亚马逊网上书店在环球网上售书，它背后有一个非常强大的呼叫中心支持。美国在线（American online）在美国有六个呼叫中心，是其主要盈利点之一。

如图 7-15 所示的 Internet 呼叫中心的结构图中，右侧是传统呼叫中心部分，左侧为

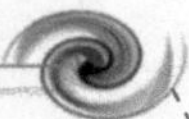

Internet 呼叫中心所特有，其中关键部件为 Internet 呼叫管理（ICM）和电话网关。电话网关提供模拟语音到 IP 语音包的转换，采用 H.323 协议，电话网关在呼叫中心中实际上起到承载信道的作用，而 ICM 起到接续控制、过程监控的作用。当用户浏览网页遇到了不明白的问题时，单击相应的 VOIP 按钮之后，Web 服务器将向 ICM 发出请求，ICM 通知服务器用户的呼叫请求和用户的 IP 地址，CTI 服务器把呼叫请求递交给 ACD 并进行排队。ACD 依智能路由把呼叫分配到最合适的客户代表，在客户代表应答了呼叫之后，ACD 把客户代表的状态置忙，不再分配其他任务。CTI 服务器把分配的客户代表的地址通知 ICM，ICM 通过 Web 服务器把用户正在浏览的网页的 URL 告诉客户代表的计算机，客户代表的计算机从相应的 URL 取回网页的内容，这样客户代表和用户所看到的内容是一样的。在完成了网页同步之后，ICM 再开启电话网关，把用户的 H.323 语音包转换成模拟或数字语音，通过中继接口接入到排队机，再连接到客户代表的话机上，至此，用户可以在实现同步浏览的同时进行 VOIP 语音交流。表 7-4 为 CoCyber 网上呼叫中心的基本功能。

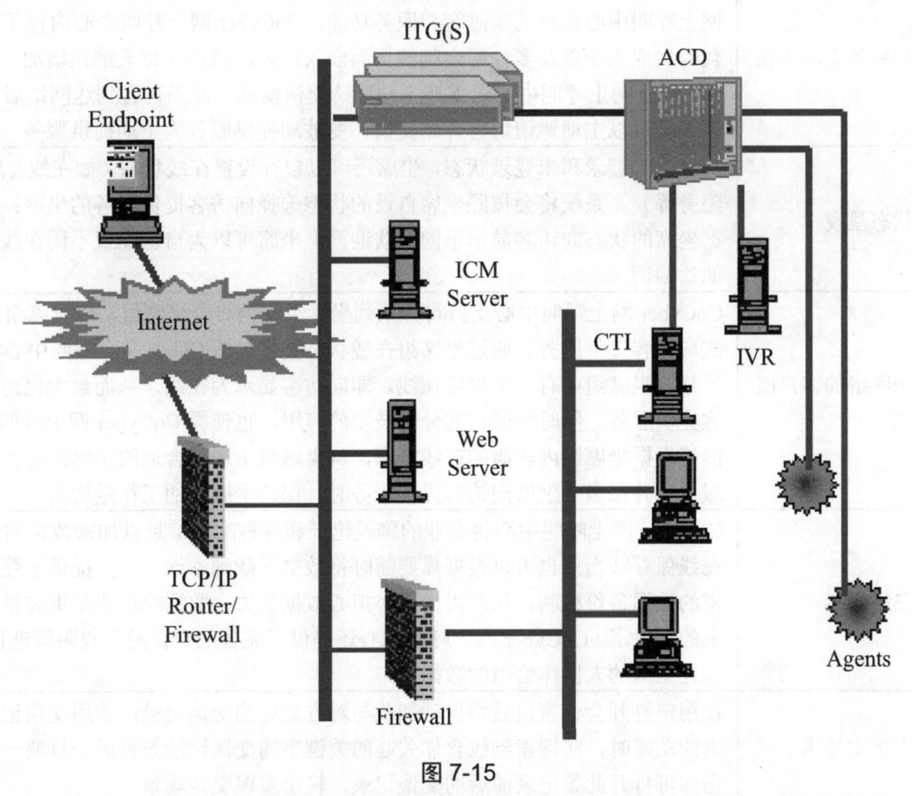

图 7-15

表7-4 CoCyber网上呼叫中心的基本功能

无需安装软件，无需注册，访客操作简单	CoCyber网上呼叫中心在使用中不需要安装任何软件和浏览器插件，网站访客不需要注册账号，只要一次点击即可与客服人员实时交谈。极简的访客操作，让访客更愿意与客服人员交流
多媒体通信中心	CoCyber网上呼叫中心不但可以提供点到点和多点到多点的实时文字通信，支持诸如聊天表情、名片推送等扩展通信应用，而且支持文件传送、网页推送、在线表格协同填写等多种多媒体通信技术，更进一步CoCyber网上呼叫中心可以扩展支持语音通信和短信服务，从而实现了客服人员与访客之间多媒体沟通，大大提高了沟通效率
友好体贴的用户界面	CoCyber网上呼叫中心关注用户使用习惯，会话界面与主流聊天工具一致。操作提示无处不在，在界面中的按钮、链接上停留你的鼠标即可看到相应的操作提示。不论访客，还是客服人员，都能够轻松上手，无需学习即可使用。CoCyber网上呼叫中心支持访客皮肤机制，即坐席可以自定义呈现给访客的界面皮肤，拒绝千人一面
让客户服务无所不在	任何可以使用链接的地方（如网站、博客、电子邮件）都可以使用CoCyber网上呼叫中心提供的实时客户服务功能。CoCyber网上呼叫中心内置了嵌入代码生成系统以及多种可定制的页面嵌入样式，新样式每天都在增加 CoCyber网上呼叫中心还支持主动邀请交谈模式，即当访客到达网站后，坐席人员可以主动邀请访客开始交谈，变被动提供服务为主动提供服务
在线状态呈现	除基本的登录和未登录状态，坐席还可以自行设置在线状态（如在线、离线、隐身等）。系统将会按照坐席自设的状态选择向访客提供服务的坐席；会根据坐席的状态向访客显示不同的欢迎词。坐席可以为自己配置不同在线状态的欢迎词
基于坐席组的客户服务模式	CoCyber网上呼叫中心支持将一系列坐席组织为一个坐席组，以坐席组的形式向访客提供服务。通过坐席组在线状态技术，CoCyber网上呼叫中心实现了只要坐席组内有一个坐席在线，即向访客显示为在线，从而最大化地向访客提供服务。同时智能访客分配技术的应用，也使得CoCyber网上呼叫中心能够根据坐席组内客服的在线状态，从坐席组中选择合适的坐席向访客提供服务，并在多个坐席向访客提供服务时，保证坐席间的工作量均衡
数据在线保存	CoCyber网上呼叫中心将企业的聊天记录和各种配置信息以加密数据的形式在线保存（当然也可以根据需要随时将数据下载到本地），并提供了强大周密的数据备份机制，从此再也不必担心数据丢失、数据损坏或是重装系统带来的损失了。CoCyber网上呼叫中心还提供了完备的数据操作权限管理机制，保证正确的人操作恰当的数据
交谈上下文技术	在用户打开会话窗口后将自动加载与对方最近的交谈记录；使用交谈记录搜索的功能时，在搜索到包含你关心的关键字的交谈记录条目后，只要一次点击即可打开此条记录前后的交谈记录，轻松重现交谈场景

续表

全过程的客服服务	CoCyber 网上呼叫中心为企业提供了针对访客的全过程的客户服务。在访客到达时，向坐席提供访客来源说明（如自定义的来源标签、IP 地址等）；在访客准备离开时提供邀请式坐席评价机制，即坐席可以主动邀请访客对其服务作出评价；在访客离开后，允许坐席对本次交谈进行基于自定义标签的交谈记录分类
会话转接	CoCyber 网上呼叫中心允许坐席人员将一个会话转接给其他坐席人员，随时让最合适的人解答访客的问题。在实现会话转接的同时，将原坐席人员与对方的聊天记录也一并转接至新的坐席，从而使得新坐席可以迅速了解原来的交谈内容
黑名单	CoCyber 网上呼叫中心针对恶意骚扰网站客服的情况，提供了黑名单功能，即可以针对某一访客（如依据 IP 地址、源页面等）进行屏蔽，而且可以自行设置屏蔽时间（超时后将自动解除屏蔽），从而确保客服人员免受恶意打扰
知识库	CoCyber 网上呼叫中心提供了针对企业的知识库系统，支持全文以及标题检索，支持模糊及精确检索，而且可以与百度以及 Google 等搜索引擎无缝集成
强大的坐席管理及运行统计分析功能	CoCyber 网上呼叫中心提供了强大的坐席管理功能，允许坐席管理员实时查看企业内各坐席的工作状态、管理所有坐席的交谈记录、管理企业的知识库，同时 CoCyber 网上呼叫中心还提供了详尽的系统运行统计分析功能（如交谈类别比例分析、访客量趋势分析等），并提供了直观的图表加以呈现
企业内部通信系统	CoCyber 网上呼叫中心除作为企业对外服务的呼叫中心外，还可以作为企业内部通信系统使用，系统内建立了支持强大的企业通讯录系统，支持通讯录搜索，支持自定义好友列表

三、呼叫中心系统方案设计

1. 呼叫中心系统建设实现功能（见表 7–5）

表 7-5　呼叫中心系统建设实现功能

电话数字录音功能	打入打出电话均可数字录音 录音文件支持声卡 *.WAV 格式 异地电话查询、播放重要电话录音 坐席电话查询、回放电话录音 坐席计算机、局域网计算机查询、播放电话录音 可在通电话过程中播放以前的相关电话录音给用户听 亦可在通电话过程中播放事先录制好的某段声音给用户听

续表

电话防火墙功能	将有敌意的电话、不受欢迎的电话列入黑名单，可有效拦截恶意或骚扰电话的侵入，对用800号电话建设的呼叫中心，可避免高额的电话费 （注：本功能的开通，需要电话线开通送主叫电话号码CID功能）
呼叫中心可分为三个工作时间段	上班时间内，打入电话可进入IVR自动应答，也可进入坐席人工接听。如果客户要找的人员外出，可人工或者自动进行电话跟随呼叫（将客户电话和外出办公人员的电话连接，保证客户一次呼入就能解决问题，通话过程有录音）； 准休息时间（午休时间、晚上下班后睡觉前时间），打入电话可进入IVR自动应答，也可进入电话跟随呼叫流程（将电话自动转到指定的值班电话或移动电话上，通话过程有录音）； 休息时间（晚上睡觉时间、节假日时间），启动夜间服务功能，电话打入时，可进入自动留言，或者进入IVR自动应答
自动语音信息服务IVR（如公司简介、产品介绍、通知等）	从提高生产效率的角度考虑，呼叫中心系统应该尽量以自动方式为用户提供服务。本方案中的自动语音应答系统具有以下特性： ● 电话打入时系统自动播放录制好的IVR欢迎词； ● IVR业务生成灵活方便，可以自行设计应答流程及多层结构； ● 每一部分提示语音可自行单独录制； ● 系统接收、识别并记录来电的主叫号码
客户信息管理功能	客户信息输入及编辑功能，形成客户关系数据库； 来电时，可自动获得主叫号码，以此区分老客户和新客户； 是老客户的话，可以直接分配到上次接听的坐席上；该坐席占线或者是新客户时，按照分配原则分配到某个空闲的坐席上； 电话分配的同时将客户信息和历次联系信息送到该坐席的计算机上； 拨出电话与客户联系时，先在坐席计算机上查找到该客户，坐席计算机将自动拨叫该客户的电话，遇忙、久叫不应时系统自动拨叫该客户的下一个电话或重新拨叫； 每日信息统计、总结功能：可将每日的进出电话进行整理，重要客户电话及其信息形成报告；报告（包括客户信息和数字录音等）可刻录至光盘或打包发送邮件，可异地计算机查询及阅读
电话功能	电话呼入时进行排队处理； 多个席位之间可以按一定的话务分配原则进行分配； 外线直通指定坐席电话功能； 不同外线分组转接到不同坐席电话组功能； 坐席电话转接到坐席电话功能； 坐席电话插话功能，插话时，可显示客户的信息； 将电话汇接到外出的工作人员的电话上（电话跟随呼叫功能）； 外线、坐席电话多方电话汇接通话（即多方会议）功能； 坐席电话阻塞功能：坐席人员离开时，可设置该功能，有电话呼入时，将不再分配电话到本坐席

续表

坐席计算机功能	来电话时，显示客户信息，可输入必要的文字信息； 坐席电话转移时，将该客户的信息转移到相应的坐席计算机上； 可输入、编辑、查询客户信息； 可预先设置多个要联系的客户，坐席计算机将依次自动呼出客户，节约拨叫电话的时间； 可在坐席计算机上浏览、接收、发送传真； 可在坐席计算机上查询、播放电话录音； 可在坐席上发送、接收短信息； 坐席计算机上显示相关的电话数据，如打出打入多少次电话、时间等
分析、统计功能	可根据来电区号等条件统计某一地区的来电，作为参考； 可以统计各坐席接听次数，打出次数和时间多少； 可以统计系统每天的总接听、呼出、跟随呼叫的次数等
传真功能（可选择功能）	可自动、人工收传真，接收到的文件存放在计算机中； 可将起草好的计算机文件直接发送给一个或多个用户
短信息功能（可选择功能）	可在坐席上发送简单的提示信息给客户手机； 可浏览客户发过来的短信息

2. 呼叫中心系统工作流程示意图（见图 7-16）

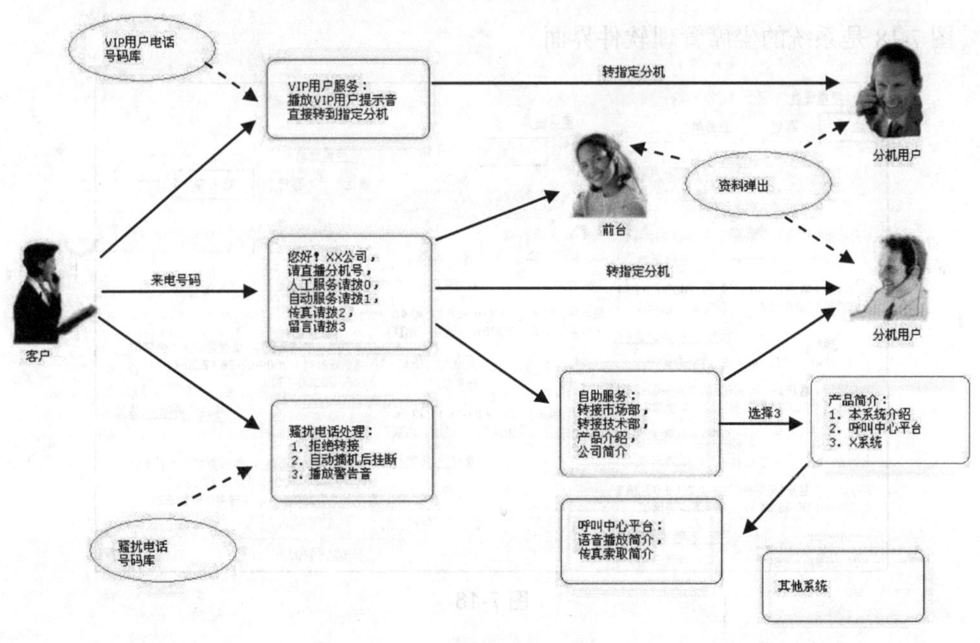

图 7-16

3. 呼叫中心系统运行界面

系统运行为全中文界面，操作非常简单，具有完善的系统监视和控制功能，可以准确地显示运行的状态，灵活地设置线路的各种运行参数。

图7-17是系统的主界面和记录查询界面。

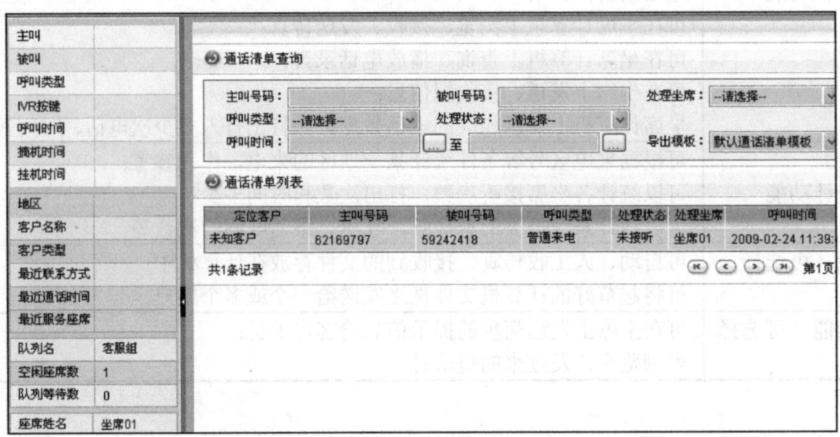

图 7-17

图7-18是系统的坐席管理软件界面。

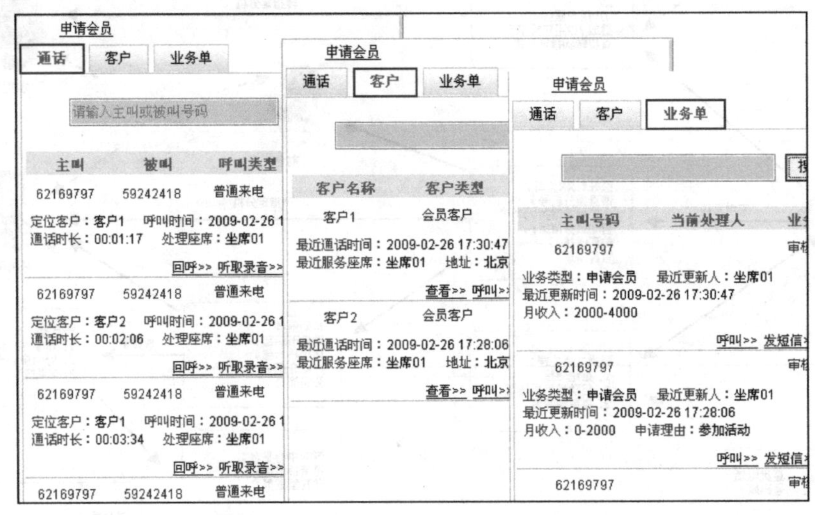

图 7-18

注：图中“座席”应为“坐席”。

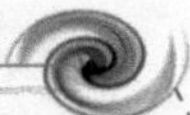

4. 呼叫中心系统组成（见表 7–6）

表 7-6 呼叫中心系统组成

系统规模：20 路外线接入、20 路 IVR、20 路同步录音、1 路语音信箱、20 路坐席	
项 目	数 量
一、三汇语音板卡硬件设备部分	
1. 模拟语音卡母板（SHT-16B-CT/PCI）	3
2. 双路外线模块	10
3. 双路内线模块	10
4. 坐席电源	13
5. 电话转换接口	12
二、CTIServer 服务器部分（原装工控机）	
CTI 服务器（研华原装工控整机，不含显示器）	1
三、智能语音主控平台软件部分（用于模拟线接入）	
1. CTI 呼叫控制模块（呼叫处理单元）	1
2. 自动呼叫分配（ACD Basic Unit）	
3. 交互式语音应答（IVR Basic Unit）	
四、IVR 语音导航流程	
IVR 交互式语音应答	1
五、人工坐席软件部分	
1. 坐席桌面功能	1
2. 坐席增强功能	3
六、通话记录统计及班长管理报表软件	
统计及班长管理报表	1
七、同步数字录音系统	
1. 对指定通道坐席进行录音	1
2. 录音文件播放功能	
3. 录音文件查询功能	
八、语音信箱系统	
1. 提供投诉或建议的留言功能	1
2. 留言文件保存到硬盘的功能	
3. 留言文件信息保存到数据库功能	
九、知识库系统	1
十、系统 License 授权计算公式	
1. 模拟线 License	20
2. 坐席软件	20
3. 录音管理（按照坐席软件 License 数量计算）	20

知识链接

一、SAP Business One：服务呼叫的管理流程

为客户建立了服务档案后（服务合同和服务跟踪卡），客户发来服务请求时，可以使用 SBO 中的“服务呼叫”处理售后服务请求。

处理一个客户服务请求时，通常需要经过如下步骤，如图 7-19 所示。

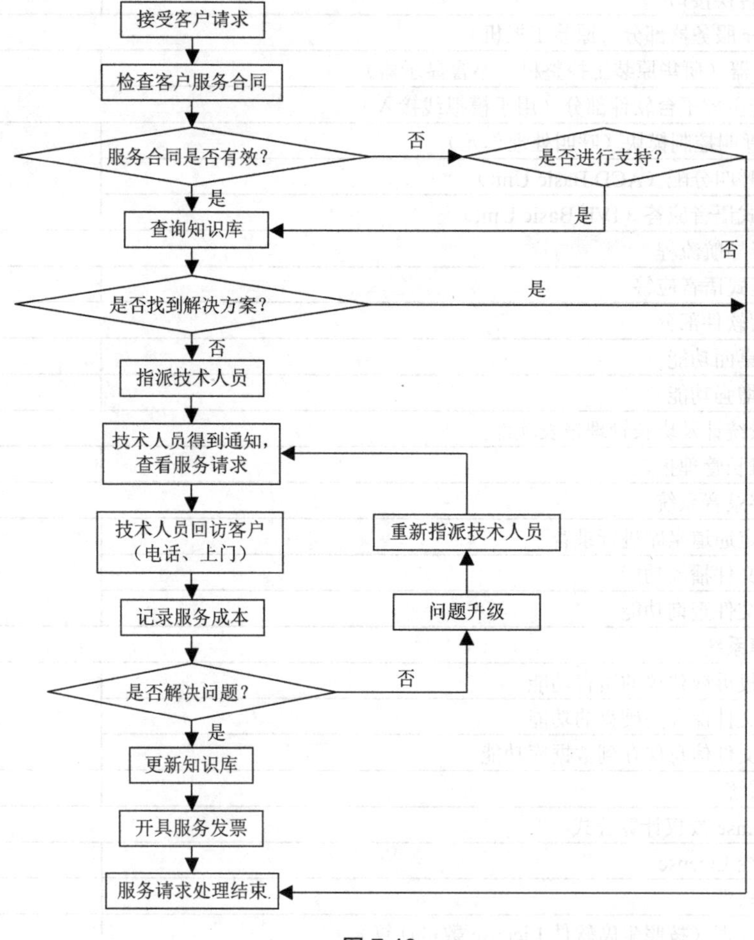

图 7-19

二、接受客户请求

当服务人员接到客户的服务请求时，可以通过“服务呼叫”功能记录客户的服务请求。选择“服务→服务呼叫”进入维护服务呼叫界面，如图 7-20 所示。

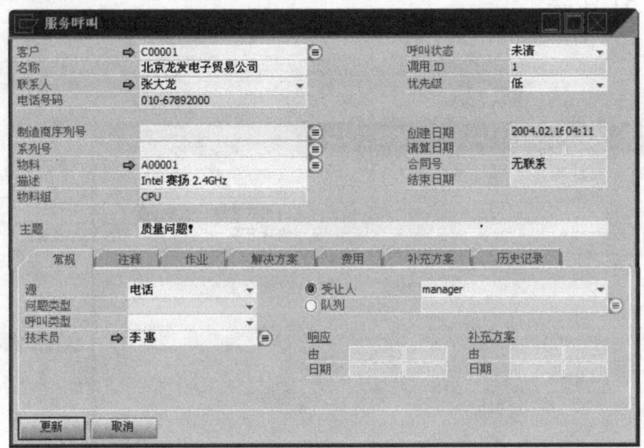

图 7-20

三、查询知识库

服务人员在录入客户的服务呼叫的同时，可以通过初步查询目前知识库中的相关解决方案，争取在第一时间解决客户的问题。

这时，服务人员可以首先单击“服务呼叫”窗口中“解决方案”选项卡内的“已建议”按钮，查看与此服务呼叫的物料、物料组或问题类型相同的在以前的“服务呼叫”中已经建议过的解决方案。

四、指派技术人员

服务人员可以将服务呼叫指派给相关负责人和技术人员，以继续跟踪客户的服务请求，为客户解决问题。

负责人和技术人员通过“常规”选项卡中的“受让人”和“技术员”的选择进行指派。如图 7-17 所示，指派的受让人为“manager”，技术人员为“李惠”。

五、解决问题

当服务呼叫所指派的负责人接收到系统的消息通知后，可以查看服务呼叫的详细内

容。通常该负责人会通过如下步骤来为客户解决问题：

（1）打电话向客户再次确认问题；

（2）指派技术人员上门服务；

（3）更新解决方案并关闭此次服务呼叫。

此步骤如图7-21所示。

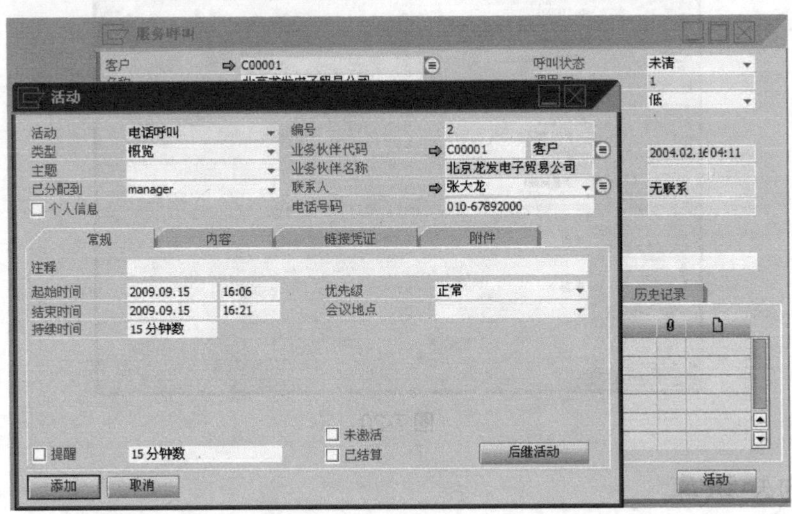

图7-21

思考与讨论

搜集《100年后的提醒》相关资料和信息，以组为单位，讨论“我们应该为客户提供怎样的服务”，提交2 000字左右的论文。

实训题

实训7-1　客户服务流程图设计

学习情境：客户服务

主题：客户服务流程图设计

完成这些练习后，你将能够：

- 进一步明确特定企业的客户服务内容；
- 制定客户服务流程；
- 完善并优化服务流程。

参照“福克斯公司客户服务流程”，为我国有线电视供应商优化客户服务流程，并设计客户服务流程图。

实训 7-2 服务合同和用户服务跟踪卡处理

学习情境：客户服务

主题：服务合同和用户服务跟踪卡处理

完成这些练习后，你将能够：

- 创建合同模板；
- 描述服务合同和用户服务跟踪卡的自动创建；
- 处理服务电话。

公司不仅为特定产品提供保修，而且也为特定客户或物料组提供保修。为了处理服务电话，他们有回答服务电话的小型服务中心。

2.1 使用合同模板

公司通常为所有用序列号管理的物料提供 3 年的保修。在工作日从上午 8 点到下午 5 点提供支持，公司同时承诺 3 天内解决问题。保修范围涵盖备件和人工，但是不包括现场支持（不包括差旅成本）。

2.1.1 创建合同模板。为普通的保修合同创建 3 年保修的合同模板。

2.1.2 在物料主记录中输入合同模板。在所有使用序列号管理的物料中输入新的合同模板。

2.2 过账带保修物料的销售

客户 C1001 从供应商 S1000 购买两种物料。

2.2.1 创建应收账款发票。

2.2.2 创建此事务的应收账款发票。为这两种物料选择两个序列号。检查用户服务跟踪卡和服务合同。检查系统是否为此保修正确创建了用户服务跟踪卡和服务合同。检查系统是否正确使用了合同模板来创建服务合同。系统创建了多少用户服务跟踪卡？系统创建了多少服务合同？

2.3 服务电话

几天后，用户 C1001 往你的服务中心打电话，投诉他购买的一种物料运行不平稳。

2.3.1 创建服务电话。在主题字段中简略描述该问题。看看解决截止时段，以确定你有多长时间用来及时解决该问题。

2.3.2 发送一个问题的解决方案。联系生产部门寻求建议。他们认为可能是刹车抱死，如果是刹车抱死的话，应该把刹车调得稍松一点。给该用户打电话，告诉他这个解决方法。该用户试了这个解决方案，回电话确认该方法解决了问题。将这些电话作为活动记录下来。

2.3.3 输入解决方法并关闭电话。在“解决方案”选项卡中记录此解决方案，并将状态设置为已关闭。

2.3.4 维护知识库。由于该问题和解决方法是新的，你决定将其输入到知识库并公布出来。

案例分析

为三鹿奶粉解“毒”

经中国品牌资产评价中心评定，三鹿品牌价值达 149.07 亿元。149.07 亿元，用了半个世纪的积累。正是因为忽视客户投诉，149.07 亿元变成零甚至负数，只用了半年时间。

有人说：导致三鹿原奶问题的直接原因极有可能就是奶贩子在原奶收上来后，为了牟取暴利、增加重量和质量，而在原奶中增加了三聚氰胺这种化工原料。实际上，人们已经给了足够的时间让三鹿可以觉察并修正自己的错误，但三鹿对外觉得自己根本没错。三聚氰胺错了，但是它没有罪，有罪的是人。

有人说：质检部门也有责任，市场监管不利，2008 年 9 月 22 日，质检总局要求各地统一三聚氰胺检测方法和仪器，牛奶质检终于有了统一标准。

有人说：企业管理者田文华被人冤枉，但是，三鹿集团永远逃不出干系。三鹿对客户投诉的态度，承认错误的态度，对投诉的整个处理方式等成为真正的“毒”，它就像“三聚氰胺”一样，让三鹿集团得了“肾衰竭”，并最终病入膏肓。

问题：如果你是三鹿集团的领导，你将如何为奶粉解“毒”？

学习情境八

客户关系管理总结与发展

学习目标

❖ 能够对 CRM 的功能模块进行系统总结；
❖ 了解 CRM 实施的一般流程。

技能目标

❖ 能够借助 CRM 软件对 CRM 功能进行总结；
❖ 能够掌握客户关系管理软件实施的基本流程；
❖ 能够对 CRM 项目进行综合总结。

任务一 CRM 系统的功能总结

任务引入

SAP CRM 让汽车行业跑得更快

放眼全球汽车行业，又有谁能说这片战场上不是群雄并起、逐鹿中原。美国有通用、福特，德国有奔驰、宝马、大众，法国有雪铁龙、菲亚特，日本有丰田、本田等，有哪个不是虎视眈眈，想一统天下。建立新的生产基地、发展新的分销渠道、研发新的车型，一轮轮的促销战、价格战、并购战打得天昏地暗，但无论是希冀通过扩大生产规模来降

低成本，还是通过广告促销来建立品牌的知名度和美誉度，或是通过开发新的产品来引导人们的时尚潮流，归根结底都是在想方设法赢得客户、赢得市场。

客户关系管理系统通过其智能的客户趋势分析能力、客户需求挖掘能力很好地迎合了汽车零部件供应商、整车制造厂家和众多分销代理机构以客户为中心及建立长期稳定的客户关系的迫切需求。

协同电子商务解决方案供应商SAP公司针对汽车行业的CRM系统，作为企业赢得客户、服务客户、保持良好客户关系的企业信息系统的关键组成部分，既可独立运转，又可和后端的ERP平台、企业战略管理平台、智能数据仓库系统、跨企业间运行的B2B企业采购平台、供需链管理系统和企业商务市场（Marketplace）进行紧密集成，从而使企业实现以最终客户需求为导向，以企业间供需链管理、企业商业社区间的协同商务为纽带的社会价值链体系。SAP CRM汽车行业解决方案，分别针对整车OEM制造厂商、汽车零部件生产商以及售后服务体系量身定制了系统，最大程度地根据汽车行业上下游企业不同的需求，提供了个性化的功能和流程。R/3系统为客户已有的企业资源管理系统，CRM系统E-mail可通过E-mail服务器和CRM中SAP connect界面发送给相关工作中心，或从工作中心发送给相关客户。利用SAP phone界面，系统可将客户的电话信息发送给相应的接线人员，以请求服务等。此外，CRM还具有市场活动、商标管理、电话销售和销售支持等功能，它支持的设备有Internet、电话、PC、移动设备等。使用SAP CRM将具有很好的扩展性，从而保证了用户已有的软硬件投资。商务信息仓库（BW）用于组织和存放各种来自CRM、R/3和外部系统的信息，以用于查询和决策。移动设备CRM为现场销售和服务人员提供了现场销售和服务的业务流程。该方案除了提供一般客户呼叫中心的通用功能之外，最重要的是实现了与企业后台ERP系统的紧密集成，对于实现真正的客户服务中心来说，这一点至关重要，因为我们可以想象，作为对客户最好的服务，就必须能够最高效便捷地将客户的需求转变成生产、采购能力，而使客户的抱怨能够在最短的时间内得到解决，就必须针对客户的具体车型、车辆的生产情况进行检查分析，迅速得出结论，而所有这一切的关键数据都是在后台。

该系统的另一个特点，就是其基于角色的灵活的个性化工作环境，企业中高层管理人员、市场销售运营人员和客户服务人员都会得到按各自具体需求定制的工作环境和界面。

请根据所学知识与实践，完成如下任务。

任务1：画出你所理解的客户关系管理系统的功能与模块图。

任务2：写出一份CRM项目总结报告。

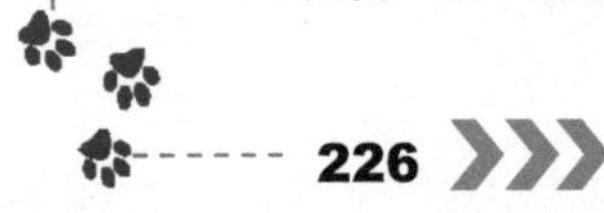

任务分析

客户关系管理系统的理解可从知识的层面、思考的层面及实际接触过的 CRM 项目层面进行，要画出功能模块图也是如此，同时建议，在画图时也要考虑企业的规模，并建议使用 Visio 工具来画出其流程图，这样会显得更专业、更有展示效果。

知识链接

一、CRM 功能分布框图（见图 8-1）

从图 8-1 可以看出，CRM 的功能可以归纳为几个方面：销售自动化、营销自动化、客户服务自动化、商业智能及其他模块的几部分商业流程的信息化；与客户进行沟通所需要的手段（如电话、传真、网络、E-mail 等）的集成和自动化处理；将上面两部分所产生的信息进行加工处理，产生商业智能，用以支持企业战略战术的决策。

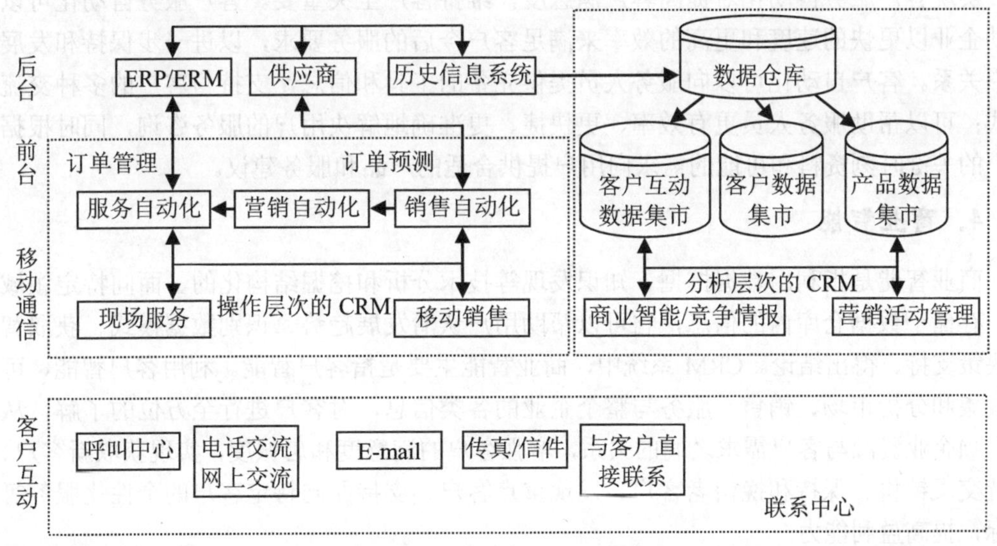

图 8-1

二、术语解释及主要应用方面

1. 销售自动化（Sales Force Automation，SFA）

SFA 是 CRM 最基本的功能模块，主要管理商业机遇、客户数据以及销售渠道等方面的内容。主要应用对象是销售人员和销售管理人员。销售自动化模块能确保企业的每一个销售代表及时地获得企业当前的最新信息，包括最新动态、客户信息、账号信息、产品和价格信息以及同行业竞争对手情况等信息。

2. 营销自动化（Marketing Automation，MA）

MA 是 CRM 领域中比较新的功能，帮助市场专家对客户和市场信息进行全面的分析，从而对市场进行细分，产生高质量的市场策划活动，指导销售队伍更有效地工作。营销自动化的最终目标是在活动、渠道和媒体间合理分配营销资源以达到收入最大化和客户关系最优化。

3. 客户服务自动化

实现客户服务自动化对提高客户满意度，维持客户至关重要。客户服务自动化可以帮助企业以更快的速度和更高的效率来满足客户今后的服务要求，以进一步保持和发展客户关系。客户自动化可以向服务人员提供完备的工具和信息，支持与客户的多种交流方式；可以帮助服务人员更有效率、更快捷、更准确地解决用户的服务咨询，同时根据用户的关键时刻资料和可能的需求向用户提供合适的产品和服务建议。

4. 商业智能

商业智能是指利用数据挖掘、知识发现等技术分析和挖掘结构化的、面向特定领域的、存储于数据仓库内的信息，它可以帮助用户认清发展趋势、识别数据模式、获取智能决策支持、得出结论。CRM 系统中，商业智能主要是指客户智能。利用客户智能，可以收集和分析市场、销售、服务与整个企业的各类信息，对客户进行全方位的了解，从而理顺企业资源与客户需求之间的关系，增强客户的满意度和忠诚度，实现获取新客户、支持交叉销售、保持和挽留老客户、发现重点客户、支持面向特定客户的个性化服务等目标，提高盈利能力。

5. 其他模块

其他模块包括集成电话中心、Web 服务、电子邮件、传真等多种客户联系渠道的客户服务中心（呼叫中心）。通过这些模块，员工可以与客户进行良好的沟通。

三、具体应用

1. 计划管理

个人工作计划及公司营销推广计划的定义、执行、跟踪和反馈，可以实现对工组计划的分配；项目管理功能协助营销项目的顺利实施。通过统一计划平台工作，促成良性的业务工作循环。

2. 市场管理

对客户群进行市场细分，并进行客户分布分析、市场分析、销售漏斗分析、产品销售分析、服务销售分析，帮助企业找到市场趋势，发现有价值的产品，作为正确的营销策略。

3. 销售管理

客户管理将客户完整归类，并将客户、渠道商、供应商有机集成，通过单位联系模块提供的功能和信息与客户进行全方位交流，并能支持多渠道销售模式、邮件群发、短信群发、销售机会、销售订单、销售业绩分析等，功能齐全。

4. 进销存管理

客户关系管理和进销存管理有机结合，采购订单、入库单、销售订单、出库单、领料单操作简单，控制全面，统计分析灵活，库存变化实时把握，独具序列号管理，满足序列号跟踪客户的需要。

5. 财务管理

商品及服务的财务参数设置，让你的应收、应付财务数据准确自动生成，渠道商、供应商财务往来清楚，到款单、付款单、费用管理及财务匹配、冲销功能解决企业财务管理在系统外运行的难题。

6. 决策支持

系统内嵌智能分析报表工具，通过对企业的客户、合作伙伴、市场、销售、服务、产品及员工的各种信息进行统计分析，帮助管理者进行决策，把握商机。

四、具体描述

现代通信技术特别是 Internet 的出现，给企业和客户的交流带来了许多新的选择，这

些选择为降低营销、销售和服务的成本带来了新的机遇。而CRM的系统功能模块通过采用先进的信息技术，将电话、传真、Web、无线接入等多种交流渠道进行高度集成，使企业的客户无论通过什么渠道、在什么时间，都能够以自己喜欢的方式通畅地与企业进行交流。同时，企业也能利用这些联系渠道对客户作出即时的反应，并提供准确、一致、最新的信息。交流渠道的集成使客户的问题或抱怨能更快地、有效地得以解决，最终提高客户的满意度。

CRM系统功能模块具有良好的可扩展性，从而使企业能够在不同的时期根据其经营规模和IT系统状况，灵活地扩展CRM系统的功能。CRM系统通过企业应用系统集成，为数据仓库和CRM系统提供数据。CRM系统将分析结果用于销售管理和呼叫中心管理的同时，销售管理、E-mail等渠道将客户的反馈信息传递给数据仓库，为CRM系统所用。

CRM的智能系统功能模块采用合理的信息架构，建立统一的CRM信息资源库。统一的信息资源库里存储了有关客户的所有信息，无论是何时、通过何种渠道，凡是有关客户与企业接触或交流的信息都会保存在CRM系统功能模块里。同时，CRM系统功能模块还包含企业的营销、销售、客户服务等信息。企业内销售、市场营销、客户服务等不同部门的有关人员都可以随时、随地存取信息，从而能够及时、全面地提供或掌握营销、销售和客户等信息，以便对客户的需求和变化采取及时、一致的响应。此外，在CRM系统功能模块中还保存客户的偏好信息，企业完全可以根据用户的偏好信息，再根据沟通渠道的方便与否掌握沟通渠道的最终选择权。例如，有的客户或潜在的客户不喜欢那些不请自来的电子邮件，但对企业偶尔打来电话不介意，对这样的客户，企业应避免向其主动发送电子邮件，而应多利用电话这种方式。

面对有关浩如烟海的客户及企业营销、销售和服务信息，如果没有一个具有高度商业智能的数据分析和处理系统是很难想象的。CRM系统功能模块将最佳的商业实践与数据挖掘、数据仓库、一对一营销、销售自动化以及其他信息技术紧密结合在一起，通过充分挖掘客户商业行为的修改和规律，来不断寻找和拓展客户的盈利点和盈利空间。另一方面，智能化的数据分析和处理本身也是企业向客户学习的一种高效过程。CRM的智能系统功能使企业在获得与客户关系最优化的同时，也获得企业利润的最优化。

综上所述，统一的渠道能给企业带来效率和利益的提高，这些收益主要表现在内部技术框架（即CRM系统功能模块）和外部关系管理方面。就CRM系统功能模块来讲，建立在集中的数据模型基础上，统一的渠道方法能改进前台系统，增强多渠道的客户互动。就外部来讲，企业可从多渠道间的良好的客户互动中获益。而统一的渠道方法则从各渠道间收集数据，使得客户问题或抱怨能更快地、更有效地被解决，进而提高客户的满意度。

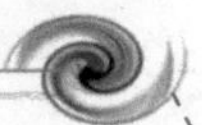

五、现状及发展趋势

在目前的市场趋势下可见，企业对CRM软件的质量要求越来越高，目前我国的CRM软件的系统功能模块，与国外起步较早的CRM行业相比，客户所需要的CRM是中国特色的CRM，客户需要的是一个CRM并集成部分进销存甚至人力资源等的软件系统。

先从厂商方面来看，国内外的知名CRM厂商，如Siebel、Oracle、SAP、金蝶、用友等，几乎都已在国内市场露面。据统计，现在全球有超过600家知名企业涉足CRM产品领域，各家的产品、设计理念、覆盖范围、实施标准、服务各不相同。这些不同的产品，带给客户的价值、理念也不相同。

从CRM的发展来看，CRM的理论提炼与西方企业管理科学化的进程紧密相伴，而这恰恰是中国企业的差距，从业务规模到管理水平，注定了在中国照搬洋理论只能“水土不服”。不甚健全的市场反应机制、基础薄弱的企业信息化建设和中国特色明显的管理体制和使用者素质的低下，成为“CRM在中国”的最大阻力。

在对中国CRM应用现状分析的基础上，我们发现国外的CRM产品功能模块实在太多，几乎每个环节的实施都涉及对旧有模式的颠覆或重构，企业需要一个接受和吸收的过程，如果冲突太大，可能最后是一个失败的结果。所以我们必须真正了解中国市场对CRM功能模块的需求，做出真正适合市场需求的CRM软件。

从分析企业的需求，进而了解CRM功能模块的设计思路。客户是企业的财富，CRM的根本出发点就是客户信息的集中式管理和客户交流渠道的统一管理，进而在此基础之上推进销售，赢得客户，取得成功。销售管理是企业关注的重点，也是CRM的重点，通过本系统既可以管理简单的销售模式，也可以管理复杂的销售模式。特别是对于复杂的销售模式，更追求一种事前管理，即销售过程管理，我们认为只有好的销售过程，才能保证最后有满意的销售结果。通过本系统，管理者和销售人员可以及时知道销售过程中存在的问题，然后及时解决这些问题，保证销售过程的畅通和顺利进行，进而提高销售成功率，达到和完成销售指标。同时，为满足客户日益高涨的应用需求，CRM还必须考虑产品的柔性能力。所以，在系统平台多样性、软件技术先进性、功能适应性和灵活性、系统开放性等方面都必须比传统的管理信息系统有较大的突破。

因此，CRM系统不仅是一个技术系统，更是一个集成了先进IT技术和管理思想的完整解决方案。面向不同行业，CRM系统可能有着截然不同的解决方案和功能。

六、CRM在企业中的应用案例

案例8-1

CRM在江苏史福特照明电器有限公司的应用案例

江苏史福特照明电器有限公司是外资企业，企业集科研、生产、服务于一体，成立于1994年，拥有格栅灯厂、筒灯厂、支架灯厂、电感电子镇流器厂、模具厂、注塑厂、压铸厂7个分厂，员工1 000多人，生产占地面积总计84 000m^2，是中国照明行业最大的照明灯具研发生产企业之一。

公司在中国大陆28个省及香港地区设有物流中心及办事处，并在北美、西欧、东南亚、中东等地区开展产品销售和个性化服务。从1995年至2007年，公司凭借自身的技术和产品品质优势，先后中标联合国北京总部及粮食署、北京东方广场、美国可口可乐中国公司、摩托罗拉中国公司等近500家重大照明工程产品的供应，产品和服务获得了公认的好评。

尽管在企业所属的行业中，史福特公司有着良好的品牌和实力，但由于国内营销中心的销售管理还比较薄弱，公司无法及时对市场情况进行响应和调整，造成客户流失严重。国内营销中心希望通过实施CRM，加强企业的销售过程控制，促进公司的销售管理正规化，提高客户服务水平和满意度，最终提高公司的利润水平和市场份额。

1. 面临问题

北京商能对史福特公司进行了CRM实施前期调查，发现了企业在销售管理方面存在的主要问题有以下几个。

（1）客户信息管理薄弱。对于公司最重要的客户信息，没有指定专人维护，并且信息分散，共享程度差，准确性和真实性没有保证。

（2）销售管理监督力度不够，市场资源利用效率不高。公司无法对市场进行深入研究，也无法对市场和客户进行细分，营销手段较单一。

（3）销售部门的信息化水平偏低。虽然公司已建有合理的局域网架构，但史福特公司营销中心的信息化程度则相对落后。当前销售人员使用的主要销售工具仍为电话、传真，计算机及互联网等没有被充分利用。

（4）无法对销售过程进行有效控制。由于销售人员在签订合同前可以不记录任何信息，并对销售过程具有控制权，因此公司无法对销售人员的销售行为进行控制，也无法提供相应的支援。

2. 实施方法

根据史福特公司的实际情况，北京商能认为，史福特在实施CRM时，要做的首要工作是：尽快提高销售部门的信息化水平，建立起集中管理的客户信息数据库，并让全体营销人员在实际中逐步接受CRM的理念和方法。在进行了系统实施和培训后，史福特公司开始正式应用Mr.CRM系统，同时陆续把CRM的应用范围扩大到了公司的所有市场销售人员。

3. 应用体会

（1）明确具体的应用目标。CRM的实施应用比一般的软件系统更加灵活，所需面对的情况和问题也更加复杂，企业和供应商双方都应对出现的问题进行深入的调查和分析，然后再在调查研究的基础上确定双方都认可的应用目标，所有的工作都应围绕确定的目标进行。

（2）客户为中心的理念灌输。应用CRM是一个全员的过程，以客户为中心的理念的培训，对其销售体系的业务流程、职责权限和基础业务数据进行了梳理，为实现跨部门、跨组织的无缝业务连接奠定基础。

（3）持续优质的客户服务。定期的客户回访是与老客户保持联系、提高客户忠诚度的基本手段，同时也是保证客户资料正确性的主要方法。实施CRM之后，企业应根据所属的行业和客户情况，建立一套适当的客户回访制度，让CRM的应用不断深入。

4. 项目总结

通过逐步熟练的应用，史福特公司已建立起了统一且共享的客户信息数据库，以及流畅的CRM应用流程，系统的运行维护进入了良性循环状态。同时，通过培训和实际操作，史福特公司的销售人员具备“客户中心化”的营销意识，通过应用北京商能Mr.CRM可以有效地管理和使用客户信息。这些应用成果不但促使企业向“以客户为中心”的观念转变，更大大增强了企业的客户管理竞争力。

任务二 移动客户关系管理

2014年移动CRM App将增长500%

Gartner Research最新研究显示，2014年CRM App规模将增长500%，另一个市场变

化就是更多的工作会在云端完成，而不是防火墙后面的服务器。Gartner之前的分析表示，2016年前SaaS提供商将组成CRM市场50%的利润。

目前App Store里有200个相关App，2014年时将达到1 200个，到时CRM App将会有具体的专业分工，进一步细化CRM体验。在一个2 000人的CIO调查中，意见反馈显示，提供商开发App的时候必须基于特别的CRM优势才有市场。

2012年，SaaS组成了39%的CRM软件市场，2013年，Gartner预计这个市场将会增加到42%，再到2016年，SaaS将组成50%的CRM软件收入，而眼下，预计2013年总营收将会增加9.7%。

总的来说，传统的SaaS CRM还有很多东西要提高，移动趋势的到来正好为它提供了一个UI或者UX,而CRM供应商应该抓住这个大好时机来提供更智能、更有用的CRM系统，而不是停留在记录Keeper的层面。

（资料来源：http://www.cww.net.cn/mobile/html/2013/4/12/2013412142355670.htm）

任务：观察现实生活中的移动客户关系管理应用，谈谈自己对移动CRM的体会。

任务分析

销售人员必须找到方法将企业从过去以企业为中心的“告知—销售”的做法转变为以客户为中心的“倾听—学习”。销售人员应认真思考该用什么样的策略来管理客户的3A——随时（anytime）、随地（anywhere）、任何设备（any device）。这表示要在客户方便的时间、地点用适合的方式来对话。

在顾客导向型经济时代，客户在乎的东西在改变，他们更关心的是在交易时是否获得了主控权。比如，所需产品是否存取方便？是否能及时获得相关资讯？供方是否有足够的柔性以满足市场变化？客户要的不仅是产品本身，还需要消费该产品所带来的体验。他们在乎信任、保密，与供应商、零售商、服务商的关系，因为忠诚而得到优惠、个性化服务等。比如：

（1）即时的联系。顾客能随时随地以各种无线设备找到您吗？

（2）一致的优越。您能随时随地以个性化服务的方式每次都提供卓越的服务吗？

（3）随时随地订货。您的顾客能随时随地以他们的方式采购吗？

（4）随时随地送货。您的顾客能随时随地以他们所希望的方式收到他们想要的东西吗？

企业对客户需求的快速响应也是现代企业的制胜关键，移动客户关系管理可以在手机上用浏览器或者客户端直接操作，极为方便，使企业业务员摆脱时间和场所局限，随

时随地与公司业务平台沟通，有效地缩短销售周期。

移动客户关系管理不但可以改善内部管理流程，还可以改善客户体验。当企业员工同客户交流时，移动 CRM 可以帮助该员工得到这名客户的全部资料，无论是过去的，还是现在的，这对企业员工很有帮助。比如，如果你是销售人员的话，使用移动 CRM 可以获得订单的状态，查看商品过去的购买趋势，获得最近一次买卖的型号，或者找出仓库中是否有某个特殊商品。如果你进行上述操作的时候，你的客户就在你的身边看着这一切，很明显，你会获得一个满意的销售体验和更高的客户忠诚度。

知识链接

一、移动客户关系管理概述[①]

1. 移动 CRM 的定义

移动 CRM（客户关系管理）是一种利用现代移动终端技术、移动通信技术、计算机技术等现代科技实现在移动中也能够完成通常要在办公室里才能够完成的客户关系管理任务。移动 CRM 系统具有传统 CRM 系统无法比拟的优越性。移动 CRM 系统使业务员摆脱时间和场所局限，随时随地与公司业务平台沟通，有效提高企业管理效率，推动企业效益增长。

2. 移动 CRM 的发展史

随着移动技术、计算机技术和移动终端技术的发展，移动客户关系管理技术已经经历了三代。

以短信为基础的第一代移动客户关系管理技术存在着许多严重的缺陷，其中最严重的问题是实时性较差，查询请求不会立即得到回答。此外，由于短信信息长度的限制也使得一些查询无法得到一个完整的答案。这些令用户无法忍受的严重问题也导致了一些早期使用基于短信的移动客户关系管理系统的部门纷纷要求升级和改造现有的系统。

第二代移动客户关系管理系统采用基于 WAP 技术的方式，手机主要通过浏览器的方式来访问 WAP 网页，以实现信息的查询，部分地解决了第一代移动访问技术的问题。第二代的移动访问技术的缺陷主要表现在 WAP 网页访问的交互能力极差，因此极大地限制

[①] 资料来源：http://baike.baidu.com/view/1618850.htm

了移动客户关系管理系统的灵活性和方便性。此外，由于 WAP 使用的加密认证的 WTLS 协议建立的安全通道必须在 WAP 网关上终止，形成安全隐患，所以 WAP 网页访问的安全问题对于安全性要求极为严格的商务系统来说也是一个严重的问题。这些问题也使得第二代技术难以满足用户的要求。

新一代的移动客户关系管理系统，也就是第三代移动客户关系管理系统融合了 3G 移动技术、智能移动终端、VPN、数据库同步、身份认证及 Webservice 等多种移动通信、信息处理和计算机网络的最新的前沿技术，以专网和无线通信技术为依托，使得系统的安全性和交互能力有了极大的提高，为客户关系管理人员提供了一种安全、快速的现代化移动执法机制。

二、移动商务中客户关系管理活动

移动商务中客户关系管理为企业与客户、企业与合作伙伴增加一条很重要的可以随时随地交互的渠道。移动技术的及时性使采集数据、处理数据高效化，去除了从纸面到计算机输入的冗余步骤，加速信息的流动，同时还能降低数据出错率，提高数据质量，从而使数据或信息的采集、传递与存储更快速、准确、完整。移动客户关系管理极大地方便了客户支持工作，使客户服务人员能有效地管理客户服务流程。

1. 移动商务中的营销

在线广告、电子邮件营销给技术驱动的客户关系管理以新的市场价值源泉，而无线设备和互联网则在营销活动方面更加方便营销人员。移动客户关系管理支持稳定、可靠的移动商务营销策略，使企业有极大的市场优势。很多企业采用基于产品的营销战略，产品和服务是这类企业思考业务的出发点，企业投资、花费人力和时间来设计、生产这些产品。为吸引不同的消费群体，营销时需要研究产品的性质和客户的特征，将产品和服务分类组织在移动终端上显示，方便客户购买。

企业相信多数客户是按照分类方式来寻找自己想要购买的东西。另一类企业则是从基于客户的营销战略出发，利用移动技术在客户与企业间搭起一个可沟通的网络社区，柔性化管理业务。与传统大众媒介相比，这种营销战略效果更好、影响更广泛。其结果不仅仅是产品品种的增加，而且通过共同的特征对客户分类、达到满足不同类型客户需要的目的，进而识别潜在的客户。移动技术增加了可供选择的传递营销信息的渠道，易于促成客户行为并进一步发展客户关系。

2．移动商务中的销售

在产品销售过程中，应用移动技术加强企业和销售人员之间、销售人员与客户之间的联系，方便销售人员在整个销售流程中管理自己和客户，记录各种商务活动的日程安排，整合客户信息、客户历史数据。技术支持的基本管理活动包括进行差异分析，细分移动商务市场，使企业更加清晰地了解自身状况和客户业务的类型、偏好等，针对不同客户设计不同的业务和服务模式，真正实现个性化的市场销售，从而帮助企业更好地把握商机。成功应用移动技术，一方面有助于留住老客户和盈利客户，另一方面有助于挖掘其他类型客户的潜在价值。移动商务中客户关系管理技术对产品销售具有重要价值，核心是开发其功能并快速得到应用，避免无效的应用和应用时的耽搁。

3．移动商务中的售后服务

售后服务决定着企业的信誉度和市场竞争能力。与传统推式服务相比，受客户需求驱动的拉式服务要求有效地联系客户。联系客户的目的是跟踪客户，而不是讨好客户。通过移动技术支持下的售后服务，了解客户、发展客户，控制客户获得、转变、维持的过程，及时把握客户忠诚度，其价值远大于其他类型的投入。传统的电话或现场售后服务模式存在效率低、劳动强度大、服务质量不高等问题，无法满足现代企业经营理念的要求。移动商务售后服务系统可以采用浏览器/服务器（Browser/ Server，B/S）三层信息服务模式。第一层为客户操作层，客户通过移动终端设备向企业售后服务中心发布服务请求信息、浏览服务响应信息；第二层为服务应用层，服务人员通过该层为客户提供售后在线服务或现场服务约定；第三层为数据资料层，存放客户基本资料、服务技术文档和售后服务状态等信息。表 8-1 给出移动商务中客户关系管理过程的基本活动。

表 8-1　移动商务中客户关系管理过程分析

内容	营销过程	销售	售后服务
目标定位	● 和传统营销相结合，制订出有效的企业营销计划 ● 更改营销活动策略，使其符合移动客户和无线设备的需求 ● 保存用户的个人资料、记录使用情况以及分析促销和广告效果，保持营销效果的持久性	● 重要信息的访问不再受地域和时间的限制 ● 能够及时维护存储在中心数据库里的客户资料等信息 ● 在销售人员提高工作效率的同时，为企业节约销售成本 ● 在获得客户信息过程中，节约时间和经费	● 对客户群体进行分析，对业务发展方向作出科学、准确的预测 ● 方便客户对签约情况查询、对客户资料和密码等进行修改

续表

内容	营销过程	销售	售后服务
主要策略	● 移动商务营销可采用推式营销（push marketing）、拉式营销（pull marketing）或两者组合 ● 利用移动设备将产品推向市场。根据客户的地理位置和爱好实时发送个性化的信息到客户的移动设备上促成交易 ● 利用广告宣传和产品促销活动刺激消费需求 ● 通过移动设备吸引消费者	● 记录客户购买历史、信用等；记录产品价格、库存、订单跟踪情况 ● 客户信息通过 Web、E-mail、联络中心或移动访问等渠道在企业数据库中进行登记后，以短信等形式通知提示指定的在任何地方的销售人员 ● 通过 PDA 或笔记本电脑进行无线通信，销售人员可以随时响应客户，完成销售	● 通过移动通信渠道收集客户问题，人工或自动触发服务请求发送到指定的客户服务人员，用移动设备得到客户的地址和问题描述 ● 客户服务人员可以随时随地访问企业数据库中存储的客户问题数据并下载到移动设备中，然后浏览客户服务请求，并上门解决或将解决办法发送到企业门户网站等待客户查找
客户关系管理活动	● 对发送的信息进行归档整理 ● 对接收的客户信息进行归档整理，进行客户分析 ● 对客户咨询、订购信息自动处理，及时整合信息、回复客户 ● 对客户要求、客户信息进行分类存储，适时发送相关预定义内容与客户沟通 ● 对用户操作权限以及客户咨询范围进行划分	● 处理客户要求的同时获得客户最新的信息，进而最小化销售时间 ● 随时查询产品说明、价格、库存、交货时间等信息，以及客户的联系人、订单处理、支付情况、购买记录等信息 ● 在现场与客户面对面交流，与客户协商产品具体事宜，即时处理业务流程，当场下订单	● 发布企业业务、产品功能、代理分布信息等 ● 维护和查询客户与企业之间商务往来的资料 ● 利用移动设备访问企业产品信息、技术手册、保修状态等数据 ● 向企业报告客户问题性质、采取的措施，更新问题日志、维修记录

三、移动商务中客户关系管理的未来[①]

研究证明，发展一个新客户的成本是保留一个现有客户成本的5～10倍；另一方面，

① 丁乃鹏．移动商务中的客户关系管理技术．情报杂志，2006（5）：50~52

企业每隔 5 年将失去 50%的客户。因此，留住客户在企业的平均 30 年的生存周期里是极其重要的。客户服务战略关系到企业的长期生存能力。移动技术是形成和发展这一战略的有力支撑。质量、价格以及创新的先进性已不是市场竞争的唯一主导，客户满意度、交付时间也已成为竞争过程的主要比较指标。移动技术是摆脱桌面系统束缚和物理界限的革命，其随时通话、娱乐、网游的特点，使移动客户关系管理效率和员工效率更高。客户获得和保留而带来的利润增长是成功竞争的要素，企业需要更多地从留住客户而不是发展客户、个性化服务而不是大众营销、客户的参与度而不是市场占有率等方面做更多的思考，将内部资源与客户战略最佳匹配。另外，部门之间的摩擦、员工安于现状等问题使企业实施移动客户关系管理面对更大的挑战。在这种情况下，移动客户关系管理的成功实施主要得益于有效的战略管理。单纯地从技术的角度来实现复杂的应用，只会导致移动客户关系管理最终实现的延期，以至影响到最终的成败与否。

移动通信技术、互联网和电子商务应用的结合，将会导致移动商务的蓬勃发展和无线网络经济的繁荣。现在，越来越多的企业的销售人员、服务人员随时随地通过手持移动设备访问相关客户资料，提高效率、降低企业开销。随着我国第三代通信网络（3G）时代的到来，这将成为发展趋势。

参考文献

[1] 杨路明等．客户关系管理理论与实务．第 2 版．北京：电子工业出版社，2009

[2] 蒋歆，许坤．mySAP 客户关系管理．北京：东方出版社，2005

[3] 董金祥，陈刚，尹建伟．客户关系管理 CRM．杭州：浙江大学出版社，2002

[4] 叶开．中国 CRM 最佳实务．北京：电子工业出版社，2005

[5] 戴士弘，毕蓉．高职教改课程教学设计案例集．北京：清华大学出版社，2007

[6] 戴士弘．职业教育课程教学改革．北京：清华大学出版社，2007

[7] 汤兵勇．客户关系管理．第 2 版．北京：高等教育出版社，2008

[8] 杨莉惠．客户关系管理实训．北京：中国劳动社会保障出版社，2006

[9] 戴夫·查菲．网络营销——战略、实施与实践．第 2 版．北京：机械工业出版社，2004

[10] 杨群祥．网络营销．大连：东北财经大学出版社，2006

[11] 陈师秋．客户管理操作实务．广州：广东经济出版社，2003

[12] 李小圣．如何进行客户关系管理．北京：北京大学出版社，2004

[13] 孙峰等．顾客投诉行为管理及其系统构建．商业时代，2005（24）：48~49

[14] 邹文旭．投诉是金——如何建立成功的顾客投诉管理体系．北京：机械工业出版社，2004

[15] 李文龙等．创业管理：企业经营模拟．北京：清华大学出版社，2013

[16] Michael Bayer．计算机电话系统——CTI 与呼叫中心．北京：北京邮电大学出版社，2002

[17] 张学军等．CRM 实施宝典——21 世纪企业信息化实施宝典．北京：国防工业出版社，2005

[18] 马翠嫦．国外十大 CRM 系统软件商及其产品比较研究．中国信息导报，2005（10）

[19] 孟凡强．CRM 行动手册：策略、技术和实现．北京：机械工业出版社，2002

[20] 何荣勤．CRM 原理、设计、实践．北京：电子工业出版社，2003

[21] 拉菲·默罕默德等．网络营销．第 2 版．北京：中国财政经济出版社，2004
[22] 陈帮虎等．SAP BUSINESS ONE 应用实务．成都：西南财经大学出版社，2009
[23] 高展等．企业信息化自助纲要．北京：清华大学出版社，2002
[24] 孙志宏．网络营销与策划．北京：机械工业出版社，2004
[25] 冯英健．网络营销基础与实践．第 2 版．北京：清华大学出版社，2004
[26] V. 安祖琪．寻找最强组员：网络营销完全实战手册．福州：海峡文艺出版社，2004
[27] 马刚．客户关系管理．大连：东北财经大学出版社，2007
[28] 吕英斌，储节旺．网络营销案例评析．北京：北方交通大学出版社，2004
[29] 保罗·唐波拉尔．与客户亲密接触．上海：上海交通大学出版社，2002
[30] H. 詹姆斯·哈林顿等．项目变革管理．北京：机械工业出版社，2001
[31] 美国项目管理协会．项目管理知识体系指南．第 3 版．北京：电子工业出版社，2005
[32] 沃尔特·艾萨克森（Walter Isaacson）．史蒂夫·乔布斯传．北京：中信出版社，2011
[33] 李文龙．项目范围管理在 CRM 软件设计中应用．商场现代化，2010（19）
[34] 汤宗泰，刘文良，蓝天雄．顾客关系管理 e 思维．新北：博硕文化股份有限公司，2006
[35] 刘文良．顾客关系管理．第 2 版．台北：基峰资讯股份有限公司，2010
[36] 王勇等．企业处理投诉的方式对顾客满意的影响及其后果．管理评论，2013（4）：125~134
[37] 丁乃鹏．移动商务中的客户关系管理技术．情报杂志，2006（5）：50~52

附录A SAP Business One 安装

根据 SAP Business One 2007B 在 Windows 7 环境下的安装说明，首先要安装 MS SQL SERVER 2005，微软数据库的相关安装说明，在 SBO2007B 下会自动识别是否安装，如没有安装也可再次安装，本书略，但提示要先备置好 IIS，否则不能正常使用。SAP Business One 主体安装分成以下步骤（以安装 MS SQL SERVER 2005 数据库为例，SBO2005B+ MS SQL SERVER 2000 数据库安装请参考第 1 版的附录）：

（1）SAP Business One Server 安装，含 Server Tools 安装；

（2）SAP Business One Client 安装；

（3）SAP Business One 启动。

下面以 SAP Business One 2007B 为例加以说明。

1. SAP Business One Server 安装

（1）运行安装文件包下的 Autorun.exe 先进入 Server Tools 目录（见图 A-1），运行 setup.exe 文件。

名称	修改日期	类型	大小
Autorun	2009/3/6 0:36	文件夹	
Documentation	2009/3/6 0:36	文件夹	
Packages	2009/3/6 0:36	文件夹	
Autorun	2009/3/5 5:35	应用程序	6 KB
AUTORUN	2008/11/26 17:16	安装信息	1 KB
CDLABEL.ASC	2009/3/13 12:14	ASC 文件	1 KB
CDLABEL.EBC	2009/3/13 12:50	EBC 文件	1 KB
COPY_TM	2009/1/13 12:18	HTM 文件	10 KB
COPY_TM	2009/1/13 12:18	文本文档	7 KB
Copyright	2008/10/13 14:30	Adobe Acrobat ...	37 KB
EasyStart	2008/10/13 14:30	Adobe Acrobat ...	8,216 KB
info	2009/3/5 17:03	文本文档	1 KB
LABEL.ASC	2009/3/13 12:14	ASC 文件	1 KB
LABEL.EBC	2009/3/13 12:50	EBC 文件	1 KB
MD5FILE.DAT	2009/3/13 12:51	DAT 文件	13 KB
Microsoft.VC80.CRT.manifest	2008/6/21 0:08	MANIFEST 文件	1 KB
msvcp80.dll	2008/6/21 0:08	应用程序扩展	536 KB
msvcr80.dll	2008/6/21 0:08	应用程序扩展	612 KB
ReadMe	2008/9/18 9:19	Adobe Acrobat ...	66 KB

图 A-1

（2）运行后打开如图 A-2 所示的对话框，单击“Install”。

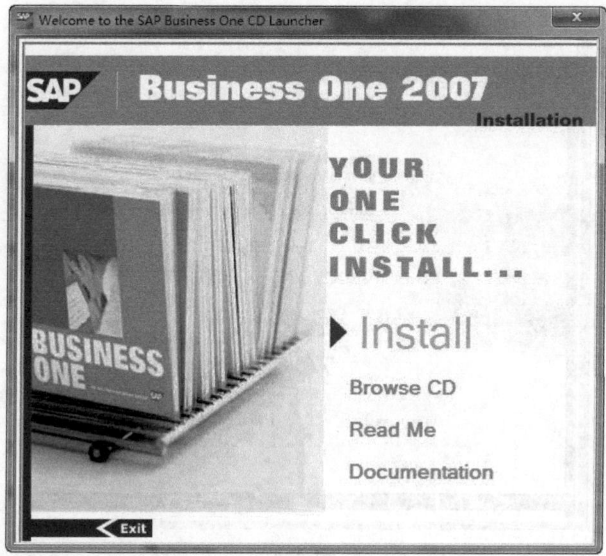

图 A-2

（3）打开如图 A-3 所示对话框，单击“Server”。

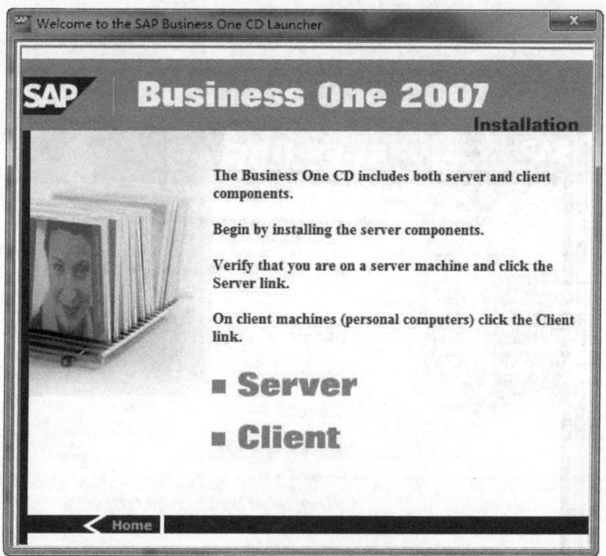

图 A-3

（4）打开如图 A-4 所示对话框，单击“Customize”，然后单击“Next”按钮。

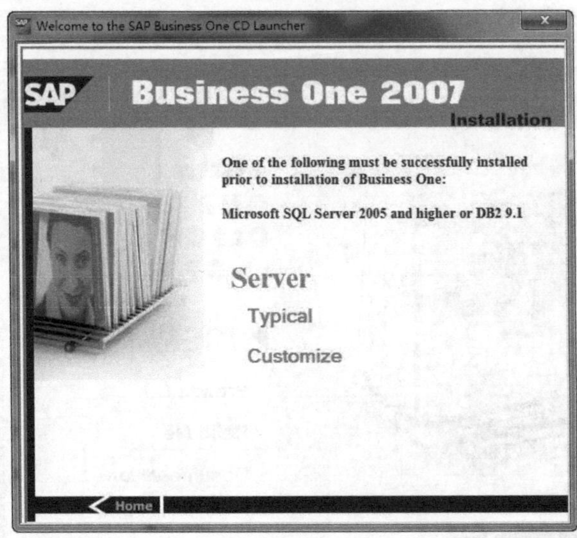

图 A-4

（5）打开如图 A-5 所示对话框，单击“Server Tools”，这一点是按以前版本安装要求来考虑的，否则如果先选择“Business One 2007”安装，会因为 Server Tools 未配置与数据库连接而出现困难。

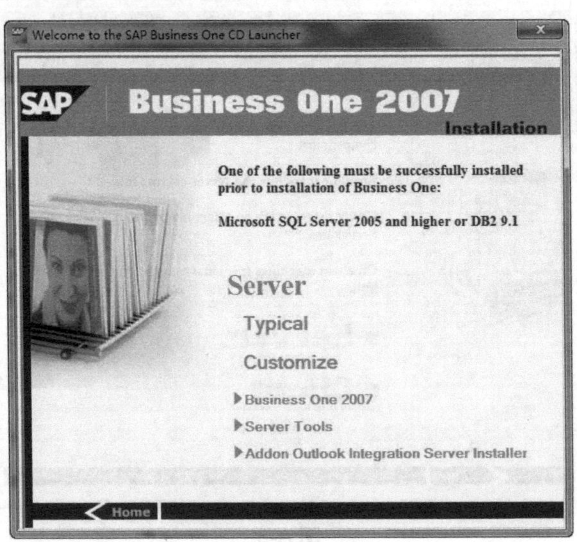

图 A-5

（6）打开如图 A-6 所示对话框，单击“Install”。

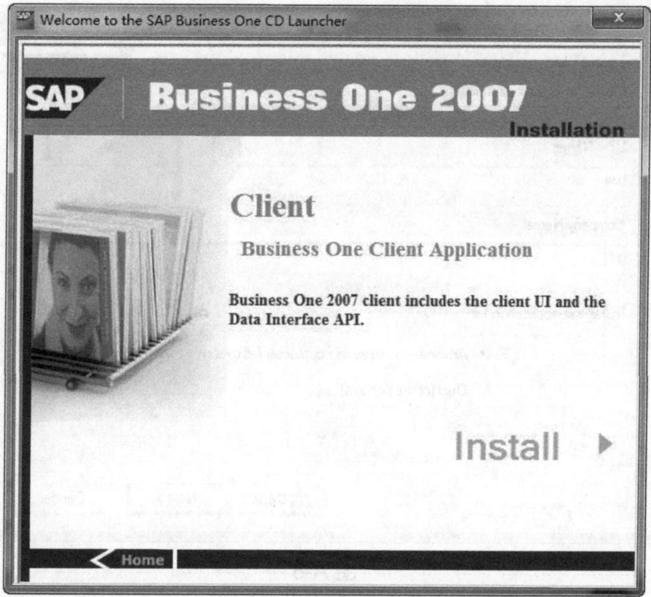

图 A-6

（7）打开如图 A-7 所示对话框，单击“Next”按钮。

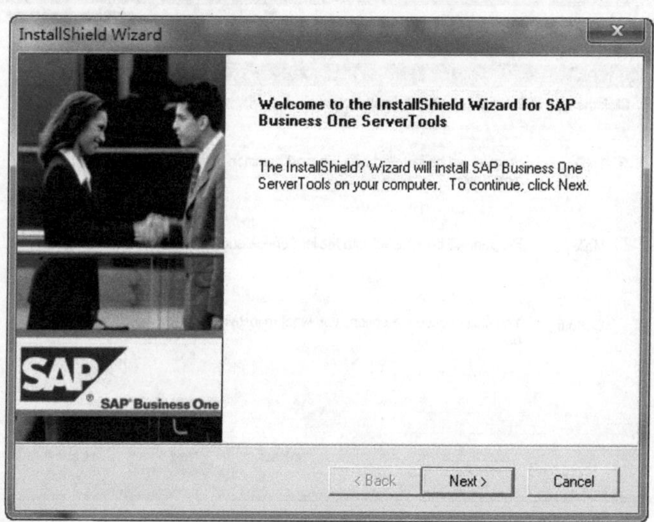

图 A-7

（8）打开如图 A-8 所示对话框，在此输入用户名及公司名，单击“Next”按钮。

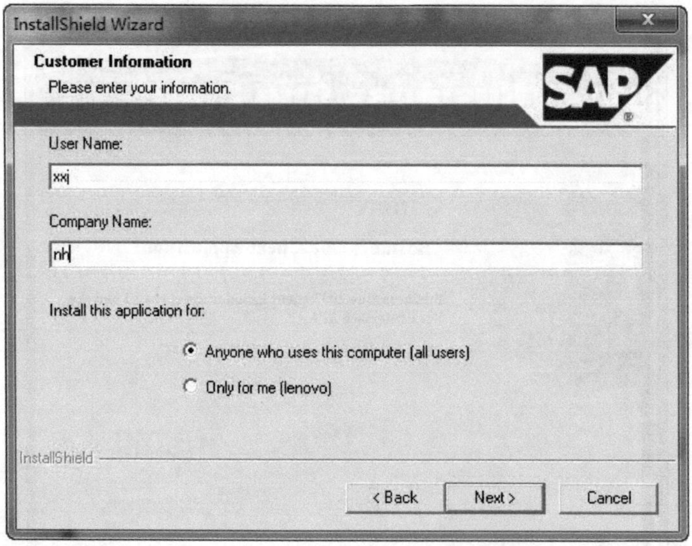

图 A-8

（9）打开如图 A-9 所示对话框，单击“Next”按钮。

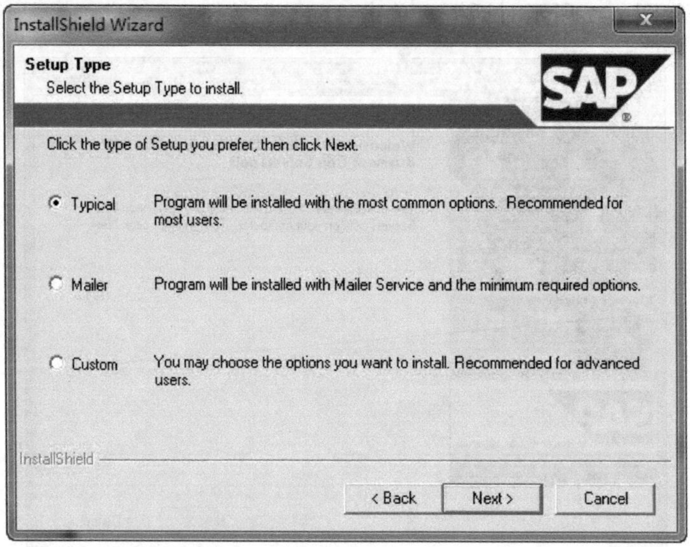

图 A-9

（10）打开如图 A-10 所示对话框，单击“Finish”按钮，完成 Server Tools 安装。

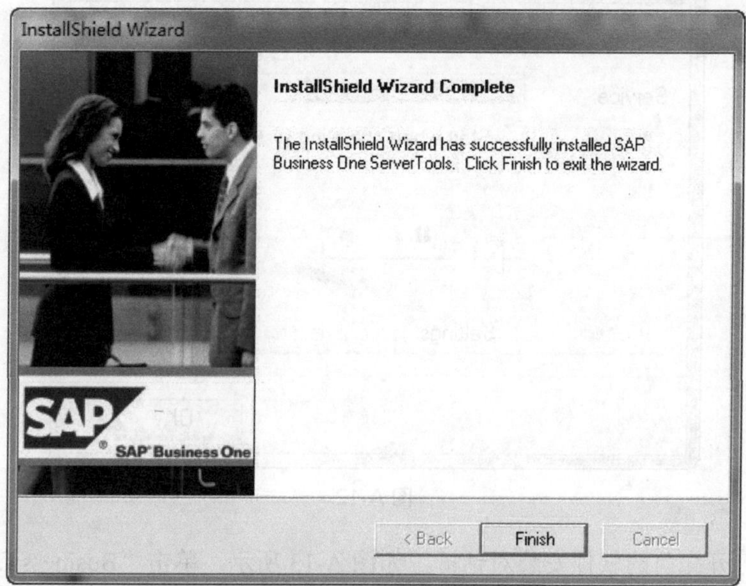

图 A-10

（11）进入 Windows 程序组 SAP Business One 下的 Server Tools 运行 Server Manager，会在计算机屏幕右下角的运行通知区域中出现一个图标，如图 A-11 所示，双击该图标。

图 A-11

（12）打开如图 A-12 所示窗口，从“Service”下拉列表框中选择“License Manage 2007”，并单击“Start”按钮 启动服务配置项，完成 Server Tools 的配置与运行，进入 Server 端安装。

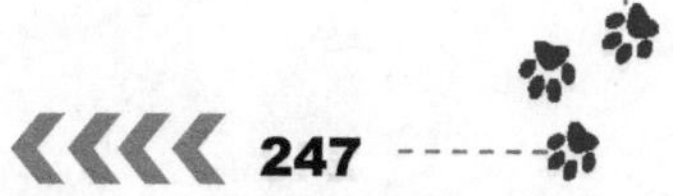

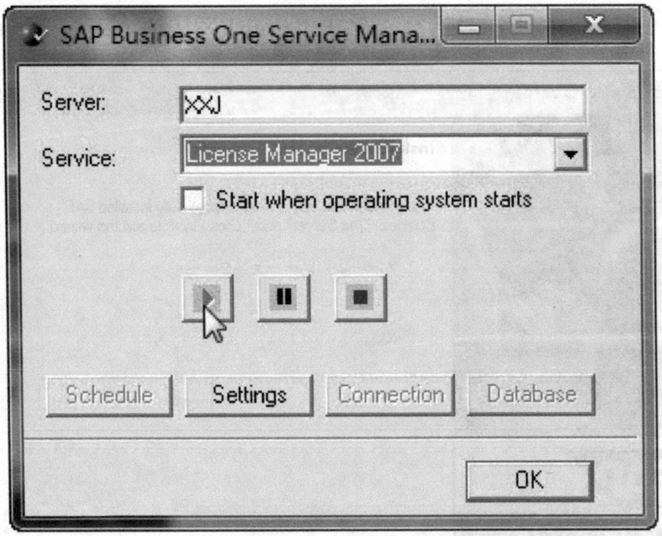

图 A-12

（13）打开先前的软件安装对话框，如图 A-13 所示，单击“Business One 2007”。

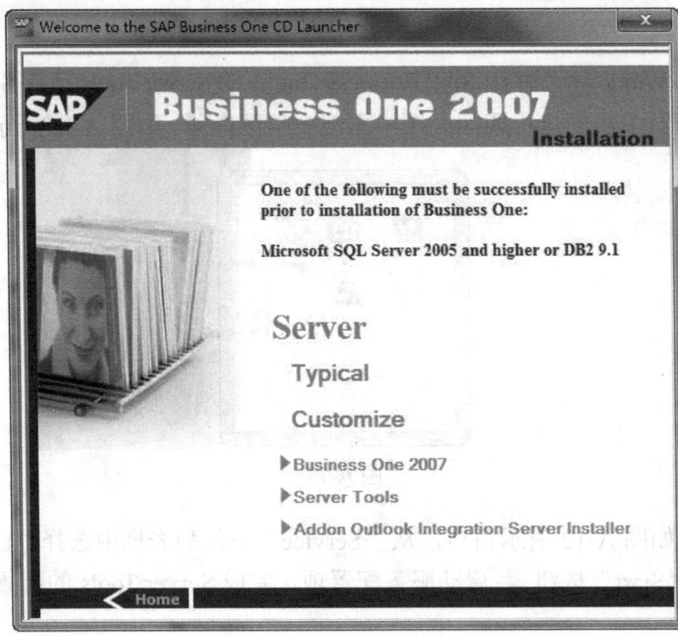

图 A-13

（14）打开如图 A-14 所示对话框，单击“Install”。

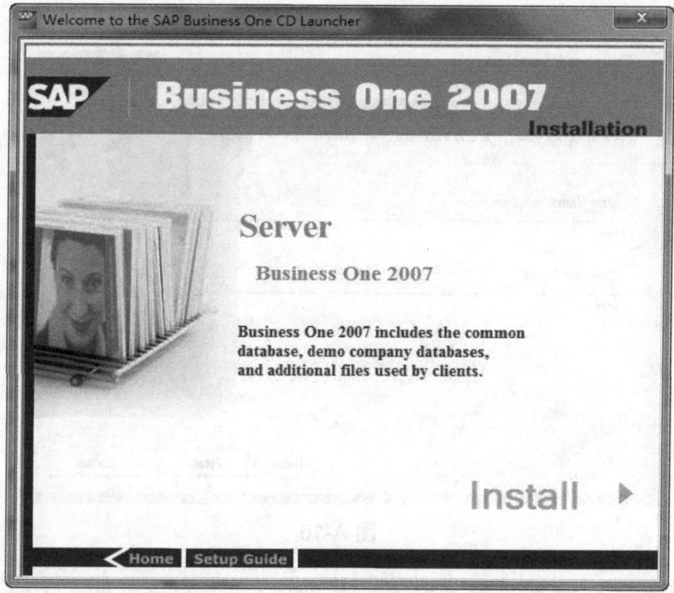

图 A-14

（15）打开如图 A-15 所示对话框，单击“Next”按钮。

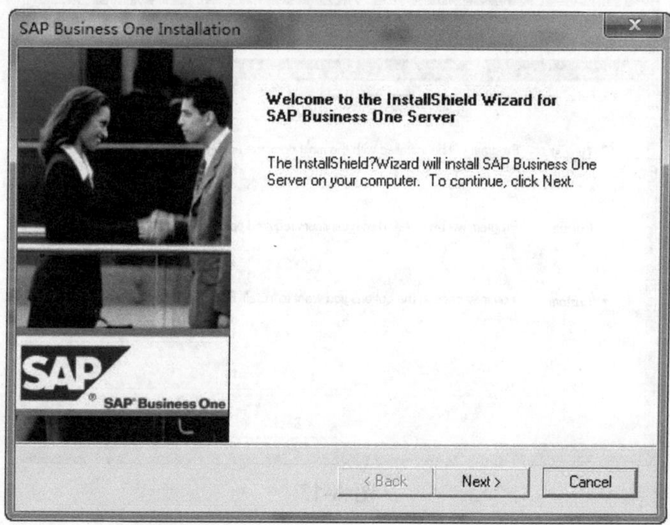

图 A-15

（16）打开如图 A-16 所示对话框，输入用户名及公司名，单击“Next”按钮。

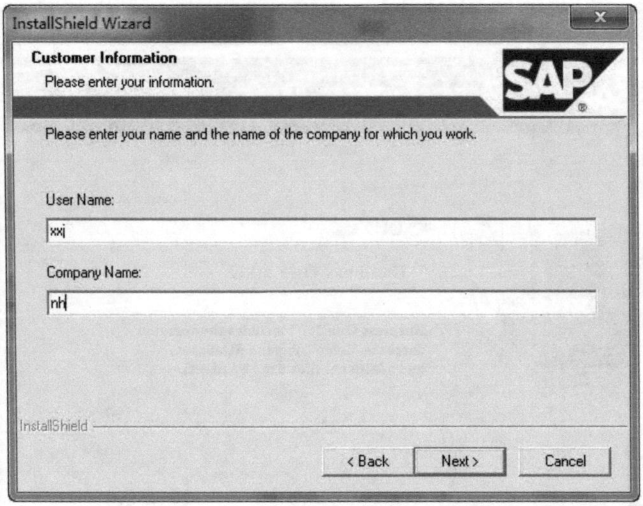

InstallShield Wizard
Customer Information
Please enter your information.
SAP
Please enter your name and the name of the company for which you work.
User Name:
xxj
Company Name:
nh
InstallShield
< Back
Next >
Cancel

图 A-16

（17）打开如图 A-17 所示对话框，选中“Custom”单选按钮，主要是为了仅选择中文版的数据库，否则会安装多版本的数据库，单击“Next”按钮。

InstallShield Wizard
Setup Type
Select the Setup Type to install.
SAP
Click the type of Setup you prefer, then click Next.
Typical
Program will be installed with the most common options. Recommended for most users.
Compact
Program will be installed with minimum required options.
Custom
You may choose the options you want to install. Recommended for advanced users.
InstallShield
< Back
Next >
Cancel

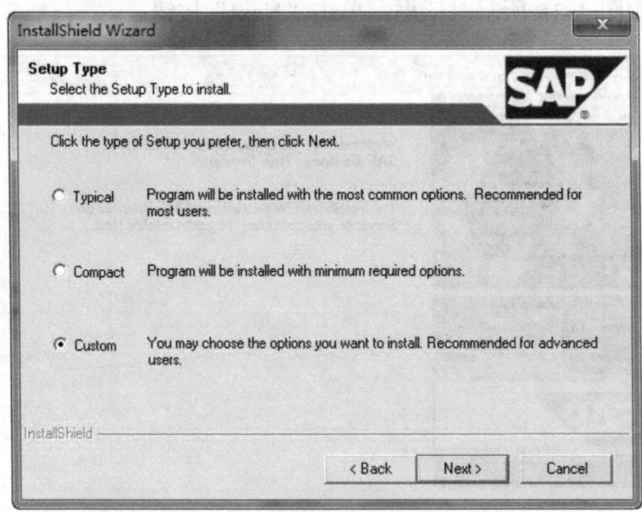

图 A-17

（18）打开如图 A-18 所示对话框，可自行选择安装目录，单击“Next”按钮。

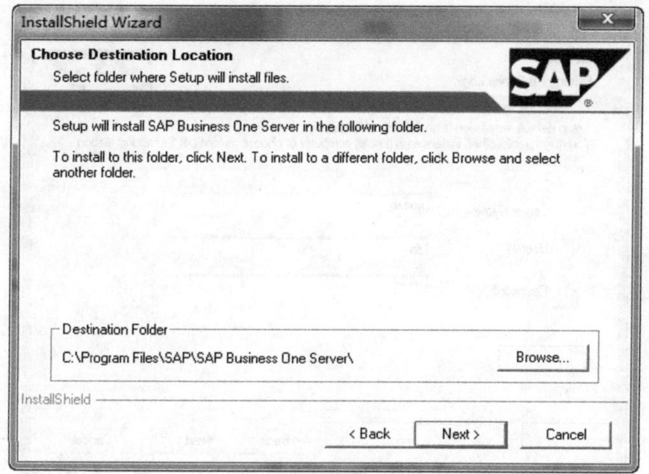

图 A-18

（19）打开如图 A-19 所示对话框，在“Server Type”下拉列表框中选择选项，单击“Next”按钮。

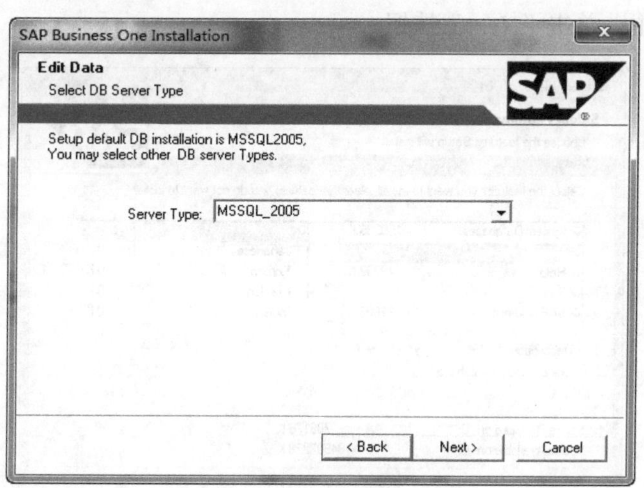

图 A-19

（20）打开如图 A-20 所示对话框，在“Server Name”下拉列表框中选择“(local)”选项，在“User Id”文本框中输入“sa”，在“Password”文本框中输入数据库密码（安装 Ms SqlServer 时所设置的），单击“Next”按钮（提示：此步需先启动 Ms SqlServer，否则会提示不能连接数据库，不能进入下一步）。

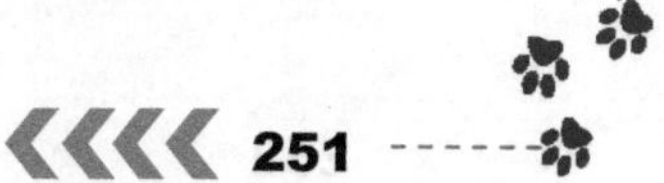

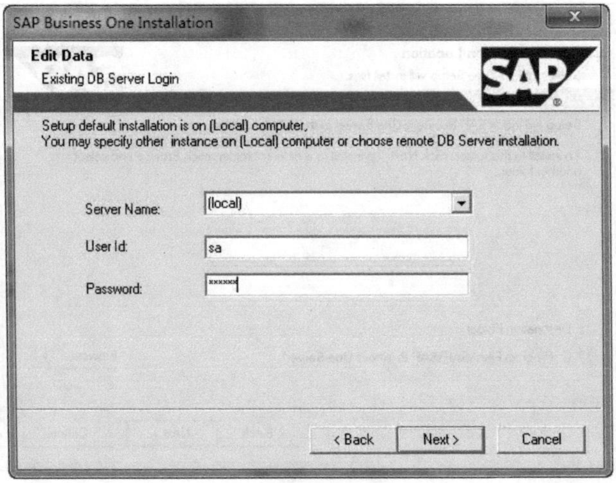

图 A-20

（21）打开如图 A-21 所示对话框，取消选中“Demo Databases”复选框（否则会选择所有语言种类），然后在右侧框中选中“Chinese”复选框，这时会自动选中“Demo Databases”复选框，单击“Next”按钮。

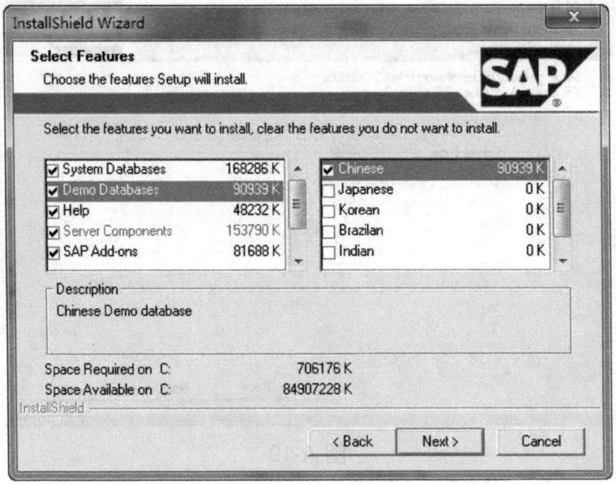

图 A-21

（22）打开如图 A-22 所示对话框，单击“Next”按钮，将完成 Server 端的安装。

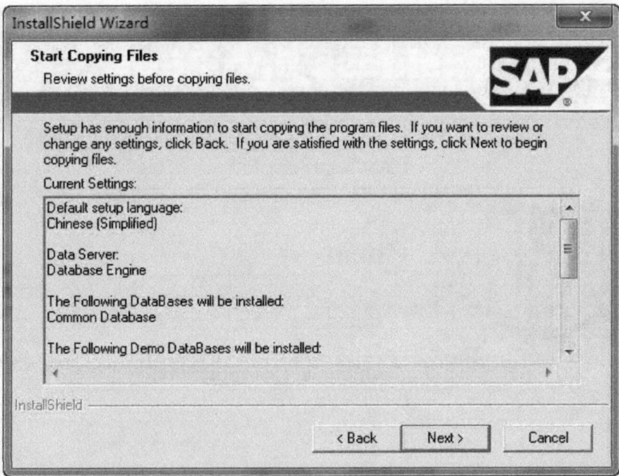

图 A-22

2. SAP Business One Client 安装

（1）进入先前的软件安装对话框，如图 A-23 所示，单击“Client”进入客户端安装。

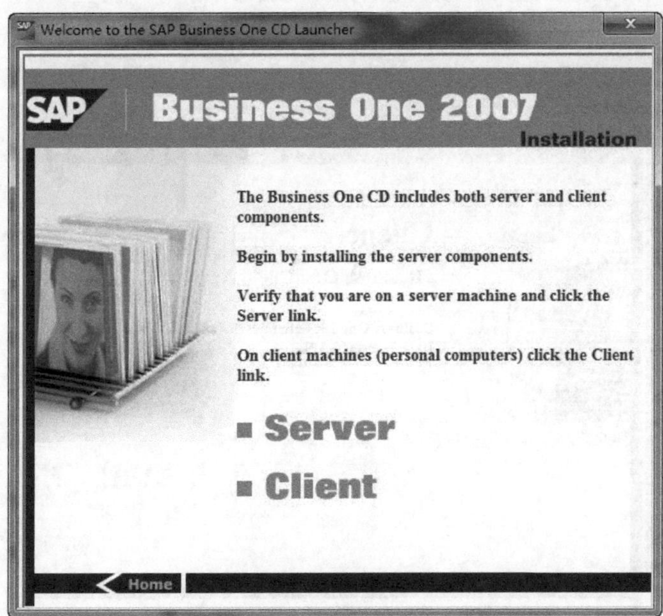

图 A-23

（2）打开如图 A-24 所示软件安装对话框，单击“Business One Client Application”。

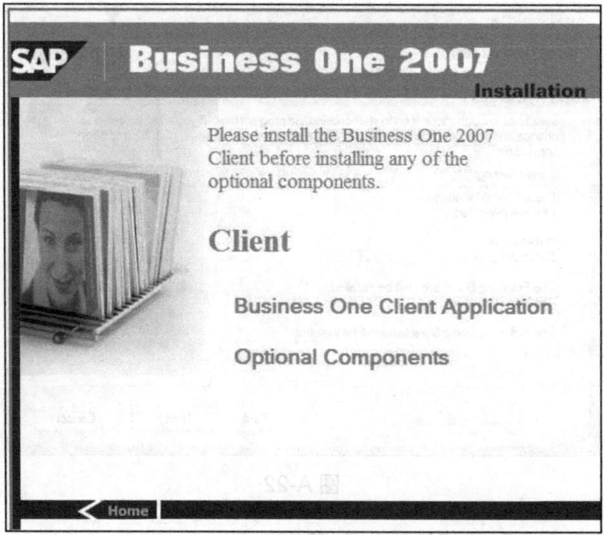

图 A-24

（3）打开如图 A-25 所示软件安装对话框，单击“Install”。

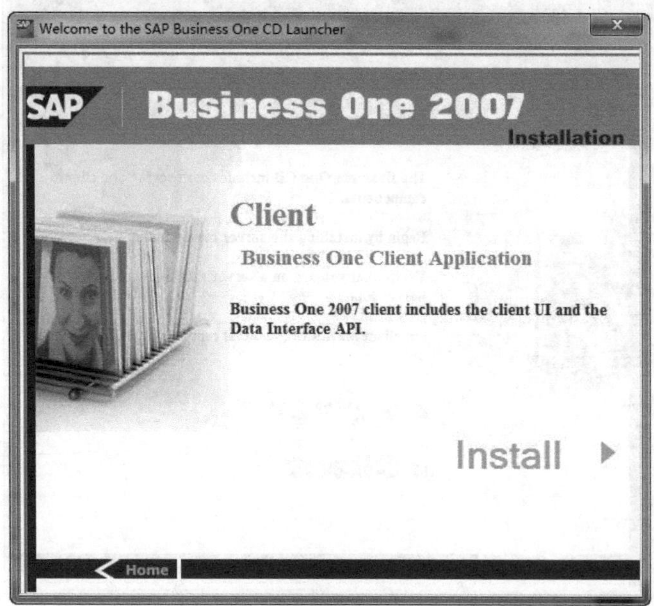

图 A-25

（4）打开如图 A-26 所示对话框，安装.NET，建议安装，单击“是”按钮。

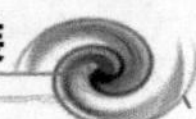

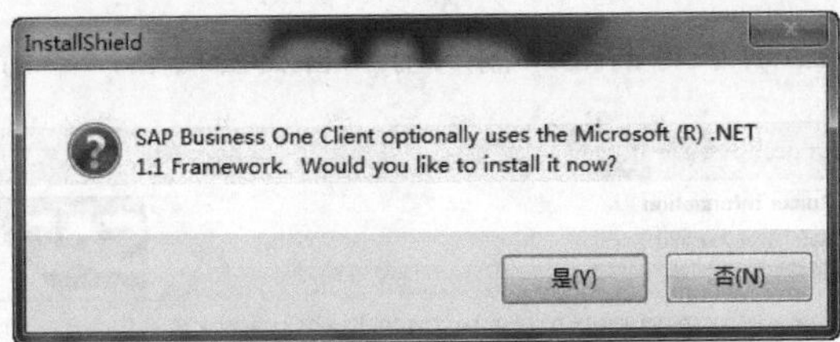

图 A-26

（5）打开如图 A-27 所示窗口，单击“Install”按钮。

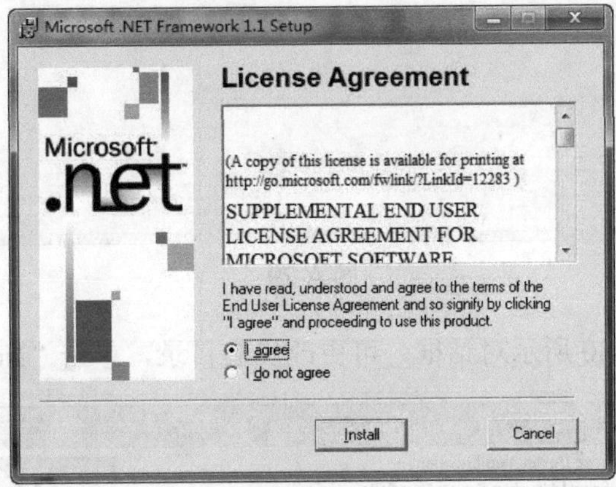

图 A-27

（6）.NET 安装完成后出现如图 A-28 所示对话框，单击“Next”按钮。

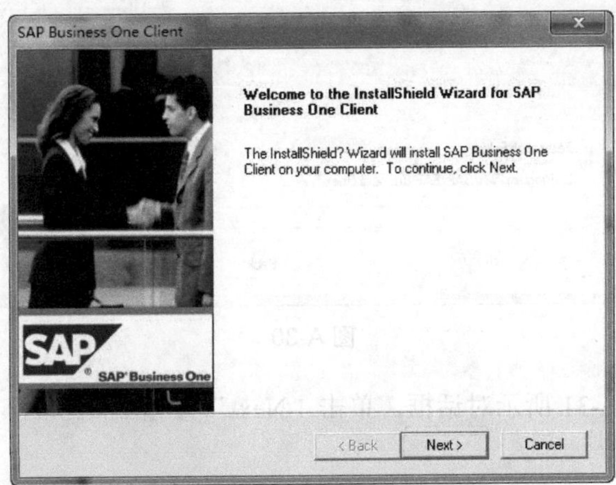

图 A-28

（7）打开如图 A-29 所示对话框，输入用户名及公司名，单击“Next”按钮。

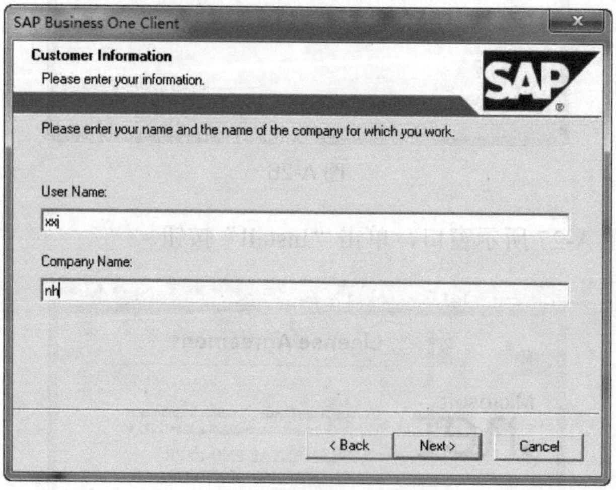

SAP Business One Client
Customer Information
Please enter your information.
SAP
Please enter your name and the name of the company for which you work.
User Name:
xxj
Company Name:
nh
< Back
Next >
Cancel

图 A-29

（8）打开如图 A-30 所示对话框，可更改安装目录，单击“Next”按钮。

SAP Business One Client
Choose Destination Location
Select folder where Setup will install files.
SAP
Setup will install SAP Business One Client in the following folder.
To install to this folder, click Next. To install to a different folder, click Browse and select another folder.
Destination Folder
C:\Program Files\SAP\SAP Business One\
Browse...
InstallShield
< Back
Next >
Cancel

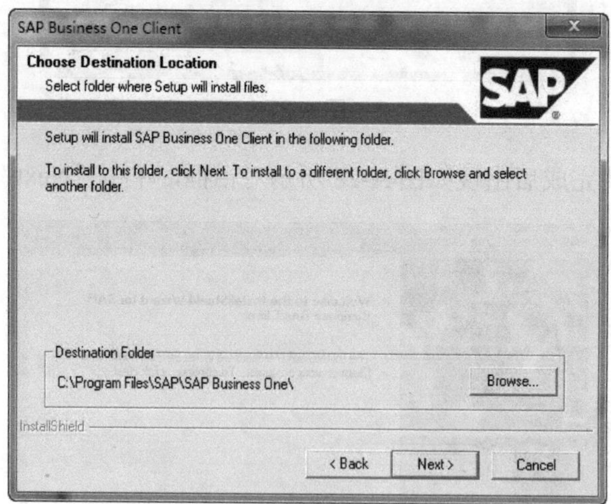

图 A-30

（9）打开如图 A-31 所示对话框，单击“Next”按钮。

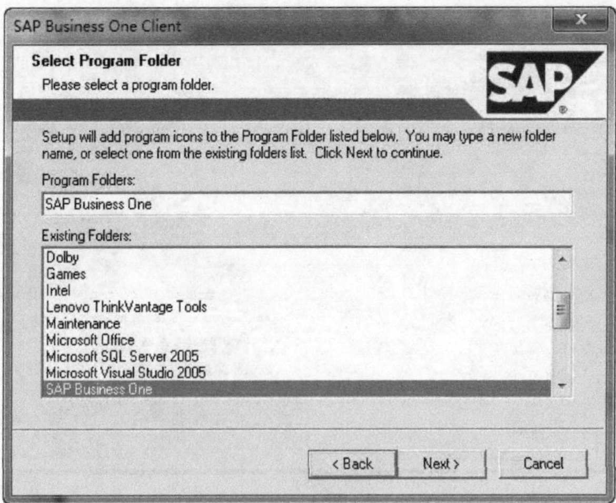

图 A-31

（10）打开如图 A-32 所示对话框，单击“Finish”按钮。

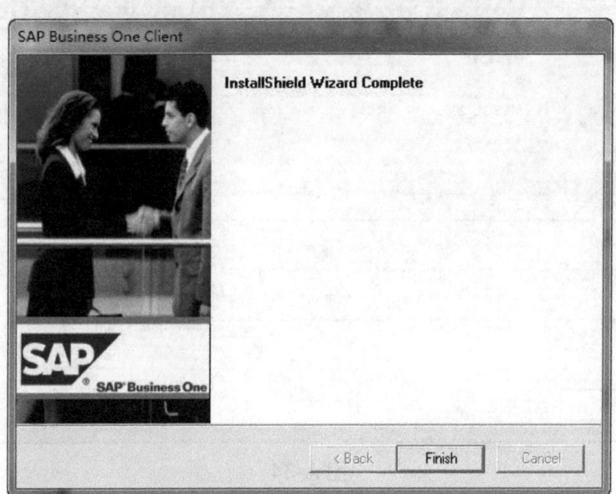

图 A-32

3．SAP Business One 启动

（1）单击计算机桌面下 SAP Business One Client，或 Windows 程序组下的相关程序，可启动程序。（提示：请先启动数据库及 SAP Business One Server Tools）

（2）程序启动后，打开如图 A-33 所示的欢迎界面，单击“确定”按钮继续。

图 A-33

（3）打开如图 A-34 所示窗口，单击“更改服务器”按钮。

图 A-34

（4）打开如图 A-35 所示对话框，在“登录 ID”文本框中输入“sa”，在“密码”文本框中输入数据库登录密码，在“数据库”下拉列表框中选择“SBODemoCN”选项，单击“确定”按钮，进入下一步。

（5）正确安装后，会打开 OEC 中国有限公司的数据库，如图 A-36 所示，选择该数据库，单击“确定”按钮，进入下一步。